运营实战指南

韩利 著

電子工業出版社
Publishing House of Electronics Industry
北京•BEIJING

内 容 简 介

本书架构清晰，前8章主要通过故事形式深入浅出理解运营，将运营基础知识和概念融入到故事中。第9章讲解运营核心方法论，从目标、关键驱动元素、试错调优、高效运行4部分来完整讲解一个运营项目从0到1的过程。第10章、11章、12章深入讲解了运营人拿业绩最核心的知识点：用户、内容和文案。其中数据分析、活动运营等内容以案例形式穿插在各个章节中。最后两章，主谈运营人在日常生活中如何历练以及一个运营人的自我范式。

本书适合有意向迈入运营领域的人，正在做着运营但还未得窥门径的人，没有自己的运营知识体系的人，以及想快速冲向运营总监的人。

图书在版编目（CIP）数据

运营实战指南 / 韩利著. —北京：电子工业出版社，2016.9
ISBN 978-7-121-28726-8

Ⅰ. ①运… Ⅱ. ①韩… Ⅲ. ①企业管理—指南 Ⅳ. ①F272-62

中国版本图书馆CIP数据核字（2016）第204367号

责任编辑：安 娜
印　　刷：北京七彩京通数码快印有限公司
装　　订：北京七彩京通数码快印有限公司
出版发行：电子工业出版社
北京市海淀区万寿路173信箱　　邮编：100036
开　　本：787×980　1/16　　印张：16　字数：288千字
版　　次：2016年9月第1版
印　　次：2021年1月第5次印刷
定　　价：49.00元

凡所购买电子工业出版社图书有缺损问题，请向购买书店调换。若书店售缺，请与本社发行部联系，联系及邮购电话：（010）88254888，88258888

质量投诉请发邮件至zlts@phei.com.cn，盗版侵权举报请发邮件至dbqq@phei.com.cn。

本书咨询联系方式：010-51260888-819　faq@phei.com.cn。

前　言

本书写现实，不写理想

所谓的理想，是一种不接地气的观念，是“我觉得应该怎么样？”是一种因资源短缺、沟通技巧稚嫩而做不出成绩的抱怨。而现实中的运营则属于“这里有问题，影响了业务价值，然后协调资源重点解决！”

我经历了近8年的互联网工作，网编3年，运营5年，经历了20多个运营项目，没有一个是万事俱备、顺风顺水的，不是差在人力财力上，就是差在产品和观念上，甚至陷入职场斗争、战机不保上……

这就是当下运营人的职责：尽量发现这些问题，并想尽办法去解决。

拳打产品，脚踢运营

我曾经说过一句话：运营是项目制的，有起点，有终点，关注过程，关键词是调优变量。

为什么会这么说？因为我觉得运营是一种生活态度，人生需要自己调优自己，混出一个模样。

我自打念书起，一贯懒散拖沓，天天琢磨一些奇技淫巧，给同学代写情书、看武侠小说、练习书法、签名设计、踢足球、打台球……因为爱好广泛，不太把学业当回事，导致我初中留级2年，高中又复读了2年，最后一年考大学我依然没上二本线，考了450分，那年二本线是459分，因为我是少数民族，国家赏了我10分，正好压线，还超了1

分，才捡了个大学读。而我的那些同学们，有的都名牌学校毕业开始闯天涯了。

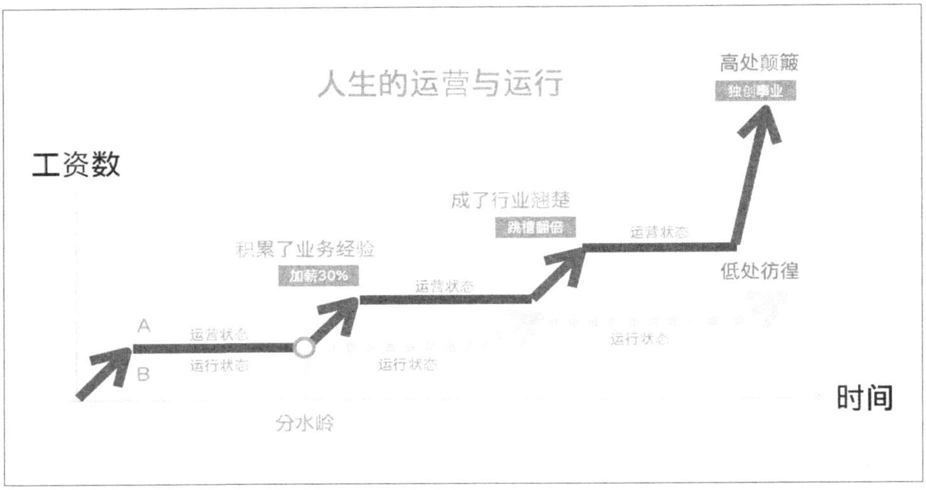

大学毕业后的前3年时间，流离失所在职场边缘，找不到工作，混迹全国一线城市，做推销、卖广告、做少儿英语培训、编地摊书、在天桥上给别人设计签名、写诗挥霍青春……足足三年，不知未来的路在何方，却把身体糟蹋跨了。直到2008年，一个偶然的机会，迈入互联网行业，才发现我的未来原来在这里，柳暗花明。自此，正式开启了我的职业生涯。但已经晚了别人7年时间。

我就琢磨了，都是一个屯里的人，为什么差距那么大？后来我知道了，这是人生变量在起作用。比如像我一样平庸的人多数懒散、拖沓、不懂坚持、不善经营自己，而伟大的人多数能抓住机遇，敢于挑战、善于吃苦、懂得从失败中总结经验，在人生的运行中知道什么时候发力，最终在机会光临的时候，拿出最佳状态接住。

这其实就是调优出来的结果。

如果想要活得更癫狂一些，则需要调优自己的关键驱动元素，让每个驱动元素都达到最佳状态，最终将人生维持在一个更高效的运行中。比如我，因为浪费了7年大好时光，在后期，就要每天和时间赛跑，力争和同龄人走在同一阵营里。

这也是我写这本书的原因：让迈入运营行当的朋友，能早早明白什么才是真的运营，而不是走在迷茫的运行路上，浑然不知。

所以，人生也是项目制的，有起点，有终点，关注过程，关键词是调优变量。这，才是从运行到运营的最大原动力！

运营知识演变图谱

自从迈入运营岗后，我先后总结了三幅运营知识图谱，在互联网产品运营圈里传播甚广。在写作本书的时候，我重新翻出这三幅图，发现这三幅知识图谱代表了我对运营理解的三个阶段。

第一幅图：关于网站运营知识的图谱

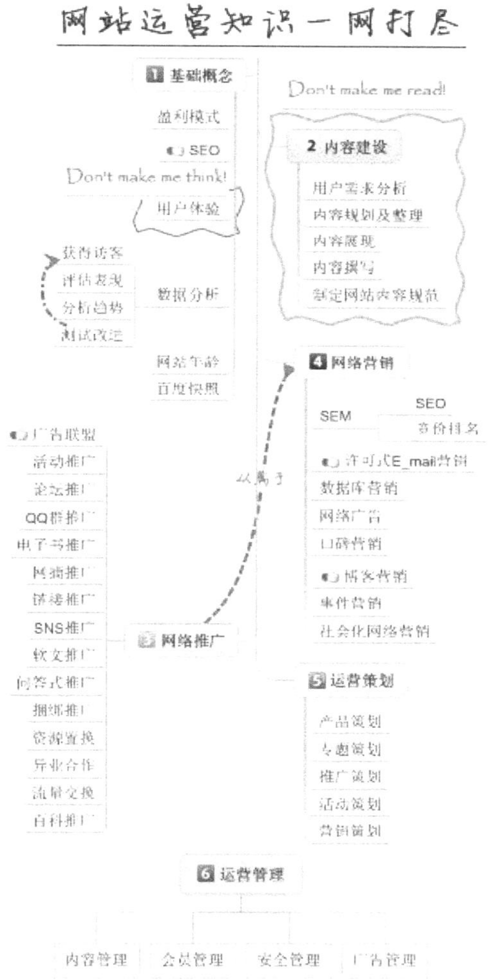

这是我初入运营岗的感知，现在看来这幅图完全没有体现出运营的精髓，还是以推广、内容建设为主流。当然，那时候的运营基本上也就是这些事情，虽是运营岗，但还是以流量为中心，用户的概念偏弱。

第二幅图：优化概念浮出水面

互联网产品运营知识一网打尽

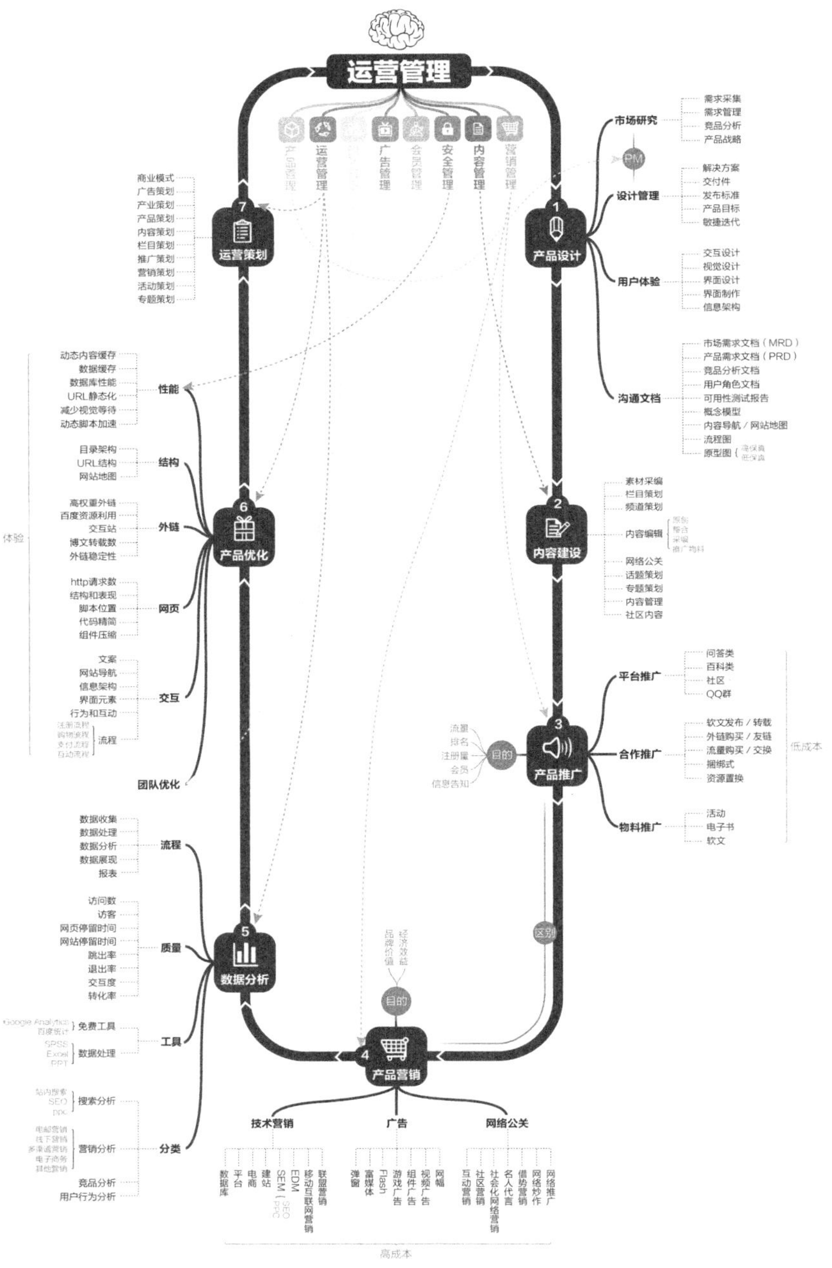

这幅图的亮点是终于有了优化的概念，数据分析和优化二者相得益彰。但是我总结的时候，太过于贪大求全，似乎任何工作都是运营工作，繁冗！

第三幅图：聚焦运营精髓

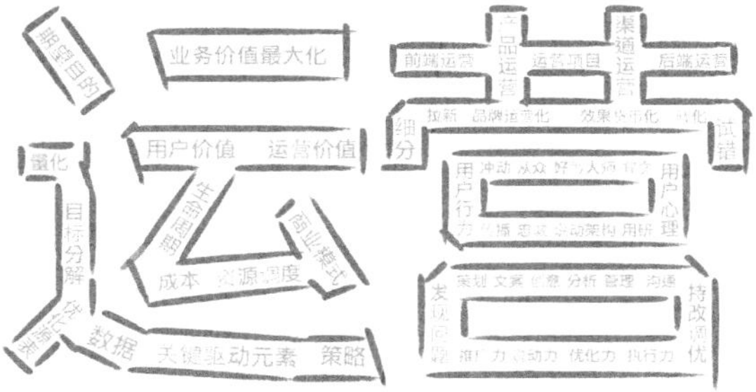

终于，经历了一段时间运营的阵痛和历练后，加之年龄的增长，懂得了化繁为简，紧抓核心点的道理，并在现有运营知识的基础上，力争总结出运营拿绩效最真的一面。本书就从这些核心关键词展开。

本书力争拔俗而不出尘

我从2010年开始写有关运营的文章，并给自己立了三个规章制度：

1. 不写皮毛之作。

2. 拎清运营身份，走出低端段位，迈入知识经济结构里。

3. 打造自己独有的运营知识体系。

本书也遵循上述3个特点，此外，本书“出尘拔俗”的地方如下：

1. 互联网产品、运营、营销类的书籍基本上名企案例居多，而多数运营人混迹在中小型互联网公司里谋生。所以，本书大公司案例均一笔带过，所举海量案例均为我实际操作过的，更接地气。

2. 运营涵盖面广，营销、活动、网推、SEO、ASO等都能往里填，很多书籍推崇大而全。虽“形”聚但“神”却散了。本书只聚焦运营的核心，不费笔墨写运营的外延。

3. 数据分析、发现问题是运营的根。本书数据部分打散到各个章节中，不作为主题单拎出来写，每个案例都有数据支撑。从数据中去发现关键问题，进而寻求解决方案是运营人的核心技能之一。

4. 运营没有一帆风顺的，按理想意识去做基本是做一个死一个，空落一些埋怨。本书观点新颖，讲现实，比如运营业务制胜论、不以用户为中心等。

5. 书如其人，我是业余型段子手，嗜好幽默，所以本书也沾染了搞笑习气。

6. 大部分书找名人推荐，本书不找名人，不设推荐一栏。我个人认为，读者才是最伟大的“名人”。本书接受名人（读者）审判，好坏一个网评。

本书前8章以故事形式出现，主角均为女性，到第9章戛然而止，主要是因为一位女性读者的反馈把我敲醒了：

这份留言让我走出了自嗨，所以本书第二部分，不再架构故事，开始以主题形式出现。另外，对留言的这位读者说一声：谢谢！我一直认为女孩是天然的，美至心灵。

好，闲言少叙！运营人，唱念做打，深不可测。我们开始吧！

目　录

第1篇　深入浅出聊运营

第2篇 运营核心知识点

以下内容可到博文视点网站（www.broadview.com.cn/28726）下载。

第3篇 运营人职业进阶

第1篇

深入浅出聊运营

第1章　姑娘，你只是个运行经理

第2章　一堂运营入门课

第3章　三年运行期满，何去何从

第4章　运营，只缘身在此山中

第5章　如何解决业务的当务之急

第6章　运营是四两拨千斤的

第7章　运营是个绝世好工种

第8章　山木小姐的文案绝学

1 姑娘，你只是个运行经理

2015年5月中旬，遇到一个门户网站的运营经理，是个姑娘，大中午的跑到我单位来说想认识我一下。姑娘名字很应景，叫初夏！

她一定是被领导逼着来的，从话里话外中能听出来。大概就是他们领导看了我写的博文之后，分享给了他们运营部门，并下达了指令，让运营部门一定要派个人来拜访我唠唠运营那点事儿。他们领导不知道从哪儿打听出来的说我好色，必须使美人计。她长得好看，不幸中招。本意是不愿意来的，太阳那么大，跑到我这里要2个小时左右。看她一脸汗津就知道了。

我说既然来了，就别走了，我请你吃碗麻辣烫吧，也聊表一下地主之谊。

她一定要让我讲讲有关运营的干货，说回去得交差，要不领导那儿说不过去。

“你们日常都做哪些工作呀？”我问她。

“每天做新闻喽，什么热做什么，实时盯着行业内关键热门话题做整合。另外我还管理着5个兼职编辑，他们每天会在CMS后台审核抓取过来的新闻，我负责摘取优质新闻推荐到首页及网站关键页面的运营位上，然后选当天阅读数高的新闻在微信号上做push，3至6条不等。偶尔支持销售做客户，此外我还负责频道的论坛、博客平台，每天将新闻伪装成帖子的模样发在论坛里。偶尔还得应付领导拍脑袋想出来的各种稀奇想法。”

“你有优化源表吗？”

“优化源表？那是什么呢？”

“那你的周报都怎么写呢？”我没有回答她的问题。

她说：“写的一般都是工作量的内容，比如本周做了多少条新闻，推荐了多少条，兼职审核了多少条，编辑了多少帖子，支持了多少客户，等等。”

这就是初夏的运营工作。我挺理解她的，因为我也在中国排名前三的IT垂直门户网站做过两年。那时候门户网站还没有运营岗，编辑记者们各负责一个或几个频道。

我发现编辑、记者们日复一日，月复一月，重复着初夏类似的工作内容，除了抢会、赚车马费有点动力外，没有运营目标。给我的感觉就好像人生没有了引擎，一晃平淡的一天就过去了，难怪她有点怨天尤人。

事实上，类似初夏一样的运营人，在产品生命周期处于稳定期和衰退期的互联网公司十分常见：

1. 产品处于成熟期或衰退期，业务模式定型，基本处于维持状态。
2. 组织结构上，只有少部分人在探索新业务模式、新产品，大部分人随遇而安，尤其是老员工，掌控资源，不思进取，极力压制新产品，创新维艰。
3. 因为业务趋稳，领导只能从降低人力成本上拔高绩效，所以一人会身负多个运营岗位，导致效率低下，失去了运营高效、快速应变的能力。

“你其实只是一个运行经理。”我夹起一块香菇，吧嗒着嘴说。

“运行经理？”初夏愣在一边，刚捡起的西兰花掉回碗里。

“运行经理就是只保证产品跑得通，用户能玩得转就可以了，它离运营经理还差着十万八千里呢！”我喝一口酸梅汤。

“你知道真正的运营是怎样定义的吗？我最近深入理解了一下，运营就是在保证产品正常运行的基础上，运作产品，达到营收最大化。你现在只是在保证产品正常运行，而缺少运作产品的功力，离你的业务预期很远的。”

初夏被我镇住，她没想到我这么和颜悦色的人说话如此直截了当。

看着她两眼迷茫的样子，我惜香怜玉之感油然而生：“我给你举个真运营的例子吧！”我决定使出历练多年的忽悠手法。

“我家农村的，村里只有一个供销社，早8晚5正点开关门。很多村民有时应急买货无门，比如做晚饭忽然发现没酱油了，半夜来了客人需要喝点牛栏山、买斤花生米……于是村民需求就出来了。

有个小伙看过几本有关互联网的书，就开了一个菜品店，兼营烟酒茶糖等日用品，起名叫傍晚商店，主要是抓住了供销社关门的业务档口卖货。村民白天去供销社买东西，晚上到傍晚商店应急。初期因为进货量小，所以进货价有点高，卖的东西也就贵一些。傍晚商店是小本生意，按道理来说正常运行走时间差就能赚点小钱了。但这个小伙有经商头脑，胃口也大，渴望赚更多的钱，于是开始思谋策略。

小伙想到了靠传播打口碑。他盯上了村里的老太太们，每天给她们提供一种蔬菜特价，比如供销社卖1元的菜，他卖2毛。小伙每天选择的特价菜多为即买即用的菜，避免老太太‘囤积居奇’。老太太们喜欢唠嗑呀，逢人就说傍晚商店是真便宜呀！她们都很权威的，基本上都是家族中的KOL（关键意见领袖），于是口碑就出去了。

一段时间之后，一提傍晚商店都是质优价廉好声音。白天来买货的人也越来越多了。为了赚回做口碑损耗的利益，他开始在商店陈列上做文章，大概意思就是啤酒与尿布的故事：通过优化商品组合、陈列布局让村民买更多的东西来营收。放在电商领域就是购物车的概念，你来了就多买点，把购物篮装满再结账。

有一次小伙估错了形势，批发了大量土豆，囤了货。半个月了都没清库存。后来他不知道从哪里学了一招，开始在文案上下工夫。一般人囤了货清库存的时候都是促销，就像‘双十一’，其实都是在清库存。小伙想口碑已经有了，亏本的买卖不能再干了，于是就在门口广告牌上写了这么一句文案：今日土豆，限量抢购，每人最多只能买5斤！

老太太们上当了，在她们眼中，限量的肯定是好的呀，因为她们经历过改革开放前拿粮票买东西的那个时代，扯块布都排队等半年的场景瞬间涌上心头。

于是土豆被哄抢一空。

供销社和傍晚商店同样在做生意。但是他们的日销售额趋势线肯定是不一样的。供销社一定是一条起伏很小的波浪线。而傍晚商店的日销售额，绝对是向上的阶梯样子：每隔一段时间，销售额就上升一个层级。”

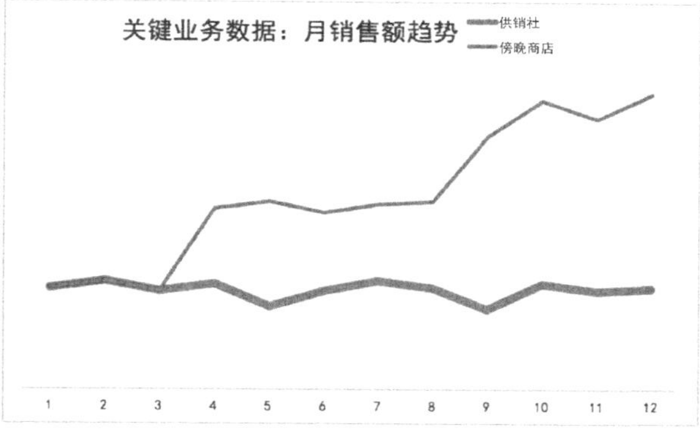

“结果呢？”

初夏已经被我的故事套牢，我觉得不应该再让她补仓了，故事不能设置得太复杂！

“结果小伙子拿到了投资，商店变成了超市。供销社不久就散伙了。”

初夏似有所悟。

“同样是开商店的，运营手法不同，业务价值就不同。所以我拿‘运行’这个词来描摹供销社的日常行为。而傍晚商店在保证正常运行的基础上，揉入了业务价值最大化在里面，所以小伙子是在做商店的‘运营’！”

1.1 运营的三个层级

“所以说，运营是有层级的，我把它分为三个层级：

运行：一定是产品驱动的，每天日复一日，像一个模子一样，大量重复性工作，是最基础的运营，日拱一卒。

运营：一定是业务驱动的，在和用户打成一片之余，从用户身上拿业务价值。运营重优化，善于数据分析，发现细节问题，从而四两拨千斤，也有自己的一套工作任务，比如拉新、转化、延长生命周期等，善出奇兵。

运作：是高层次的产品运营，往往由高屋建瓴的重量级人物担当，下棋能看好几步，有‘道’有‘术’。还有一类人，就是自媒体，他们由兴趣驱动，耐得住寂寞，坚持原创，在各自行业中树立自己的权威，有自己的一批‘死忠粉’，他们有自己独特的运作‘魔式’。

“能举一个例子吗？”初夏脸上明显有崇拜的红晕泛出！

“拿活动举例，运行经理是上线一个活动页面，跑通转化路径就放在那里不管了，然后找活动入口，任页面自己表现自己。

运营经理就不一样了，运营重优化，上线后会快速基于数据表现做调优，小至一个活动的参与按钮都会不断调整试错，以达到转化效果最大化。在流量入口上也是斤斤计较，Banner（横幅广告）或文案都要设计好几套，随时测，持续调优。更有优秀的运营经理，有时候送到你嘴边的流量入口都不要，因为不匹配要来无益，还会在运营过程中形成噪音，稀释数据的价值。所以说，一个活动，同样是10万流量，运行经理做1万个活动参与用户，运营经理可能会做到7万。”

初夏已经完全折服，我也偷偷为自己的忽悠水平鼓掌。

“初夏呀，看你也是个天赋异禀做运营的好苗子，我就再给你总结一下运营和运行的区别吧！”

“嘿嘿，好！”

1.2 运行、运营的区别

“运行和运营的区别有以下四大方面：

1. 运行是工作量的要求，比如CV工程师（Ctrl+C、Ctrl+V，网编的别称）、信息审核员、运营支持专员、字典维护（底层信息架构）、算法review支持等，都在给产品添砖加瓦。做的事情短期内看不到效果，是基础层面的运营，多听产品经理摆布，属于产品助理角色。

   运营做的是效果、业务驱动，要时刻基于数据做调优。从周报的角度来说，比如你刚才说的周报内容就是典型的运行周报。运营的周报一般都写‘本周比上周提升了多少销售额，又转化多少用户……’等。

   拿北京地铁举例，平时地铁完全处于一种运行状态，地铁的广播文案也一直没有变化，日复一日地重复，所以我一直诟病地铁的文案，毫无效果，天天诓骗乘客说下趟车是空车。但是不得不佩服去年地铁业务部门做了一次完美的运营，就是“地铁分段计价，最高票价9元”，这完全是业务驱动的。而且还深谙人性呢。我经常对朋友抱怨，我说北漂真不容易呀，原来地铁两块钱能坐一天，现在我一天上班来回就得14块钱。说完脸上全是无奈的表情。朋友说你真行，这么高消费你都不离开北京，真有能力。

2. 从运营职能来分：运行的岗位有策划，偏策划而非优化。内容编辑，偏内容建设、日常更新而非内容策略。客服，偏被动接收问题而非主动求购问题。原来的渠道运营还有点运营感觉在里面，而现在的渠道运营，比如SEO、ASO等各种渠道优化，多偏流量数量而非质量，也被沦为了运行。

   运营和运行的工作重心不一样：正常运行的产品是要有核心用户灌入的，于是运营化拉新出现；还要想方设法去延长用户生命周期，于是产品优化出现，如导航优化、搜索优化、内容管理效率优化，等等。对于社区类产品，日活用户数可能是业务价值；而对于电商类产品，销售额可能是业务价值。所以还要做业务价值最大化，我统一把实现业务目标叫作转化。

   拉新、延长用户生命周期、转化，这是我总结的三大运营职责。

3. 运营是高危职业，做的是生死。一个优秀的运营人员，不管你头衔有多小，一定要有生死意识。生死争的是市场，生者化蛹成蝶，能在市场上呼风唤雨。而运行就没有这样的业务压力，一味求稳，‘两耳不闻业务事，一心只盼快下班’。所以连胜负都做不出来，遑论生死了。

4. 运行是体力劳动占比大，而运营费脑子。运营得把用户伺候好了才能谈钱，谈业务价值。

   比如你连续3天去‘秦晋面食’吃了肉末酸豆角盖饭。第4天，老板还问你吃啥，那就是运行了。

   一次，我去吃饭，饭店老板对我说：兄弟，瞧你瘦的，可别再吃肉末酸豆角了，对身体不好，推荐你吃红烧牛肉盖饭，那玩意儿补。我一听，立马对老板感激涕零的，情感营销、个性化推荐呀。后来我决定工作餐一辈子都在他家吃。

话说回来，其实一款产品，运行和运营是缺一不可的！”我抬眼看了一下时间。

1.3 运行是运营的必经之路

初夏已经听得入迷了，连连点头。

“好的产品一定是能正常运行的，这是日常运营。比如日常内容更新、用户关系维护、产品底层信息架构维护等，一般都是刚毕业的应届生或工作一两年经验还不足的人来做，入行门槛不高，我一直建议应届生们从运行岗位切入运营。

而且，运行能在重复工作中快速了解业务，有心人还能加深对用户的理解。

很多做了三四年的运营，依然在做着运行的活，就是因为不知道运营的核心经验其实是理解用户和业务。这些人我觉得占了整个运营队伍的80%，一边抱怨着运营岗位的水深火热，一边随遇而安，不思进取。只有20%的运营人，他们在运行工作中注重总结经验，每天看数据，琢磨用户、研究人的弱点，并把运行工作做出运营的业绩来，比如摸索到工作规律并使运营工具化，降低工作量。他们很快会脱颖而出，走上真正的运营岗，真刀真枪地拼市场。”

“韩老师，你说得太对了，能再给我讲讲运作吗？”

看着初夏一闪一闪的大眼睛，我无力拒绝，只好搜肠刮肚地找对策。

1.4 运行做点、运营做线、运作做面

“所谓运作，是高级运营人才，他们懂得运筹帷幄。不像运行只做‘点’，运营只做‘线’，运作做的是‘面’。

真正能做到‘面面俱到’、运筹帷幄的运营是难得一见的。豆瓣算一个。豆瓣从定位到调性的养成、产品本身的机制都是达到极致的典范。比如一开始就走高质量内容社区，定位文艺青年范儿，在用户心中烙下了深深的印记，是互联网产品慢炖成功的典范。

知乎同理，一开始采取邀请注册，别人都认为是饥渴营销，其实是在做用户的心智运营，让用户一开始就感觉知乎不是大众问答社区，内容气质一下子就上来了。然后通过内容机制的设置，高端内容的输出等形式不断巩固高端高质的形象。

这些产品靠‘运作’成功。

微信其实也在走这条路。微信本来是不愁拉新渠道的，QQ用户完全可以平移过来，但是微信为何要慢慢经营，就是因为微信要让产品自己说话，好的产品本身就是好

内容，是用户留存最厉害的武器。所以微信一开始就把运营重心放在了产品本身上。产品好了，线下的关系平移到线上之后，流失就小了。不像一些其他做社交通信的产品，产品还没长成，就把资源全砸在了市场上，结果第一批用户用了产品之后体验不好，就跑了，差评不胫而走。

运作是一种策略

当然了，运作是一种策略方法，真正懂运作的创业者成功概率特别大，他们知道根据产品的生命周期来定制运作手法。

比如在产品初创期，我们有了一个概念，但是不敢确定概念是否正确，也就不敢投入。所以，我们通过低成本的产品不断试错来解决这个问题：测试idea是否符合用户需求。

比如Groupon在起步阶段，相当‘荒凉’：用Wordpress免费程序弄了个博客，命名为Groupon，然后每天去发一个售卖信息，今天卖T恤，明天卖鞋子，然后用免费软件制作优惠券，用电子邮件的形式发放礼券。就是在这样各种免费拼凑的产品中，将Groupon直接推向了成功。这就是精益创业的经典案例：

最小化可行产品→不断尝试新点子试错→发现正确的需求→开始投入时间人力财力

小米也是一个运作成功的典型案例，在小米产品成长期，雷军对负责产品营销的黎万强说：我给你0市场预算，你给我做100万用户。小黎郁闷了，0市场预算，怎么搞呀。于是他想到了“运营化推广”：营造口碑。在MIUI早期，小黎们广撒网，在论坛里不断寻找用户，最后拉来1000用户，然后选择100个作为超级用户，参与MIUI的设计、研发、反馈等。最终，这100个超级用户产生了燎原之势。

运作是一个循环轴，不仅仅在产品形成期、成长期，在任何运营回合里，都需要遵循这个方法：试错、解读效果、调优，最终完善产品核心利益点，组合制胜，向高效运行进军。

在这里，运作的人最关心的就是解读效果环节，能够根据数据和用户的反馈不断修正功能、调试运营策略、推广方法等。这也是互联网产品之所以会不断升级，推出2.0版本、3.0版本……的原因。

自媒体达人是运作的典型

还有，更多懂得运筹帷幄的是那些坚持原创的自媒体们。数十年如一日地创作原创文章，通过有价值的内容来累积自己的知名度和美誉度。他们只靠内容说话，内容就是他们的媒体。他们传播经验，久而久之，就成为了领域内的关键人物，俗称意见领袖。然后在社交化网络中脱颖而出。他们没有利益驱动，热衷于分享，传播经验，是一种业余爱好，无形中开辟了第二事业。

这类人才一般都是自己给自己打工，0成本，在别人的平台上做自己的事，比如微博、微信、各种新闻客户端的自媒体平台上，包括原来的一些网站端的Bloger们。

现实生活中的运筹帷幄

关于什么样的运营才称得上运筹帷幄，我举个现实的例子给你听。

念大学的时候，我一文科同学家里穷，过早地明白了业务价值这件事，刚上大一就明确了两个目标，第一拿毕业证，第二找个女朋友。

毕业证好说，文科生考试提前一夜背背答案就过了。关键是女朋友这个事儿，他放在了念大学的首要目标。据他说他们那里娶个媳妇至少10万+。他念大学之前家里人就说了，念书和娶媳妇你只能选其一，二者不可兼得。

我的同学想，为何不可兼得呢，运营意识就出来了，他不走寻常路，从大一就开始做业务价值。他做了一个战略布局，他字写得不错，文章也挺好，还喜欢体育项目，比如足球、排球、乒乓球、台球，挺博学多才的。于是开始积极参加各种社团活动，后来发现女孩普遍喜欢跳舞的同学，他就又参加了舞蹈队，还当了回领舞。就这样，两年不到，他为自己赢得了名声，后来就有些女孩频频给他暗送秋波了，很厉害的。他毕业后轻松抱得美人归，结婚都是两人一起凑的钱。

你看，这就是一个运筹帷幄的典型案例。”

初夏似乎溜号了。

我说：“时间差不多了，我也该回单位了！”

她说：“韩老师，你那个同学可真厉害，他现在在做什么呀？”女孩就是这样，对睿智的男人总是心向往之。

“他现在在一家职业社交类移动互联网公司做运营呢，也在北京。要不我介绍你们认识下，我把他微信号给你？”

“好呀好呀。”姑娘已经乐不可支。

“hanlioper”。

姑娘加了微信号，写的是韩利推荐。

然后我的手机响了。

2 一堂运营入门课

我下午犯困，去楼下抽根烟。

走到一楼，看到西门仔正和一个新来的女同事躲在旮旯里聊天。我心里莫名嫉妒，假装没看到。

“韩利，韩利，别装，跑什么跑！”西门仔朝我喊道。

我嘿嘿一乐：“在谈恋爱呀，你们谈，你们谈！”

“别扯！过来给杨柳讲讲运营呗！”

杨柳是刚来一个月的运营新人，毕业后在北京大兴附近的村庄做了三年村官。

“哦，是在聊运营呀！”我两眼放光，醋意顿没，一聊运营我就十分兴奋。

“聊运营可不能偷摸在旮旯聊，走，去大门口，我们光明正大的边抽边聊！”。

走到门口，我点上烟：“杨柳，有什么难解的疙瘩吗?”我心里明镜似的，知道杨柳肯定是因为工作太枯燥闹情绪了。

杨柳的工作主要分为三大块内容：公司名称归一化、字典维护、算法业务支持。

公司名称归一化，比如百度要招人，有HR统一招人的，也有百度各业务部门的leader（负责人）自己发招聘信息的，这时候写的公司名就不一样，比如有叫百度的，有叫百度在线的，有叫百度网的……需要把这些同义词都归到百度公司旗下。

字典，比如你做基于位置的招聘业务，那么全国各地的热门商圈都要整理出来。你要做基于全国各大高校的校招业务，那么全国高校就是一个字典，高校里的各大专业又是一个字典，应用到互联网产品上就是分类目录、表单选项等。字典运营的人需要对这些了如指掌，实时监控。

算法业务支持，比如招聘行业职位亮点的标签提取，搜索结果优化时定期review（评估）用户搜索词，过滤掉非法的、无意义的，清洗相关搜索词推荐等。

“天天重复做这些事，我都快郁闷死了！”杨柳说。

“那你想让谁做这些事儿呢？这些保证产品能正常运行的事情本来就是给新人入行准备的，如果这些事儿让我们工作了五六年的运营人来做，你觉得心里能过意的去吗？你刚做一个多月就偃旗息鼓，让我们曾经做了三年运行的人脸往哪里放？”

我故意勃然大怒，最近学了招“互联网+”策略，我决定改版为“互联网x”，把她的怒火放大十倍，在她热情火苗将要熄灭的时候，狠狠地泼上一桶油。

杨柳明显不高兴了，泪光闪闪。

我怒目圆瞪：“你压根就不像一个运营人。在穿着上就没运营的感觉。你穿的跟政治局的人似的，一看就是贵族，贵族是做不了运营的，因为运营需要贴地飞行。你看我，每天蓬头垢面、衣不蔽体的，这才是运营人的穿着，因为只有具备大众性格特征的人才做得了运营。这一点，门仔做的也一直不到位，每天西装革履，穿的和做保险、房产中介似的。”

西门仔：“利哥，我复姓西门，单名一个仔字！”

“恩，我知道，门仔！”

“还有呀，初入运营岗不能眼界太高，眼界高了就不愿意每天重复做事了，你必须放下身段，想当爷爷之前必须要学会先当孙子，运营一定要学会下腰，耐得住寂寞。”

杨柳彻底被我整懵了。我从她的表情中揣摩，以往肯定没人这么狠地训过她。水仙一样的姑娘，任谁也得让三分。我自己也觉得过分了，得给她个甜枣。

“当然了，有两点证明你其实是个很不错的做运营的种子选手：

第一、你当过村官，村官讲求‘为人民服务’，是要保证村民们和谐生活的。所以你虽然是三年村官生涯，但事实上已经有三年运行经历了。

第二、运营日渐女性化，你的性别占了很大优势。在我经历的很多公司里，运营部基本上女生占了80%，我也问了一些朋友，他们大体如是。为啥呢？因为女生心思缜密，而运营又是细节见功夫的岗位。所以你找对了岗位。”

杨柳面色稍缓。

“那，我天天重复去做这些事，将来能有什么前途呢？”

2.1 运营全貌

杨柳明显对自己的运营岗位没有信心，我需要从根上给她把运营讲透。

“这么说吧，运营分两大类，后端运行和前端运营，后端运行负责产品的生长发育和日常起居。前端运营负责产品的精、气、神。你现在这个岗位属于后端运行，它占了运营的半壁江山。

“拉倒吧，还半壁江山？你看你和仔哥天天优哉游哉的，你们才是真正的运营人。”杨柳显然认为我在忽悠她。

“啊，这我得给你补堂课。”我决定从运营的岗位全貌上给杨柳上这堂课。

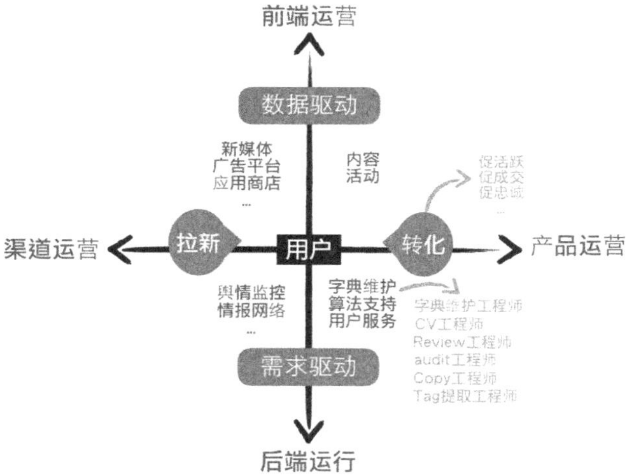

运营岗位全貌

备注：在运营圈里，大家一提运营，经常听到的、看到的都是“用户、粉丝、新媒体、内容、活动”这些词，一点都不陌生，这些词给人的感觉是智商满满的。那为什么还有很多人抱怨运营不给力、不作为？包括很多身边的同事也觉得运营人怎么天天那么忙却没有成绩绽放出来？这是因为，很多运营人只在前端运营晃悠，而更多苦逼的运营人在做着后端运行的活儿。他们被划归到运营部门之下，其实做的是产品助理的事儿，我统一把这类工作称之为后端运行。

“我和门仔做的是前端运营，我们有一共同特点就是在前台做表演，以取悦用户为己任，趁用户不注意的时候偶尔宰上一刀、两刀……你做的是纯后端运行岗，是和产品捆在一起，主做服务的。不要小瞧了你的这部分工作，它的价值丝毫不亚于前端运营。虽然工作略显枯燥乏味，其实含金量特别大。我刚入行互联网的时候，做了小三年后端运行岗，比如‘CV’工程师、信息校审、提tag、做review、字典维护、竞品监控、舆情分析等。后端运行是产品的根基，拼的是基础服务，是核心竞争力。

你觉得工作乏味，我能理解！有点情绪也是对的，因为后端运行正儿八经地体现了运营的苦逼：在隐忍中做事，短期内看不到效果。但是，这无形中也会增加你对业务的理解。所以，你若想快速切入一个行业，就一定要坚持从后端运行做起。”

杨柳毕竟是工作了3年的人，上进心还是有的，听我这么一说，面色渐渐地红润起来。

西门仔忽然插了一句：“利哥，你说我的工作是什么职称呀？我又做用户，又做内容，偶尔还参与活动策划，职责一直不明晰。”

“门仔呀，你也是工作过4年的运营经理了，怎么现在还搞不清楚前端运营的真谛呢？”

我吸了一口烟，意味深长地说。

“用户运营、活动运营和内容运营千万不可孤立开来。这三大运营一般都是集工作任务于一身的，本身就有千丝万缕的联系，像我以往的工作，一般都是身兼数职，产品策划、销售联盟、SEO、短信、邮件、产品分析、新媒体运营、App运营等运营项目，经历了20多个，啥事都做，兵来将挡，水来土掩，从来就没细分清楚过，所以也很少扯皮工作职责。如果你想剑走偏锋，想一生只做用户运营，那可能出路不是太大。好比高考中的语数外，只有三科都拿高分，才有可能进名牌大学。”

西门仔和杨柳均若有所思的样子，这让我很兴奋。我决定谈点干货，再给他们讲讲我最近研究的渠道运营那点事儿。

“一个伟大的运营人，一定要在30岁之前将所有运营岗位都做一遍，这样将来才能出人头地。索性我再给你们科普一下渠道运营的知识。

在运营圈里流行这样一类帖子，就是‘我是如何通过改标题做到10万+的’‘如何通过创意刷爆朋友圈的’……然后你如果熟悉圈里的黑幕，你会听到一些话，比如：‘那都是做出来的’。这个‘做’暗含两层意思，第一就是作弊，第二就是做渠道。具体如何做出来的，除了当事人，无人剧透。这类经验帖只有一个作用，那就是成为老板训斥你的合理化借口。搞的整个运营圈压力重重。其实，文案和创意不过是用户可以感知的两个部分罢了，背后的渠道才是需要琢磨的。所以，渠道运营很重要，能够自话自说自传播的产品毕竟凤毛麟角。”

我一根烟扎进肚子。有些干渴，摸了一下兜：门仔，帮我买瓶可乐，我没带钱，你先垫上。

西门仔高高兴兴地朝自动售货机跑去。我趁机瞄了一眼杨柳，发现她正崇拜地看着我，显然已经入戏。我趁热打铁。

“渠道有多重要，我给你举个例子呀！在互联网圈有两类人活的特别滋润，一个是段子手、一个是励志狗。他们文笔了得，插科打诨水平臻至化境。但是他们的成功秘诀不在内容上，而是赢在渠道上。再好的内容没有强大的渠道做支撑，全白扯。后来他们就学精明了，不搞原创了，开始组团造渠道了，所以你逛微博‘发现’频道的时候就会发现，其实每天原创的段子就那么几条！”

“那他们的段子是怎么来的呀！”年轻人对段子还是十分热衷。

“他们盯着那些没有渠道而又有点小聪明的人在互联网上分享的内容呀，时刻备战着，一出新文章，立马造句子。他们练的技能叫伪原创，讲究的是速度。而且呀，他们每个人身边都有个小图书馆，各种书，都是海量的。随便抽出一本，就能从里面挑出很多梗来，然后遣词造句外加模仿。”

2.2 运营岗三大工作任务

“原来是这样呀！那利哥，咱们运营人的任务到底是什么呢？”

“嗯，这个问题你提到点子上了。我先给你大脑里植入一个极简的运营知识！运营人的任务要三分天下：拉新、转化、延长用户生命周期。

拉新就是我刚说的渠道运营。你要记住，拉新和网络推广不是一个概念，网络推广主要铺量，而运营人拉新主要做渠道优化，比如搜索平台的SEO、应用市场的ASO，问答类平台维护等，甚至于现在市场部也融入了运营元素，叫运营化推广，这都是运营人拉新的活。

转化是产品运营的目标，即排除各种障碍，让用户奔着业务终极目标去。

延长用户生命周期，就是尽量平衡业务价值和用户价值，满足业务的同时让用户不反感、不流失，让产品无限存活下去，才好继续转化淘金。

运营任务就分这三大类！

我们在做运营的时候，要时刻有一个质量概念，尽可能大面积地让合适的用户（业务目标用户、潜在目标用户）使用你的产品。如果产品引入了错误的访问者，就会方枘圆凿，是资产的浪费。同样，如果访客正确，但是产品的信息架构紊乱（如导航模糊、搜索不准，这和字典息息相关）、内容空洞、交互糟糕，那么转化也是天方夜谭。所以，拉新用户的质量与产品转化流程、运营策略的质量环环相扣。”

“那留存谁来做呢？”西门仔递给我一瓶可乐，气喘吁吁地问道。

“正常情况来说，留存是产品经理的事儿！运营只能通过策略赋予产品一个调性，有权利的运营人会基于用户反馈优化产品，真正的留存是用户忠诚度问题，这只能靠产品体验来完成，靠运营做忠诚，有点童话故事！门仔，一定要记住产品运营的三句真知灼见：

产品做的是说服，让用户留存；

运营做的是说动，让用户转化。

产品以用户需求为中心；

运营以业务需求为中心。

产品做的是服务；

运营做的是业务价值最大化。

这就是产品和运营的不同之处。

当然了，运营做不了留存，但能延长用户生命周期。因为留存是和忠诚画等号的。只有产品表现突出才能让用户心甘情愿留存。靠活动、价格等做留存率是不靠谱的，所以，拉回是一种延长生命周期的运营手段。我们看留存率指标的表现时要将延长生命周期的运营行为清洗出去，才能看出产品本身有没有进步。”

西门仔若有所思！

“听你这么一讲运营，感觉运营学问真的挺大的！那我怎么做才能提起对运营的乐趣呢？”杨柳一脸迷茫的样子！

是时候倒拔垂杨柳了，我开始出大招。

2.3 把运行工作当作运营项目做

“要想培养运营的兴趣，一定要把手里的活当作运营项目，而不是当成运行项目，例行公事肯定做着没意思！如果你能打破惯常思维，把工作当成运营项目，那快感就出来了！

我举个例子。有一个传统企业，卖马桶的，惯常运作思维是：马桶批量生产出来，根据利润预期定批发价，铺渠道，走量，是赚功能的钱，赚得不多。后来一个马桶厂家，很有运营意识，马桶生产出来之后，做了个静音装置，心里就嘀咕了，我能不能也走情感路线呀，不卖功能了，我卖个感情价。

他走访了一些人，调研出来了现有马桶的使用问题。后来他就给这款马桶附了个情感诉求，他说我卖的不是马桶了，卖的是父母后半辈子的幸福，老年人睡觉不踏实，稍有风吹草动就会惊醒，然后就睡不着了，睁着眼睛坐等天亮。你看，运营讲究走心，感觉是不是出来了，他竟然定价3万元。但是他也害怕呀，定这么高到底有没有人买单。他就打算找个马桶店试试，看，试错是运营必备技能。一试还真有人买单，中国有钱人多呀！然后他就铺货了，3万一台。你看，走情感路线，业务价值是不是最大化了，而业务价值最大化就是运营的终极目标！这老板卖马桶没当作运行项目，而是当作了运营项目。

运行项目就是惯常思维，不寻求突破，在既有经验的基础上稳步前进！所以运行其实和产品经理一样，都是在做留存。而运营项目的核心关键词是‘优化’，优化就是不断地试错、不断地尝试新方案，最终找到那个既能业务价值最大化，又能最小投入的方案，然后全线铺开，最终定型为一种惯常运行模型。

关于什么是优化，我给你举个广告圈的例子。

原来有一广告公司，接了一狗粮海报的单。海报设计出来之后，去小区张贴。第一轮广告反应平平。客户觉得他们的投放通常也就是这样的效果，没当回事儿。但是有一个人聪明呀，有运营思路，他觉得这海报有很大的优化空间。这些海报是给人看的，他想，能不能让狗也来看呢。他做了两件事，直接把狗引来了：

1. 根据狗的平均身高，他把贴海报的位置挪到了广告栏最底处。

2. 他在海报上喷洒了一些骨头汤。骨头的味道可是与狗沟通的绝好文案。

不大一会，海报就引来了海量的狗。把小区里的居民都吓坏了，心想不会是狗闹革命了吧！然后记者也被引来报道了！广告效果直接最大化了。

这就是优化很好的例子呀！同样一个海报，当成广告投放项目的时候，业绩平平，当成运营项目来做，融入优化概念，效果就大不同了。”

2.4 运行比运营只差一个意识

“利哥，你太厉害了！你说的这些例子让我恍然大悟呀！”杨柳已完全拜倒在我的忽悠之下！

“其实呀，运营是需要一点招式的，尤其是刚入行的人，一招一式都能让你对运营产生兴趣！而这在渠道运营上尤其有发挥空间。5月份咱们有一个客户做悬赏招聘，给了20000元钱发红包，20元的红包，第一次放在微信头条，发的时候竟然没发完，百万粉丝的微信号发不出去两万元钱，肯定有问题。我决定补发一次，我用了一个运营招式：我发现2和8这两个数字在华文行楷字体下出奇的一样。我就把20元在头图上改成华文行楷字体。

就这么一个小招式，1分钟，红包瞬间没了，甚至惊动了微信总部，后来把文章直接封杀了！你看，这种类似标题党的招式，新人可以常用的，会给你带来自信，培养运营乐趣。”

我一边吹，一边汗颜：想我为了一己之私，连我是个标题党党员的身份都泄露了。

“其实呀，杨柳，你现在和运营之间只隔一堵柏林墙，推倒了就是运营，推不倒就会给你打回运行。如何推，全靠你自己，外人是帮不了你的。你可以从一招一式上下工夫。然后闲的时候琢磨琢磨四两拨千斤的技巧。

比如我原来做B端HR调研的工作，我就想了一个四两拨千斤的思路。按常理是我去主动寻找猎头，但我没按常理出牌，直接去猎头类网站更新了一下简历，每天都去更新，猎头们主动给我打电话，每天都不断的，然后我一个个聊天，都聊成了好朋友。”

杨柳彻底服我了。

“当然了，你现在的工作可能用不上这些招式，但你可以在日常工作中做一做渠道运营的工作。我就经常在业余研究各种渠道。做渠道，你要时刻琢磨，我怎么做，才能花最少的成本（时间成本）做业务价值最大化（引入最多目标流量）的事。”

我话题一转，又将杨柳和西门仔引入渠道运营上来。

2.5 如何用运营思维来做渠道

“我去年年底开始在简书上写文章，头两个月我搞了几篇文章上去，阅读数到100都烧高香了。后来我就把简书当成运营项目了。我开始研究简书里阅读数高的内容，我发现只要能上首页，阅读数都是万级以上的，所以我的目标就是：如何才能上首页？

我只是刻意研究了一下那些上首页的文章的内容类型，然后按照这些类型写，每写一篇都能上首页，阅读数蹭蹭涨。然后我又开始琢磨那些100000+阅读数的文章特征，发现那些文章都是被简书App push过的，怎样才能让简书push我的文章？那可真的是海量用户了，所以我现在每天接收到简书的通知push，就把它记录下来，研究被push的文章的特性。事实上，我是在研究背后做通知push的那个小编的喜好。你真的研究透了，那你搞一个符合他喜好的文章，说让你上push就上push。我发现简书小编更喜欢青春怀旧类的文章，所以，我就打算也搞几篇试错一下……

就这样不断地研究琢磨、试错，最终，写一篇同一类型的帖子，你所获得的业务价值（阅读数）绝对是不一样的。

为啥早期SEO能出来那么多达人，他们基本上把百度的各种算法、机制都研究透了。所以他们只靠SEO就能混个千万身价。百度内部的工程师们估计都没有他们懂百度。微博微信也是如此，谁能研究透了谁就能成事。

所以，每做一个平台，一定不要闷着头去做，那样你除了把计算机操作熟练了之外，对你业务能力毫无帮助。你不去研究平台机制，不去揣摩平台背后的那个运营人的喜好和工作风格，你还真就离运营差了那么一堵柏林墙。”

“那我如何去研究背后的那个人呢？”杨柳问。

“角色饰演呀！你把这个渠道想象成是你自己的，如果你在这个平台上班，你会怎么办？所以运营是需要多经历一些岗位的。

比如我原来做渠道的时候，天天攒帖子、发帖子，心里想着一辈子也就为了‘攒’和‘发’这两个事儿了。我当时比你还悲惨，我是需要把外链也带进去的，操碎了心，天天和论坛管理员博弈。后来我就动起了花花肠子。我想，能不能让论坛版主主动来转发我的帖子呀！我就开始研究发帖平台的特点，从内容入手钻研，我发现一般论坛的帖子其实都不是用户主动原创的，而是论坛管理员自己的小马甲在外面搜罗帖子。因为大部分论坛是Discuz搭建的，里面有一个马甲切换器，很好用。事实上，我做论坛也是自己在发帖。我就钻研他们一般都在哪里找帖子，找到他们的内容源，然后集中在这些内容源上发帖子就好了，这是做饵。攒了几篇放上去之后效果还真是出奇的好，人家论坛版主主动给你转到论坛里了，有的还给你置顶了呢！你看，花小力气办大事，所以后来我就把重心放在'攒'上，不考虑'发'的问题了。

'攒'帖子也是讲究的，'攒'的越好，转载（转发）的人越多。

我写博客初期，在转载渠道布好局之后，就琢磨着能不能转活跃了。做活跃的首要指标就是博客的平均停留时间和平均访问页面数。我看了一下GA统计报表，目前博客的平均停留时间是3分36秒，我决定把目标设定为6分钟。

然后我就思考一个问题：如何将用户平均停留时间提高到6分钟？

我想，文章的长短和平均停留时间是成正比关系的。一篇2000字的文章和一篇4000字的文章肯定阅读用时是不一样的。如果我把每篇文章字数都扩写翻倍，按目前3分36秒的平均停留时间来算，完成指标不在话下。想到这里我特别兴奋，在写博文的时候就尽量写长文。为了避免文章过长使用户阅读疲劳，我在文章内容上也下了很大工夫，比如多举例，多比喻，并配图，让用户看起来欲罢不能，后来终于将平均停留时间提高到6分钟了。所以你经常关注我的博客的时候，会看到我的文章都是长篇大论。

没想到，写长文竟然给我带来了很多好处。一段时间后我发现UV（Unique Vistor，独立访客）竟然提升不少。我就在GA后台看流量来源，发现新增了很多引荐渠道。我恍然大悟，因为我做过编辑，知道编辑转载一篇文章的时候一般只看头尾，负责一点的会速览一下，这是一个'空子'。编辑的潜意识里认为好文章有三大特点：字数多、层次分明、有配图。只要满足这三点，编辑一般都转了。看，'攒帖子'是不是也很有优化空间。当然了，那是网站时期了，现在讲究碎片化阅读，写长文有点不合时宜了。"

我喝了一口可乐，杨柳说话了："利哥，听你一谈渠道运营，还真有点意思，能不能带我一起玩呀！"

哈哈，我大喜，到底是年轻人。

我拧着眉头做了个假思状："这样吧，我把我现在正在做的问答渠道交给你做，这个渠道很重要，是咱们业务拉新的重点，本来我是想安排其他人去做的。"

“好呀，好呀！”杨柳高兴得手足舞蹈。

“当然，你必须把现有的工作完成之后再做这个项目，不能影响业务的有序进展。”

“没问题。”杨柳说：“利哥，那我平时学点技术是不是能进步得更快点？”

2.6 初入运营该学点什么

“你快拉倒吧，技术千万不能学，做技术的人年纪轻轻就秃顶。你看看咱们单位，那么多秃顶的技术。为啥会秃顶呀？因为他们经常遇到逻辑问题，琢磨不明白就挠脑顶，挠得多了，也就秃了。你若还想当美女就别去学技术。”

杨柳一激灵，摸摸脑袋，被我吓住了！

“你要是真的想学点东西，不妨去研究研究人的弱点。这学问可大了。

运营的‘过’人之处就在于善于利用人的弱点，比如前几天搞的那个程序员摇滚夜的活动，门仔根本就不懂摇滚，但还是兴奋地去听了，为啥！因为这是很好的拍照刷范的机会呀，发完后就等着拿赞了。摇滚夜满足了门仔拍照的需求，刚需还是发朋友圈晒照，是不是呀，门仔？”

西门仔已经快睡着了，因为这些话我也忽悠过他，早就味同嚼蜡了！

“恩恩，的确是，我去现场一看，还真没几个程序员，400多人几乎都是不懂技术的，想方设法和模特合影拍照。”

我用眼神暗中递给西门仔一个赞。

“杨柳，你看，我说中了吧！这就是人性，我搞网站运营108将的时候，请了不少牛人来讲课，办线下培训活动，我都冠之以沙龙二字。后来我一时尚圈的童鞋看不过眼了，说你那是啥破沙龙，你看我办的沙龙，不是选在美甲的地方，就是咖啡厅、艺术画廊里，然后有几个知名企业的创始人传经布道。我嘿嘿一乐，竟无言以对。沙龙听着高大上呀！我这是和康师傅红烧牛肉面学的，红烧牛肉面的外包装图片上的肉根本没那么大，为啥用户依然喜欢买，对吧！我用沙龙两个字，格调一下就上来了，虽然只是一个小活动。人，天生就是这样。”

“哈哈，利哥，你咋懂这么多呢？”杨柳笑得花枝乱颤！

“哦，我经常总结，而且喜欢实战，在工作中实战。一个人的时候也会搞一些东西，一步步就悟出来了。另外，还是要多看书！”

“那你给我推荐一本书呗。”

“《金瓶梅》。”我脱口而出，“这本书完全可以称得上是运营界一大奇书。讲的虽然不是运营的事，但是里面全是运营的例子，比如细节描写十分到位，人性表现也是淋漓尽致，文案更没得说……绝对是一本不可多得的运营秘籍，你既可以当作小说来读，也可以当作运营书籍来读！”

“滚蛋吧！”

西门仔和杨柳纷纷夺路而去！

3

三年运行期满，何去何从

“要辣椒吗？”卖凉皮的女孩问。

“多放辣子”。

“好嘞。”凉皮女转身忙活去了。

“你看，这就是典型的互联网商业模式，C2B。”我转身对贾南风说：“互联网上的很多新概念其实在线下也是随处可见的，只不过被冠之以更高大上的名字而已。比如耳机、手表等物件，被冠之以‘可穿戴设备’，就变成了一个新的蓝海市场。这有点抢占心智、市场区隔的意思在里头。”

贾南风羞涩一笑。我一颤栗，这个笑容好熟悉，还是三年前见过的。

时隔三年，我因为肺病住院，她来探望我。我带她来隔壁老王烧烤店吃串儿。老王是我好友。

我们点了一份凉皮，40个串儿，一盘毛豆，两瓶啤酒，找座位坐了下来。

夜色很美。

“你在那家在线教育网站做了有三年了吧？”我问道。

“是呀，做了三年运营岗，直到看你写的‘姑娘，你只是个运行经理’之后才明白自己只不过是个运行岗。现在好迷茫，所以来找你了！”贾南风望了一眼烤串儿的老王。

“3年，正好是一个运行角色到运营角色转折最好的时间点。接下来，你就需要了解一些运营更深层次的东西，转型成为真正的运营人了。”我故弄玄虚道。

“大叔，快和我说说！”南风果然中招，她小我10岁。

3.1　流量、用户、粉丝

第一，了解运营重心的变迁史

“首先，你要了解一下运营重心的变迁史。”

“变迁史？”南风有点疑惑：“运营岗不是最近几年才出来的吗？”

“运营岗是最近才火的，其实原来好多岗位都在做运营的事儿，只不过没叫‘运营’这个名而已。”

“哦，原来是这个样子！”

“关于运营的变迁，主要看企业运作资源对目标用户的倾斜程度。我给分为三大阶段。”

我瞄了一眼天上的月亮，正了正身形，开始神侃。

“岗位的兴衰永远跟着业务主题走。业务主题你可以理解为业务价值、KPI（Key Performance Indicator，关键绩效指标）或商业模式。编辑、产品和运营三个岗位的盛衰更迭，就代表了三种业务主题的变更。

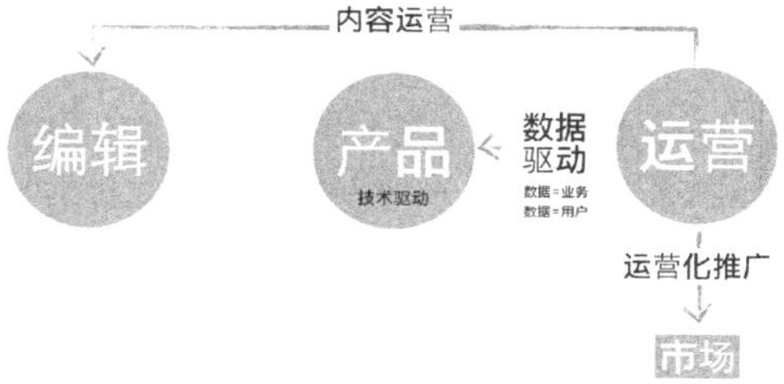

网编时代：流量为王，内容为皇

比如流量为王的时代，跟着火起来的是SEO职位，而SEO其中有很大一部分执行策略是内容的原创度，或者伪创度，所以网编时代的口号是：流量为王，内容为皇。我一般把网编火的时代切分为两部分：搜索引擎出现之前和之后。

搜索引擎出现之前，门户站是一骑绝尘，那时候的网编是贵族。你可以去看《沸腾十五年》中关于网编的一个描述：

> **默多克希望进入中国**
>
> ChinaByte投入不小，一开始就在北京外经贸信息咨询大楼这样的豪华写字楼里办公。北京CBD地标嘉里中心建好，ChinaByte首批入驻，ChinaByte的员工一直都是在北京最贵的写字楼里工作，写字楼每平方米的租金都是以美元计算。ChinaByte的员工一边工作，一边喝着最好的咖啡和茶，他们桌上放的餐巾纸是最高级的那种，地上的地毯也很舒服，可以光着脚在上面走来走去。ChinaByte给编辑的薪水也很高，在很长时间内都是业界的最高标准。ChinaByte是一家给稿费的网站，每日更新，有大量的原创内容，当时的稿费就能给到每千字80~120元，而且支付得很及时。因此很多人给他们写稿子，ChinaByte变得很

书里描写了几个核心词：CBD地标、北京最贵的写字楼、喝着最好的咖啡和茶、最高级的餐巾纸、地毯能光着脚走、薪水很高……

是不是皇家待遇？我估计秦始皇都没这个福气。

搜索引擎出现之后，门户站开始竞争搜索流量，征伐关键词，疯狂地采集资讯，因为每一条资讯都代表着一份收入。原创和高质量的内容变得稀缺，新闻同质化严重。那时候的网编们需要掌握一门新的技术：搬砖，对量的要求大过了质的要求，当时中国首席搬砖员陈彤打出一个门户站的运营模式：海量迅速。只要把这四个字做到极致，必会脱颖而出。这对网编手指头的敏捷度的要求加深了，键盘手盖过了大脑。CV工程师这个岗位出现了，网编变味，渐渐褪去香风艳影的光环。

产品经理时代，产品为王，技术为皇

产品为王的时代是在Web 2.0概念火的时候。其实互动这个词才是互联网的根。中国互联网最先出来的产品就是论坛，论坛是典型的Web 2.0产品，而在门户站垄断互联

网的时代，其实已经有很多互联网2.0产品出现了，只不过那时候还没形成气候，不像门户站那么气焰嚣张。

门户落幕后，Web 2.0产品才被吹拉弹唱起来。这是跟着技术创新走的。当互联网新技术出现时，产品经理崛起，我称之为产品为王，技术为皇时代。

产品经理职位走俏，盖过网编，逐渐牛市。很多大佬级的人物，比如乔掌门、马化腾等都将自己标榜为产品经理。名人效应下，加上可怕的媒体渲染，互联网产品经理这个职位开始变得流行。

运营时代，用户为王，策略为皇

运营为什么会流行，根据我的经验，主要有两方面：

1. 产品同质化严重，技术不再是竞争壁垒，社交网络成型。当产品已经混战不出谁是谁的时候，从运营中创造竞争力来征伐行业三甲的地位就会变得流行。
2. 产品岗位日渐成熟，已经被标准化、流程化。而大多数产品经理过度用户中心论，无暇关注业务价值和数据本身，急需一个人能为业务的可持续发展提供资产保障，而这个职责就落在了产品运营岗位身上。

所以，产品掌朝、运营护驾的时代将不复存在。运营开始掌舵，平衡业务价值和用户价值。

甚至于现在，用户为王都快落伍了，很多人都开始迈入粉丝为王的时代了。”

“大叔，详细讲讲粉丝这个事吧，领导就让我做粉丝，我很纳闷，用户和粉丝不都是一样的吗？”

“那可不一样。什么是粉丝呢？这个词起源于忠诚用户。我们将那些回访频次高的、隔三差五就来下单的用户叫忠诚用户。如果他还会向他身边的朋友举荐你的产品，为你的产品背书，并鼓励别人放心掏腰包，那么这样的用户才是粉丝。所以有时候我们说拉新和拉粉其实不是一个概念，拉新体现在流量端，拉的是新用户，拉粉就需要你从忠诚用户里再慧眼识人了。”

我停顿了一下。

“粉丝级产品，不管你有任何缺陷，只要你征服了用户的心，即便当你出现负面新闻的时候，他们也会帮你打群架，甚至于随着时间的流逝，用户都不用你的产品了，但在心中依然会祭奠它，每逢清明雨纷纷的时节，偶尔还会怀恋一下。”

“那我是不是可以这么理解，粉丝必须包含两个特征：

1. 心态上，喜欢你的产品；
2. 行为上，把你的产品推荐给别人用，并在你的产品出现危机的时候帮你力挽狂澜。”

南风很善于总结，我和她碰了一杯。

“所以呀，你的领导让你做粉丝运营，你一定要把握住机会，好好实战一番。你竟然误打误撞走到运营的前沿阵地了，可喜可贺。流量时代已经接近尾声了，除了传统企业依然迷恋曝光外，互联网行业的同僚基本上都已迈入了用户运营时代。像文案、优化、数据化管理、精准推送等是这个时代出现频次最高的词。所有运营资源都会倾注在核心用户或粉丝的身上。”

3.2 运营的终极目标是实现预设的商业模式

“第二，要搞清楚互联网产品的商业模式

从运行到运营，第二点要了解互联网产品的商业模式。CPC、CPM、CPA、CPS[1]等，这些都是大家耳熟能详的互联网产品盈利模式。这些模式都是互联网发展近二十年各路创业者一路探索出来的。已经成为惯常模式。初创企业，需要提前试错商业模式。

商业模式就是究竟走哪一条路能赚钱的问题。简单理解，就是提前‘预设’产品如何赚钱。

不要小瞧了‘预设’二字。因为它决定了你能赚多少的问题，也决定了你的产品形态。比如，招聘类网站，是做投递业务还是做信息曝光业务，决定了你的产品形态和资源投入情况。做曝光是门户模式，做投递是平台模式。门户模式赚广告费，多为CPM。平台模式需要做用户体验，做双边资源。商业模式是卖服务，卖精准营销等。

另外，搞清楚如何赚钱，才能搞明白运营策略。

1 CPC，每点击成本。CPM，每千人成本。CPA，每行动成本。CPS，每实际销售成本。

比如，门户站做的是鼠标点击的生意，通过一篇篇新闻和资讯内容让一个visiter（访问者）不断地迷恋在鼠标点击上。而对于电商网站来说，零售是赚钱模式，让用户减少思考决策的时间就显得至关重要，运营小二需要不断优化导航、优化文案、做价格促销、商品组合等，甚至于加入积分体系进来，目的就是让你赶紧把购物车填满，然后直接去付款页面。搜索引擎产品，搜索产品用户越少停留在搜索结果页，CPC商业模式才能套现更多客户的账户资源。

从本质上来说，门户站做的是流量的倒卖，电商网站流量的本质是销售机会的落地。所以门户站的流量是不如电商站的流量值钱的。与交易越近的流量越值钱。

“那免费算不算一种运营策略呢？”南风问道。

“当然算，看似互联网产品是免费的，其实免费也是一种利益驱动。

所有的企业都是为了利益，这点毋庸置疑。所以，免费也是一种价格，或者说是一种掳掠人心的手段，利益才是目的。只不过互联网产品和传统产品不同的是，传统产品直接通过做产品来赢利，然后通过产品服务本身的表现来营收民心和口碑。互联网产品恰好反过来了，先营收民心再谈赢利问题。这就是互联网的免费运营策略。

其实，免费的好处是扼杀了‘空手套白狼’这件事：你要想卖出你的产品，变现利润，就需要有一定的流量或用户。所以，运营首先需要解决流量或用户的事情，再来谈利润。

运营岗位，也由此被部分互联网公司一拆为二，分为用户运营（早期叫流量运营）和客户运营。

所以我们又得到一个认知：运营做的是营收，是预设的那个盈利点，并把其变为现实。”

3.3 运营要有道有术

第三，运营要有道有术

“串儿来喽，外送一个大腰子！”烧烤店老王携一缕炊烟飘然而至：“韩利，又开始忽悠小姑娘了！”老王还是那么帅气。

我嘿嘿一乐，不置可否。因为经常领女孩来他家吃串儿，老王已经见怪不怪。看我干巴的身材，每次都送个腰子给我，真是一个优秀的运营经理，深谙运营之道。

我忽然想起和老王闲聊时他和我说过的一个案例，我决定借花献佛。

“运营要时刻把营收挂在心上，但也要有策略性，不能一锤子买卖。我把总是做一锤子买卖的人称之为‘运营术士’，有术无道。拿北京那些卖切糕的兄弟来说，切糕很好吃，但是让他们给卖砸了。”

“就是就是！”南风说：“我刚来北京的时候就买过一块，很小一块就要了我七十多块，几口就吃完了！”

“哈哈，5至7块钱一两，你知道他们一车切糕能卖多少钱吗？”我故弄玄虚：“我算过，他们一车如果全卖掉，至少能卖一万块，而成本也就百十块钱！多好的买卖！”

“啊？”南风吐出舌头。

“他们会在周边营造一个让人恐惧的运营气场：少数民族特征、扎堆卖，还有手里那把明晃晃的刀，让客户敢怒不敢言。所以只能是一次性交易，0留存的买卖。”

“所以呀，你将来做运营，千万要记住：一定要‘有道有术’，运营是需要策略的，谁能让用户心甘情愿按意图行动，而且反复地让用户‘心甘情愿’，谁就能成为一个高级运营。”

我咬一口腰子，边吧嗒嘴边做高深状。心里却在想：现在很多大老板不就像卖切糕的兄弟吗？为了利益，很少能照顾产品和用户的感受。

但这事可不能当着南风说，毕竟我需要树立智慧型男的形象。

趁她撸串儿的时候我切入下一个话题。

3.4 运营是项目制的

第四，运营是项目制的，有起点，有终点

“第四点，接下来你要把运营当作项目来做，而不是当作产品来做，这很重要。你知道什么是运营项目吗？”

我发现我今天说得有点多，南风一直是倾听状，所以反咬她一句。

南风干了一杯啤酒，又拿起个串儿：“项目我知道，就是做事有始有终有时间点！”

“对，运营项目就是你所运营的对象。运营项目有生命周期，一旦你把你所负责的运营项目做成业绩最优了，运营周期就结束了。这个容易理解，但是如何划分运营项目却很有学问。比如你一定听说过用户运营、活动运营和内容运营，这是产品运营项目中细分出来的子级运营项目。渠道运营你也知道，业界大都按照不同渠道来细分运营项目，比如负责搜索渠道的SEO、负责应用商店的ASO（应用商店搜索优化）、新媒体运营，等等。这是惯常的运营项目分法，但是凭借我自己的工作经历，我发现这种分法并不能业绩最优化。”

“韩利哥，运营项目是不是可以按照运营目标来分呀？”贾南风掐断我的话，眼神闪亮。

我喝干了杯中啤酒。

南风这句话竟让我瞬间打开了思路。最近一直在总结自己的一套运营知识体系，运营项目这个知识点纯属我捏造出来哗众取宠的，一直没跑通逻辑，经由南风这么一说，我竟醍醐灌顶了。

思维碰撞真是一件神奇的事儿。

但我不能表现出是她启发了我，那样显得我没格调。我身体倾斜45度角，手支下巴：“说得太对了，南风，你真的很有运营天赋。我们可以把关键项目的运营终极目标分解为一个一个的子目标，再根据子目标来定义运营项目，然后在特定的时间内，依据数据分析和业务经验的指导，通过最小化运营成本——让这些子目标的KPI表现最优化，最终将终极运营目标最大化。”

我正了正身形，给南风斟满酒杯：“比如说企业的运营目标是提高收入、降低成本，所以产品运营和渠道运营就是企业运营的两个最关键的子运营项目。一般由运营总监担纲。这两个关键的运营项目再根据运营目标（拉新、转化、延长用户生命周期）分解出很多小的运营项目。

举一个很简单的产品运营的例子，比如App产品，日活用户数是运营终极目标，影响App日活数的关键驱动因子有日新增用户、主动回访用户、被动回访用户。这三个驱动因子就是三个运营项目，新增用户是渠道运营项目，主动回访用户是产品运行项目，被动回访用户是push运营项目。这三个项目，如果运营兵力充足的情况下还可以再细分。”

我发现南风眼神好像总往老王身上飘，魂不守舍的样子。难道美女真的只爱看帅哥？我醋意大发，瞬间立项，决定降低南风眼神对老王的点击次数。策略就是出大招，用高深知识来PK烧烤帅男。

“来，南风，我们干了这杯！”我拽回南风眼神。“刚才的例子中我讲了三个点：

1. 目标量化、分解体系。

2. 目标关键驱动因子选择。

3. 运营兵力是否充沛。

这三点是合理划分运营项目时必须要考虑的。比如第三点，如果你的团队运营人员充足的话，还可以按照运营位来划分运营项目，比如广告位是一个运营项目，分类目录是一个运营项目，标签云也是一个运营项目……总而言之，凡是运营可控的位置都可以算作一个运营项目。”

“恩恩。”南风又不经意地浏览了老王一下。一听就是敷衍之词。

“如果你的团队甘心做运行的人多，而你态度还不错时，那么恭喜你，南风，你离高薪不远了。”我使出第一招：“拿百万年薪都是小意思。”

这是我的一个运营小伎俩：把“高薪”量化成“百万年薪”，这是汉字可视化，颇具点击力。虽然我都不知道百万年薪长啥样。

南风果然中计，眼神回收。我心中一喜。

我继续喂招：“如果你能加快速度结束运营项目周期，拿百万年薪也是指日可待的。”加快拿高薪的速度也是运营人的痛点。

“大叔，快说说！”南风果然已迫不及待。

我剥了一个毛豆，慢吞吞地说：“一个运营项目达到最优表现的时候就是运营项目结束的时候。根据我自己的工作经验，我觉得一个运营项目达到最优KPI的时间周期大概在3~6个月。所以说，一个运营人一年至少可以做2到4个运营项目。比如说我，为啥我经验如此老道，就是因为我做的运营项目比你换的袜子都多。这些年我粗略算下来，竟然做了有20多个运营项目。”胜利有冲昏头脑的力量，我有点口无遮拦。

“而工作之外，我自己也一直在刻意练习其他的运营项目，比如历练软文写作之道、尝试写小说、琢磨创意做传播，等等。”

“就是就是，我就发现大叔你今年的写作方法和原来的文章风格大不一样了！”南风彻底忘了老王的存在，已完全融入我布设的运营场景之中。

“对，因为现在是90后的天下了，我虽然人老珠黄了，但是心还是嫩的，不能落伍。我经常和90后的小朋友们聊天，发现他们更喜欢阅读有故事的文章，而不太愿意读那些通篇晦涩，满纸用户情怀的运营文章，所以今年我的文风变化特别大，也开始尝试把小说元素融入运营文章中。”

“那叔你怎么老写漂亮姑娘呀，你的故事主角都没男的？”南风还是个花痴，难怪一直看老王。

“这正是我的运营策略呀，你没发现吗，像你一样的漂亮姑娘是特别有流量相的。我打算写满107个姑娘，然后我和这107个姑娘组成网站运营108将，组团去梁山为王，打下运营这片江山。”

“哈哈，算我一个！”

正合我意：“当然了，虽然我把网站运营108将移到微信号上了，但是排位不变，你还是小李广。”

“嘿嘿，那运营项目结束的时候这个项目怎么处置呢？”南风问。

“一旦将一个运营项目优化至最优水平后，运营就要将这个最优结果固化下来，并交付运行人员来日常维护，变为惯常的运行工作。运营转身继续去优化或挖掘新的运营项目。你可以想见，运行人其实更难混的，因为交付给运行人的都是最优业绩，一旦运行降低了业务表现，那也是有苦说不出。打江山容易守江山难。”

“叔，我太崇拜你了，我今后的运营命运就交你手里了，今天的串儿我请，老张，再给我叔整个腰子。”南风冲老王喊道。她肯定是醉了，竟把老王喊成了老张。

“叔，你一定要再给我支个招，让我在运营这个职业里快速地拿到百万年薪！”南风和其他姑娘一样，对快速致富有痛彻肺腑的迷恋。

“若想拿百万年薪，就要苦练一个技能：发现问题。事实上，发现问题比解决方案更重要。这正是第五点我要跟你说的。”

3.5　发现问题比解决方案更重要

第五，发现问题比解决方案更重要

“很多人认为提供‘解决方案’是运营的工作重心，我原来也是这么理解的。后来琢磨明白了，我觉得发现正确的问题比提供解决方案更重要。因为问题出来了，解决方案也就出来了。举个例子，你的屋里进了一只蚊子，打蚊子是很容易的事情。难就难在找蚊子这个事，有时候寻寻觅觅一天，都不知道它躲在哪里，而当你睡觉的时候，又跑出来骚扰你。”

“那如何才能发现问题呢？”南风问。

“发现问题的能力主要看你的业务理解能力和数据分析能力。你把所从事行业的业务模式搞纯熟了，业务规律掌握了，日常工作中勤看数据，用各种维度看，并时刻盯着你业务目标的起伏波动，把目标量化到月、周、日，做到真正的数据化运营。当然，初期你可能会有一盘散沙之感，这是运营妊娠期，过了这个阶段，你就如鱼得水了。这一点只能靠你自己去实战，听别人的经验也不好使。今天，我只能给你指出三个发现问题的方向。

1. 发现产品的问题：运营是产品的暗哨

产品是用来解决用户需求的，需求是用户的“恨”，产品可以“解恨”，运营解决产品在用户心中的“恨”。产品稍有不慎，用户就走了，然后业务垮塌。而现实中，完美的产品是不存在的。我们运营的产品，就像一根有缺口的烟，用户吸着吸着就吸不动了，所以，需要运营发现这个缺口并且给补上！归根结底，运营是在解决业务的“恨”。解恨的过程，就是运营。

2. 发现运营自身的问题：运营是业务的打手

我写过一篇文章：《运营不要以用户为中心》，遭到了非议。我一直认为以用户为中心是最好的运营或营销手段，而不是目的。运营是为业务服务的，是业务价值的打手。不注重业务价值的运营不是好运营。运营人的日常工作太多，有时候做着做着就跑偏了轨道，‘以用户价值为业务终极目标’就是一种偏离轨道的错误观念。记住一句话，运营以业务为中心，目标是业务价值最大化。当然，需要平衡一下用户价值，找到折中点。

3. 发现市场的问题：运营是市场策略的优化师

很多人说数据挽救了品牌预算，其实数据是死的，运营才是活的。数据只是品牌决策的“证词”，业务经验才是品牌的“证供”。品牌是不可能被完美量化的，所以从数据中得来的品牌价值有时不靠谱，决策的最后一道防线依然是运营经验，这是一种感觉，是在运作的海量用户中得到的。

在每个运营项目上都要留心捕捉用户留给我们的残余信息，各种纬度不断分析，培养运营直觉。品牌的运营就是找魂，为产品在用户心中找魂，优雅地运作出一道竞争壁垒。

现实中，企业精心策划的市场营销信息已经被互动打破，信息变得对称，用户开始界定产品好坏，产品体验好坏成主要信息场。传统的自话自说的市场部即将下课，运营化推广开始走入其中。

所以说，南风，我们运营人要大富大贵了。”

“哈哈，早就盼着这一天了！”南风兴奋起来。

“嗯，运营的概念已经渗透到产品、业务效果和品牌策略中，从试错中减少浪费，从优化中最大化业务价值。试错和优化才是互联网产品市场大战的驱动引擎。

所以，在以后的工作中，你要将更多的时间和精力投入到发现正确的问题中来。”

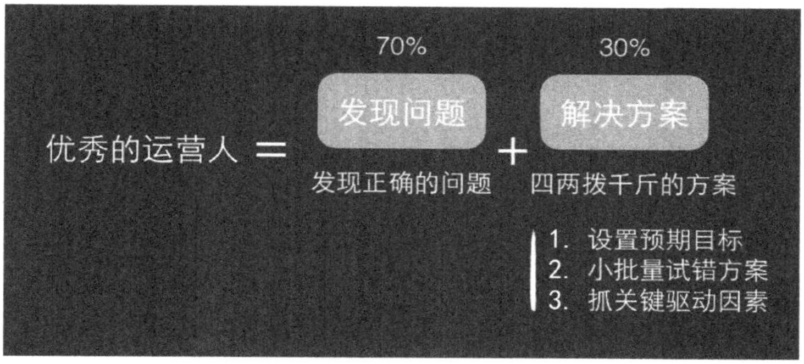

“当然了，解决问题也是一种能力，有三个境界：

1. 困了就睡，饿了就吃。这是解决业务的当务之急！
2. 困了不能睡，饿了不能吃。这是从产品宏观层面把控，从你的业务终极目标出发，当运营兵力有限时，运营要先解决关键问题，再解决次关键问题，抓业务重点。
3. 困了就去睡，饿了就去吃，但业务还能正常运转。这就需要运营去调动其他不困不饿的部门，即资源调度。”

3.6 迈入运营岗需解决五大意识

第六，运营成才的核心只在意识上

“迈入运营岗，现在就要解决五大意识问题。

1. 做运营要抓核心业务，做核心效果

这个不多说，就是你一定要想办法抓核心指标，所有的其他指标都是为你优化核心指标服务的。

2. 充分理解老板，因为‘老板=业务’

这个公式永远不会过时，只要有雇佣关系，这个公式就存在。所以，运营就是以老板为中心。这句话说的有点低声下气了哈，换一种说法，运营就是以老板的目标为中心，而老板的目标永远是销售额、活跃用户数、成本……

我一直乐得承认这样一个现实，老板之所以能成为老板，一定是商业高手。他们的战略眼光和商业目的，你我很难望其项背。所以，既然跟着老板打天下了，就一门心思去做，如果发现老板不靠谱，立马走人，千万不能被不靠谱的老板带走。

3. 对高KPI坦然接受

这其实是一个态度问题。每个单位在制定KPI指标的时候肯定是抱怨声大，赞赏声无。在这一点上，我个人从来都不和老板争执。胳膊终究拗不过大腿。很多人喜欢说的一句话是：怎么能这么定KPI，应该通过历史业务数据推演呀，拍脑袋想目标，真孙子。所以我遇到很多抱怨者，或因为KPI太高，自己主动走了，换个平台继续抱怨，或者被老板勒令退学。

工作这些年来，我发现，我有好几次并没有完成KPI，也没见老板扣过我绩效。后来我就总结了：互联网这个东西，做事的主动态度比KPI更重要，老板也许只是想看看你的态度也不一定。另外，老板定了这么高的KPI，肯定也是心里有数，也许就认识什么李开复、马云呢，随便给你一个资源，你的KPI就有可能翻倍。所以我一直把老板当作最大的导师，没事的时候就偷偷观察老板的动作走向，窃取老板的人脉资源，顺道和老板学学怎么做生意。

这可是运营最牛的经验了：有绩效担当。”

4. 运营要主抓‘三力’能力

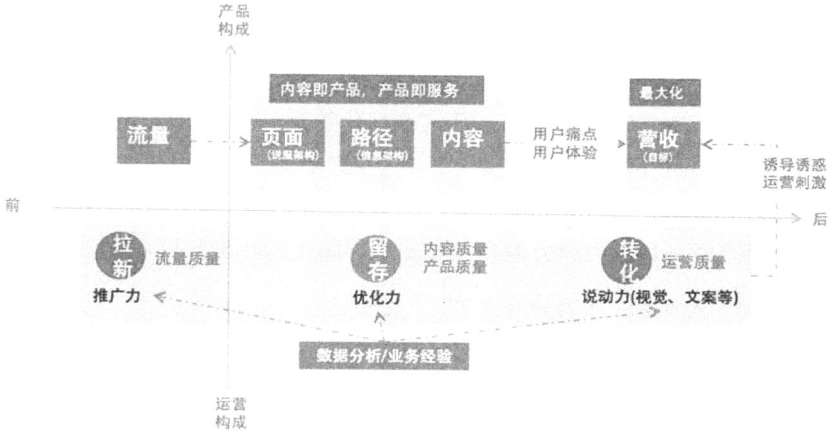

“你要理解一个优秀运营人的关键能力都有哪些？刚才我说了，运营的核心任务是拉新和转化。所以你一定要历练你的‘推广能力’和‘说动能力’，这是优秀运营人的两大核心能力。当然了，现实是，大部分互联网公司将留存也纳入到运营任务中，你还得入乡随俗，具备‘产品优化能力’。事实上，在拉新和转化的运营项目中，也需要优化能力，‘优化’横贯在运营人整个职业生涯中。”

“我天天听我们领导把‘优化’挂在嘴上，啥是优化呀？”南风竟然抛出个如此幼稚的问题。

“好比你们女孩子，从懂事的那天起，就无时无刻不在捉摸着怎么瘦身美白、修型化妆，这就是优化你们的身材。身材是每个女孩子都在运营的产品，目标是男性用户的眼神点击数。”我看老王要过来插话，瞪了他一眼：“但是好身材需要持续优化，急不得，是个持续周期比较长的运营技能。

这三大运营能力有一个不可违背的天条，那就是运营质量。运营质量是运营管理体系中很重要的一项内容。这是将来你荣登运营总监岗位时需要考虑的，现阶段，你只要保证做每个运营项目都尽全力就可以了。

5. 对每一个运营项目都制作一张优化源表。

这张表短期内不会给你带来太大价值，但是当你数据积累到一定量级之后，你就会从这张表中得到很多真知灼见。比如，你可以靠业务目标日常表现表十分合理地推演分解出月目标、周目标、日目标，真正做到每日的运营行为都‘心中有数’。因为日常目标表现表展示的是你的业务规律，尤其是当你负责整个产品项目的运营，给手下定KPI

的时候，手下再也不会说你拍脑袋了。”

南风显然对我的这个目标分解感兴趣：“利哥，能详细说说分解目标这个事吗？好高端的样子。”

我嘿嘿一乐：“这是我从黄成明老师《数据化管理》一书中学到的，我将黄老师的目标分解方法应用在了互联网产品运营上。自从2014年我看了这本书后，有豁然开朗的感觉。你现阶段只需看这本书的第2章就好，遵循极简原则，我简单的给你提供一个思路。我只讲如何分解到月，因为分解到周和日的思路大同小异。你看这张图。”

我手机发给她三张图，然后分开来说。

首先，需要找到历史数据。我从我们自己的数据平台上找到PC端用户全年的日UV数据。这里我拿UV来举例，你也可以拿LV、Visit、PV来做。其实，拿Visit来做更合理一些。这里有一点要注意，你可能觉得月度唯一身份UV并不等于日独立UV的总和。这个在此案例上其实是合理的。

通过日期数据计算出第N周和星期字段的值。把异常日期排除在外，主要是节假日，因为节假日和大型节日时一般网站的流量都不太正常，还有，把特殊推广期的日期也排除在外，这要靠你平时的运营日记，给每天的运营行为做一个记录。

日期	第N周	星期	UV（W）	特殊日期
2015/1/1	2015-01	星期四	196	元旦
2015/1/2	2015-01	星期五	236	元旦
2015/1/3	2015-01	星期六	230	元旦
2015/1/4	2015-01	星期日	225	正常
2015/1/5	2015-02	星期一	186	正常
2015/1/6	2015-02	星期二	179	正常
2015/1/7	2015-02	星期三	201	正常
2015/1/8	2015-02	星期四	205	正常
2015/1/9	2015-02	星期五	224	正常
2015/1/10	2015-02	星期六	228	正常
2015/1/11	2015-02	星期日	227	正常
2015/1/12	2015-03	星期一	190	正常
2015/1/13	2015-03	星期二	182	正常
2015/1/14	2015-03	星期三	217	正常
2015/1/15	2015-03	星期四	239	正常
2015/1/16	2015-03	星期五	247	正常
2015/1/17	2015-03	星期六	255	正常
2015/1/18	2015-03	星期日	259	正常
2015/1/19	2015-04	星期一	212	正常
2015/1/20	2015-04	星期二	204	正常
2015/1/21	2015-04	星期三	248	正常
2015/1/22	2015-04	星期四	276	正常

然后得到这张图。

然后，我们开始透视这张表。

首先，要看看有没有业务规律。透视的时候把假日信息和特殊推广日标识出来，在透视的时候过滤掉，不计入总表中。

1、确定一下是否有业务规律	
特殊日期	正常
平均值的UV（W）	
行标签	汇总
1月	238
2月	247
3月	278
4月	223
5月	178
6月	188
7月	219
8月	264
9月	266
10月	316
11月	281
12月	180

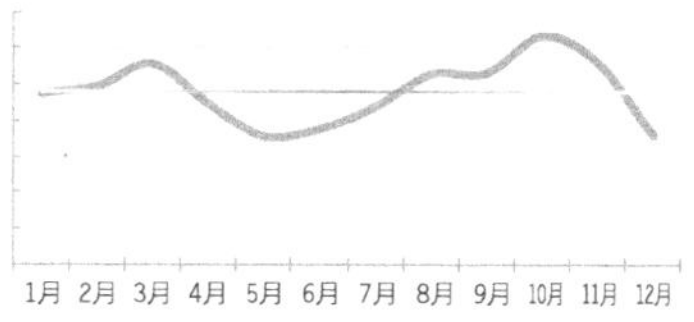

发现了吗？你看折线图，很明显，业务有淡旺季之分。所以我们完成全年目标的时候，也要合理地分出淡季完成多少，旺季完成多少。而不是平均每月完成多少。

既然业务有规律，第二步，敲定月度权重。

权重是供我们计算用户的一个人为赋值。一般先把最低值赋值为**1**，比如图中的**5**月，然后其他月份的平均**UV**值除以**5**月的**UV**值，就能得出各个月份的权重了。

2、敲定月度权重												
特殊日期	正常											
平均值的UV（W）	列标签											
	1月	2月	3月	4月	5月	6月	7月	8月	9月	10月	11月	12月
汇总	238	247	278	223	178	188	219	264	266	316	281	180
权重	1.34	1.39	1.56	1.25	1.00	1.06	1.23	1.48	1.49	1.78	1.57	1.01

第三步，我们通过权重值将KPI分解到月。

比如2015年的总UV是8.8万，老板给你翻了个倍。那么你通过权重就能平摊到每个月要完成多少。比如图中的1月份，我算出一月份的权重占总权重的比值，然后再用KPI乘以这个比值，就能得到1月份要完成的KPI了。

3、将KPI分解到月												
2015年总UV(W)	88288											
2016年Kpi(W)	150000											
分解到月	1月	2月	3月	4月	5月	6月	7月	8月	9月	10月	11月	12月
2015	238	247	278	223	178	188	219	264	266	316	281	180
权重	1.34	1.39	1.56	1.25	1.00	1.06	1.23	1.48	1.49	1.78	1.57	1.01
2016（W）	12408	12874	14495	11609	9288	9801	11414	13756	13854	16490	14627	9384

那么，我们分解KPI的目的是什么呢？

1. 尽早做年度运营规划，第一个月如果完不成目标，和老板说明情况，早早申请资源。
2. 管理老板的期望值，控制KPI完成的节奏，别第一个月没控制住，早早就完成了，那时候老板就给你定更高的啦，哈哈，开玩笑，很多人都完不成KPI，这是现状。”

我剥一毛豆，扔进嘴里。“好了，南风，天色已晚，我就不留你了，我还得回医院输液。”

我把南风送到旁边不远的地铁站口，老王没有收钱，一直目送着南风。

“再见，黑鬼!”

南风冲我摆摆手，融进了滚滚人流。

这一声黑鬼，把我的思绪直接打回到三年前。

3.7　三年前

三年前

临近傍晚。

我去中关村海龙大厦备案域名，走到远中悦来酒店的时候，就感觉有妖气。我加快了脚步。

“站住！”一声断喝，吓得我一哆嗦，一根头发掉在了地上。

一个姑娘从大厦里箭步如梭向我奔来，有长发飘起。我心想完了，又遇到劫色的了。早知道出门的时候脸上贴个痦子了。

“哥们，这件T恤哪来的？”

我穿了一件印有网站运营108将logo的T恤衫。

“这是我自己印的呀！咋了？”我挺疑惑。

“啊，难道你是网站运营108将里的？”

我点点头。

“那你坐第几把交椅？绰号是啥？”姑娘已经抑制不住兴奋之情了。

“第一把交椅，在下黑旋风韩利！”我抱拳。

“啊，你是黑鬼！哈哈，真是得来全不费工夫！”姑娘大喜过望。

“叫我黑旋风吧！”

“好的，黑鬼！”

“你是？”我很纳闷，难道网站运营108将名声已经如此之高了？

“哈哈，你猜猜？”姑娘眉飞色舞。

我仔细端详了一下，樱桃小口、柳叶眉，额头有麦穗。还真有点眼熟，就是一时半会想不起来了。

“我是小李广贾南风呀，在你的网站运营108将里坐第34把交椅。”

“妈呀，你是小李广？”我一下想起来了。“你在这干啥呢？”我拖着东北调问。

“面试。”贾南风像是想起了什么：“黑鬼，晚上有时间不？我们去网吧刷夜呀！”

……

那个晚上，我被贾南风强拽到苏州街的一个网吧，她还特意要了个包房，硬逼着我在包房里给她改了一夜的个人简历。

4 运营，只缘身在此山中

2015年6月，我得肺炎住院。主治医师是柳下汇大夫。

病床旁边是一位老大爷，她的孙女陪床，名叫刘三婷。

她先开腔："不好意思呀，打扰到你了。叔，你是做啥的？"

我的肺一阵刺痛。

6年前，我还没做运营的时候，去理发店，小妹都会问我：小弟，高几了（高中几年级了）？自从做了产品运营之后，再去理发店，小妹当我是新顾客，张口就说："大叔，头一回来吧！"做运营就是这样催人老，今年20，明年38。

"肺病，做运营做的！"我稳住心中不快。

"啊，叔你是运营？"她张大了嘴巴："我、我是做产品的！"

"不会吧！"我莫名惊诧，真是产品经理遍天下，没想到在医院里也能遇到。工作这些年，我没少和产品吵架，一遇到产品经理，就会激发我的好胜之心。

"啊，那咱们是敌人。"我不顾肺的反对，决定引爆话题。

"敌人？为啥呀？"三婷说。

4.1 产品和运营关系论

"产品和运营之间互相掐架已经上升成现象级话题了，就是因为产品和运营天然是敌对关系，互相制衡。”我说。

“为什么会是敌对关系呢？人家都说产品和运营是一家人，产品生孩子，运营养孩子。”三婷擤了下鼻涕。

我望着三婷，和颜悦色地说：“你说的是理想状态，现实是，产品满足的是用户的需求，运营激发的是用户的欲望。道不同很难共谋。”

三婷被我迷惑住了。

我顺势推出思考良久的“产品和运营关系论”来。

“从用户角度来说，用户使用产品能感知到的只有产品功能和运营行为。所以一个典型的互联网公司只有产品和运营这两大类职位。我们可以把‘以用户为中心’的工种都归附到产品系统里，围着产品经理做事，比如技术岗、测试岗、设计师、运营里的后端运行人员，等等，这些岗位都是企业中典型的资产缔造者，目的是伺候用户，更好地满足用户的需求。还有一批岗位是‘以业务为中心’的，他们依靠用户来成就业务价值，目的是满足业务营收的需求，比如营收更多付费客户或更多活跃用户，比如市场、商业营销、销售、运营，等等。”

“啊，这难道就是传说中的运营业务中心论？”三婷嘟着小嘴。

我没搭茬，说了一个段子：“从职责上来说，产品是‘说服’人，目标是先应手，后得心，做的是留存（忠诚）。运营是‘说动’人，目标是先应心，后得手，做的是转化。说服是让用户心服、口服，所以产品必须要以用户为中心，用户价值最大化。而说动是让用户心动、行动，所以必须要以业务为中心，业务价值最大化。一句话，产品在满足用户价值，运营在榨取用户价值。”

三婷有点晕。因为这样绕口的段子她一时半会还解不过闷来。我决定再抛出一个更绕口的段子。

“说服是让用户心服（即用户满意度）和口服（即我们常说的推荐、口碑）。说动是让用户心动（从众或冲动）继而行动，这就是转化率。服务服务，服了才会有业务。”

“不对呀，运营不就是产品服务上的无缝衔接吗？运营也要担当‘服’的职责。”

我一阵痉挛，三婷说的又是运行岗的职责。

“你说的‘产品无缝衔接’是运行岗。服与不服是用户的一厢情愿，运营是左右不了的。运营能左右的是用户在当下的场景能不能立即心动和行动。比如，促销场景下的价格就是让用户立即‘动’的一个运营元素。

产品是解决用户问题的，换句话说，是更好地解决用户问题，包括使用上的体验迭代。所以，产品本身必须能够自言自语，在用户心中树立一个‘舍我其谁’的占位。所以，产品必须要说服人才可以。产品如何主动说服用户，用户必须先用了之后才能感知到，所以有很多产品的营销策略会先从试用开始，用户用起来觉得不错，很应手，然后有了需求就用，这样长此以往，就得到用户的心了。用户经常用你的产品，这就是留存用户。内容也是产品，而且是最好的说服引擎。

而运营是在产品留存用户的基础上，去谋取业务价值，往往会从用户的心理BUG上着手，让用户有瞬间的心理变动，比如双十一，用户缺少警觉性，变得既从众又冲动，过后发现买回来一堆用不到的东西。‘应心’应的就是用户的心理BUG，如贪婪之心、从众之心、炫耀心、嫉妒心、虚荣心、偷懒之心、自卑心、好色心……然后运营利用这些人性的弱点来快速转化为业务价值。每个运营回合，都要有‘窃取’的意识，频频得手才是运营的最高境界。高级文案就是做用户冲动和从众的最佳武器。

所以产品是满足用户需求，而运营是满足业务需求，两者目标南辕北辙，此消彼长。”

三婷有点惊讶，看来她只是个产品经理助理，刚入行没多久，我这些特立独行的言论，要是被稍微有点经验的产品经理听到，肯定是一顿狂批。

我胆子大了起来：“举个例子，运营为了完成KPI有时候需要在产品的页面体系里拦截业务价值，如果考虑不周全，缺少上下文场景，就会折损产品体验，那产品经理肯定不愿意呀，因为对TA的KPI形成了威胁。拿用户平移类的运营项目来说，如由PC端向App平移用户、往官方微信号导流第一批基础粉丝，这对于运营来说都是拉新最好的渠道，而PC端产品经理则十有八九不会爽快答应，这属于折损产品体验，没有产品经理愿意在自己的一亩三分地里安插一个程咬金，半路跳出来让用户留下买路钱，这是骚扰，是劫道的。于是矛盾产生，PK势在必行。”

三婷开始点头，觉得很有道理：“那么在现实中，产品经常和运营打架，该怎么解决呢？”

我继续侃下去。

“如何解决产品和运营的矛盾，一句话：价值均衡，找到一个折中点。

产品太过以用户为中心是一个极端，运营太过以业务为中心是另一个极端。这两个极端都会催化产品快速消亡。为了产品能走下去，生命周期长一些，产品和运营需要互相谦让，比如产品帮运营减少运营行为发生后的折损率，做好权衡；运营时刻反馈业务价值点，让产品能为合理业务开放绿灯，并不断反馈客户需求。

其实，除了这种根深蒂固的矛盾之外，在如今的互联网公司，产品和运营打架的原因浅层次的居多：

1. 权责分配上：究竟谁主导谁！
2. 运营工具上：产品都喜欢做前台，不愿意花时间做后台运营工具，导致运营效率下降。
3. KPI定义上：产品和运营的KPI是完全不同的。产品的KPI更多体现在产品研发周期上，很少背负业务指标。比如什么时间点完成什么功能；而运营的KPI是在业务目标上，比如日活跃用户要达到多少，转化率要优化至什么水平，在一个季度要完成多少销售额，等等。
4. 理念上：有一些产品经理认为我已经把产品设计出来上线了，以后就靠运营了；而运营在执行策略的过程中发现很多时候是需要产品支持的。打个比喻，产品搭台、运营唱戏。产品将基础台面设计妥当之后，将灯光、音响设备准备齐全，运营开始登台。戏种不同，灯光也就不同，需要的音响音质也不同，所以运营每一场戏，产品都需要在舞台的基础设施建设基础上调整设计架构，以完成一场出色的表演。用户是来看戏的，不是来看舞台的。但是舞台必须敞亮，座位一定要舒服。
5. 有的时候，产品因为有决策大权，会故意给运营施加难题。比如，三个月前，有产品经理说我做的App push文案不行，他要出一套。上线一个月后我感觉效果不好，就撤掉了。过一段时间另一产品经理说push文案的新鲜度应该过去了，换一套新的吧。然后我把原来产品经理给我的那套文案发给这个产品经理请他过目。他说：这个文案不行，问题很大。类似这样的扯皮多在产品成熟期。在产品初创期和成长期时，产品和运营是相恋的，到了成熟期和衰退期才会反目成仇。

其实，运营是依附于产品本身的，只有产品得到用户认同了，运营才能从中取事。产品在给运营培育业务土壤，运营在帮助产品变现价值。二者的终极目标是一致的，就是帮助企业走向成功：产品决定了企业能做多大，运营决定企业能做多久。”

我说完这句话，肺又一阵绞痛，暗想：产品目前睡在席梦思上，而运营还在打地铺！多么的不公平呀！

我遥望窗外，深吸了一口气。正想深入地吐槽一下。

但三婷看起来疲惫极了，昨夜她陪床，一定彻夜未眠："大叔，先不聊了，你能帮我看着点吊瓶吗，我想睡一会。"

我瞧一眼旁边的老大爷，病得挺重的："行，你赶紧睡一会儿吧，我帮你盯着！"

"嗯嗯，谢谢大叔了！"

望着三婷的背影，我五味杂陈，内心焦灼着：她是个好孩子，要不要把她转化成运营人呢？

我因为还要做彩超。她醒了之后我就去了。回来的时候已经下午，斜晖映室，光影斑驳下，我竟然呆住了。好漂亮的三婷，素面朝天，七分裤，绿色小衬衣，长发盘起，有鬓角漏出。难得一见的美女产品经理。

我不由地将职业道德抛诸脑后，当即做了一个优雅的决定：

转化！

4.2 兰查斯特战略模型

我觉得需要制造一个场景，让三婷觉得我不同凡响，于是我自己给自己打了个电话。

电话响起，我接起来。

"喂，咋了，马总，怎么有空给我打电话？"

"啊，还没追到呢，哎，我教你一个数据化追女朋友的方法吧，你知道兰查斯特战略模式吗？"

"这你都不知道，晕倒。你看你白在腾讯干了，我给你普及一下呀！"

"哈哈，没事，我现在也不忙。兰查斯特战略模式是用来判断企业竞争地位的，它有三个百分比值：分别是**73.9%**、**41.7%**和**26.1%**。假设在一个市场上只有两家竞争对手，其中一家市场份额已经达到**73.9%**这个上限目标值了，那么它的地位就牢不可破了。比如你们腾讯，在社交领域是独树一帜的。如果有三家及以上竞争对手，只要谁先取得**41.7%**的市场占有率，谁就会成为行业主流。"

"啊，你说理论没用呀，怎么会呢！你正在追的这个姑娘，不是还有两个人也在追求她嘛，那么，你只要在姑娘的心智占有率上达到41.7%，那就是成功了。”

“嗯，对，首先要给自己定个目标，做任何事都得有目标。要不然你胡子眉毛一把抓，毫无目标，十有八九会失败。有了目标后呀，要把41.7%分解为一个个可量化的行为上，要蚕食，不要鲸吞。一步步地让姑娘掉进你的量化体系里。”

“我一猜你就会这么问，对，如何分解目标要从姑娘的行为角度出发，这在运营里就是用户行为分析了。可以将姑娘的行为分层的，比如“姑娘主动找你说话了”“求你帮忙了”等这些行为可视为浅层次的暗示，将“你怎么穿这么点呀！”“你能再帮我……”等行为视为深层次的暗示，深层次的暗示就证明你已经快成功了，到最后如何下口求爱，就要找机会和她逛一次街，暗中留意一下你们走路的距离，如果她和你走路的距离越来越近，你就要果断转化，别犹豫，这时候转化效果是最好的。所以呀，刚我说的那五个用户行为是我追女朋友常用的，屡试不爽。”

“嗯，你要记一下呀，行，你去找个笔，我把5个行为附个比值给你：

1. 姑娘主动找你说话：3.2%。

2. 你能帮我xxx：10%。

3. 你能再帮我xxx：19.5%。

4. 你怎么穿这么点呀，小心感冒：29.7%。

5. 走路距离：41.7%。

只要你每一个目标都完成，包你成功呢！”

“嗯，是这样的，第四步现在不是快到秋天了吗，你前三步都完成了，等找个机会，你穿着短裤和半袖制造一个假邂逅的场面，看姑娘会不会对你说这句话，如果说了，你就完成用户心智占有率29.7%了。”

“嗯，好了，先不和你说了，等你好消息呀！”

撂下电话，我斜眼瞅了一下三婷，她似乎在听，但装作漫不经心的样子。柳大夫正在给老大爷检查身体。

我对三婷说，“我一腾讯的朋友，也年薪百万了，就是一直单身，最近相中一个姑娘，不敢下手。智商高和情商高真是不可兼得呀。”

三婷嗯了一声。刚要说话，柳大夫说话了：“韩利呀，你这肺里有阴影，是炎症，住院这段时间不要异想天开，否则疼痛会由肺转到心上。”

说完瞥了一眼三婷："你和我来一下。"

4.3 用户心智大战

我基本上和三婷混熟了。柳大夫也时不时过来聊会儿天，我有点烦他。

中午吃饭的时候，我液没输完，三婷说："利哥，你能再帮我看一会液吗，我回家去取点东西。"

终于叫我哥了，我欣然应允。

越来越感觉三婷是个可塑之才，我寻思应该动用我的三寸不烂之舌尽快把她转化成运营，为她指一个光明出路。运营恰好在未来3至5年有取缔产品经理戴上高薪桂冠的可能。

下午的时候，她一直玩微信，我一看用的是小米手机。

"三婷呀，小米手机用着怎么样？"我没话找话。

"还行吧。"

"你知道小米成功的真正原因吗？"

"产品体验好呗。"三婷不假思索。

我一阵颤栗。三婷还是典型的产品思维。

"小米其实不是产品战，而是市场战胜利的典范。引爆的根源其实只是成本价引起的市场侵蚀而已，再加上赶上了社交媒体的东风。" 我说："假设没有社会化媒体，你认为小米还能崛起吗？"

三婷摇摇头。

"三婷呀，看你也是有慧根的人，我给你讲讲渠道的事儿。原来的渠道是电视、门户站（Web 1.0）、搜索引擎，这些渠道有一个明显的特点就是"我说你听"，信息是不对称的。什么是信息不对称？就是我的小秘密你是不知道的。所以这个时候的广告主（生意人）说啥是啥，推广物料里有80%是忽悠人的，典型的表现就是产品都一样，但是心智定位不同，说出来的广告语也就不同，很多用户就上当了。所以有钱的人走品牌路，没钱的人直接效果营销，打一枪换一个地方。

后来，Web 2.0占主流的媒体时代来了，广告主的生意一下子不好做了，因为用户开始发声了，你的产品好用不好用，我随便发个帖子，就传播了。这个时候，如果产品还是那款产品的话，广告主如何卖出货去。他们开始琢磨新的策略，首先他们走了公关的路，堵死发声渠道，因为这时候的社区是可以删帖的，给钱就删，而搜索引擎上也可以快速靠公关或特殊的SEO手法将负面信息‘优化’下去。

其次，这个时候的用户更喜欢看评论购物。所以，马甲运营开始大行其道。

后来，微博微信出现了，社交结构一下子就变了。这个时候的最大特点就是信息传播变得特别快，你的产品不好，很容易就能聚集一批倒霉用户攻击你，公关不好使了。

社交时代改变了我们的购物线索。我们买东西不再看品牌、也不再看各种点评信息，现在购物决策的时候我们似乎都在听取亲朋好友或偶像的意见了。

所以，这个时候，商家开始使用不同的市场策略：

1. 寻找KOL策略：商家会把商品信息或品牌信息通过各种大V或朋友圈，让你的偶像或朋友主动推荐给你。

2. 运营化推广：这种方法将运营融进了市场推广中。运营化推广其实就是做口碑。小米就是这个策略。一开始运营少量发烧友，小米称之为参与式营销。参与感其实是一种人性，小米这点很有‘insight’。”

“哈哈，利哥你的英文读的太LOW了。”

我本来想学4A广告公司的人，动不动搞出一个英文词出来，这样显得“高深”，可惜弄巧成拙了，我脸一红，“嘿嘿，英语没学好。”

4.4 从运营的角度看成功与失败

我胡吹海聊，三婷却听得津津有味。我觉得我的策略很靠谱：“所以说，我们看任何问题都要有自己的独特体会，不能人云亦云，比如我是做运营的，就喜欢从运营的角度看成功或失败的原因。

再比如微信，对了，你微信是多少呀，我扫一下，咱们当个点赞之交。”

加了三婷微信后，我继续胡诌：“你知道微信为何要PK QQ吗？除了网上流传的移动端和PC客户端产品不同之外，是不是有其他原因呢？从运营的角度考虑，会不会是因为早期的QQ产品定位在了年轻人身上，而导致QQ被赋予了‘青少年交友工具’的潜台词？

我记得2008年我刚入行互联网的时候，单位的人更多用MSN，认为MSN更职业化，是白领社交的工具，小孩才用QQ呢。所以按照这个思路，似乎腾讯的社交产品战略白白损失了大量白领和高端人群。而这部分人是能够诞出影响力的。所以腾讯重新设计了一款微信产品，目的就是真正实现全网社交：不管你是什么阶层的人群，全部一网打尽。这似乎是微信从0开始做社交的原因。后期做公众号为原创号开通打赏功能也印证了这一点。

这点我是求证过的，我翻看了一下我QQ上的一些创业者和高端人群，发现他们的QQ空间几乎空无一物，而有部分人是有自己的独立域名博客、个人微信公众号的，他们都是在写原创文章，但无一例外不在QQ空间撰文，也许就是因为QQ空间皮肤太炫，适合青少年‘为赋新词强说愁’的表达欲，而不符合高端大气、崇尚简约的人群。

我还翻看了单位的员工QQ群，发现大老板也没在里面，而在微信员工群里，老板是经常发红包的。

还有360的老板周鸿祎一直以产品经理自称，并称产品是不断打磨出来的，为360产品制胜埋了个大大的伏笔。而从运营的角度考虑一下，360之所以成功，会不会是产品市场开发中一开始就定位在‘免费杀毒’这四个字上了呢？是市场制胜而非产品制胜呢？或者就是因为那一句“恭喜你，你打败了99%的用户”的文案。那么360的产品后期不断优化升级，提供更好的用户体验，更多的是为了做留存呢？

这些想法都可以有，无所谓对错，思考就是结果。我就是这样，从来都喜欢自己憋东西出来，工作的时候也比较灵活，不按部就班的。这是一个思维炫技的过程。”

三婷听得似懂非懂。

我正要跟她深入地聊一下，只见柳大夫穿着半袖和短裤就进来了。

他脸泛红光，昨天肯定偷听了我说的兰查斯特理论！

三婷没说话，我哑然失笑。

4.5 做运营，要有点野心

下午四点，三婷伺候老爷子睡着之后，溜到我床边坐下，问我："利哥，昨天听你说了运营的事，感觉还挺有意思，你说我想从产品转做运营，怎样才能快速入门呀？"

正中下怀，我说那我就给你讲讲我当初是咋入行的。

"人生，你图什么往往就得不到什么，尤其是那些速成法，更不好使。所以你要想将来赚大钱，钱一定不要当成目标，而要把学到运营技能作为首要目标。你会发现，当你的目标定为学经验的时候，你会有很好的态度融入运营，而且机会随时都有可能砸到你头上。比如我，2008年的时候入行互联网，当时对互联网一窍不通，我还记得2007年的时候花了500元报了一个Word速成班呢，那时候我上网基本上就是聊QQ和看电影。

后来我误打误撞进了一家在线教育电商，岗位是网站编辑。因为在亦庄，太远，不好招人，面试我的业务Leader因为两个月都没招到人被总监骂了好几次，所以她说只要有来面试的就要，不管啥背景，然后被我撞上了。

我记得我是3月份去的，还没转正，贵人就来了。2008年金融危机，单位裁掉2/3，我因为薪资还没到及格线，领导们通过数据一分析，发现我的薪资实在微薄，裁不裁我单位财务状况都一样，我有幸留得青山在。后来连续被委以重任：SEO、频道主管、联盟推广等岗位前仆后继向我扑来，让我一个初出茅庐的互联网新兵蛋子着实慌张了好久。我记得当时我的名片就印了好几样，比如我出去谈渠道合作就拿客户经理的名片，去谈内容合作就拿网站编辑的名片，去搞活动奖品就拿运营主管的名片……

总之，那两年我是一直身先士卒，领导让我干啥我就干啥。因为我接触的都是新鲜事物，也不懂，蒙着头做，还真让我闯出一条血路来，我负责的频道的销售业绩竟然提升了好几倍，领导说是我的功劳。后来才知道，那是因为电商在那两年正好是爆棚发展期，和我的工作内容根本没关系，你看，我捡了个大便宜。

2010年5月，我受不了'高薪'蛊惑，就跳槽进了一个IT垂直门户网站，涨了2000块钱，做社区运营。我的名片上第一次出现了真正的'经理'二字，激动了好久。但运营为何物，毫不知情，管他三七二十一，反正上面有领导，也是让我干啥就干啥好了。

顿悟的时候是在一个夜黑风高的晚上，我从菜市场买了一斤桃，有一个坏的让我吃掉了。不大一会，我忽然觉得小腹一阵绞痛，有热流穿过。那一个晚上，我浑身发热，呲呲冒汗，在租住的小破屋里翻来覆去的，我感觉我好像要完了，生命似乎要静止。不知折腾了多长时间，就晕过去了。第二天早晨，我醒来的时候，睁开眼，发现外面的太阳怎么那么舒爽呀，我竟然精神抖擞起来。

我就去上班了，一路上运营的各种点子那是扑面而来呀，我终于能感觉到我所运营的社区好似哪里出了问题。我记得那是2011年3月底，那个烂桃无意中打通了我的任督二脉。我觉得我应该自由发挥，不能再任由领导摆布了。所以我到单位之后，连忙召集我的小弟和大领导过来开会，我说从今以后的半年时间里，我会把社区从1万会员做到20万，但前提是X总你不要指挥我，让我的两个手下去搞别的项目吧，我一个人来做。

KPI一下子就把大领导说服了，再后来大领导完全放羊式管理。之后的小半年时间里，我做啥成啥，写软文带风，搞活动有彩虹，做专题都风驰电掣的，我策划的十大运营知识一网打尽系列专题特别火，比如‘网站运营知识一网打尽’的专题红透了微博，专题配套的同名知识图谱在微博上被转发了两万余次。那个社区就是我一直津津乐道的网站运营108将。

半年时间不到，陆陆续续有用户‘摸’到社区，20万用户轻松拿到。那个年底，我被评为年度最佳员工，董事长亲自给我颁了个电饭锅，质量相当好，现在我们家还在用它焖饭。

所以呀，三婷，如果你想入行运营，三年时间内一定不要看钱，也不要挑活，给钱就做，能吃饱租个胶囊公寓就行了。活也别挑，领导让干啥就干啥，然后坚持个三年，和我一样去买个烂桃一吃，保你以后在运营圈要风有风，要雨有雨，要帅哥有帅哥。当然了，你平时也要多琢磨一些自己的事，像我一样。

一次偶然的机会，我在社区里认识一个老板，问我关于竞价排名的事。他非要把自己的名字当作关键词。我笑笑之余忽然感慨：我也应该有此‘宏图大志’，如果将来有一天，运营圈里的人搜‘韩利’或‘运营’二字，我能在百度上‘名列前茅’，当是多么牛的事情呀！

我百度一搜，大惊失色，‘韩利’二字基本被同名的中国羽毛球队队员韩利霸占了，头十页里穿插着生意人：韩利装饰、韩利橱柜、韩利壁纸……我觉得竞争对手好强大。于是那年我就开始‘布局’百度了，零零散散写了十几万字有关运营的文章。文章里多有‘韩利’二字，希望借助互联网的分享精神打倒中国羽毛球队。

现在你再去看，百度一搜‘韩利’，首先百度会推荐给你一个热搜词：‘韩利 运营’，然后在百度首页，已经有我至少4条信息在上面，多厉害呀！因为同名市场成功在即，我就给自己定了另一个五年计划：我和韩寒、韩庚只有一字之差，怎么就天壤之别了呢！我觉得我要打败他们，单靠运营是不行的，我需要另辟更大众的市场，所以接下来我可能更多地会把重心转移到‘青春、怀旧’等市场了，写很多很多的小说，靠互联网传播的威力快速拿下90后的眼球。

你看，我靠互联网，先打败同名之人，再蓄势打败同姓之人，我的压力也挺大的。我怀疑我得肺炎不是因为抽烟，而是因为目标定得太高导致的，天生一个战争狂。”

我正儿八经地吹，三婷不时地哈哈大笑，满屋佳洁士的味道。原来三婷喜欢用佳洁士牙膏！

我正打算胡侃下去，电话响了，一看是贾南风打过来的，我忽然想起来三年前我和贾南风在网吧包房通宵的事，我对三婷使个眼色，老爷子的吊瓶已经快空了。她赶紧呼叫护士换液。

我接起电话：“南风呀，怎么有空给我打电话呀！”

南风：“利哥，好久不见你更新文章了，看你朋友圈你生病了？”

我：“嗯，在医院挂吊瓶呢。肺抽烟抽坏了。”

南风：“那我晚上去看看你吧！”

我：“嗯，行，我们也好久没见了，你来吧！”

三婷换好吊瓶，说：“利哥，你晚上有事呀？”

“啊，我一美国回来的朋友说要来看看我。”我用‘美国回来’这个词不失时机地又给我脸上贴了一金。

“是女的吧？”

“你咋知道呀？”

“我听到声音了。”

我脸一阵红，这破手机怎么还带外放的呀，差评！

“今天晚上会降温，哥你出去的时候穿上点外套，小心着凉。”

晚上，夜班护工来了之后，三婷就走了。贾南风拎着一篮水果过来，我们去一家叫“隔壁老王烧烤店”的地方吃了烤串儿。

4.6 身在运营，错失良机

晚上11点多，我回到病房。三婷竟然在，一个人在我病床上斜倚着。脸上有点倦意。不知道怎么了，总感觉我出去的这三个小时里有事情发生。

“三婷，你怎么又回来了？”

“夜班阿姨家里有点急事，我就来了。”

“哦。”

“利哥，和你一起吃串儿的姑娘挺漂亮的！”

她应该看到了贾南风。

“嗯，和你不相上下！”我不失时机地捧三婷，而她却没有笑容。

我说：“反正也是睡不着，我给你讲讲互联网历史吧！”

“利哥，你睡觉吧！我不打扰你了。”

“哦……那好吧！”

这时候柳下汇大夫走过来，他今晚也是夜班，对我说：“韩利，你明天早晨就办理出院!”

口气不容置疑。

我一惊：“刚来的时候你不是说要输10天呢吗，这才5天不到呀！”

“你肺还疼吗！”

我使劲咳嗽了几声：“不疼了。”

“那就是了，这几天病床紧俏，你好了就回家养着吧！”

“不需要复查？”

“不需要复查！”

“那我需要养几天呀？”

“60天。”

三婷狠狠地闭了床灯，差点迷了我的眼睛。

……

那晚，我做了个梦：

一个女孩子，阳光照射进来，光影斑驳下，我竟然呆住了。好漂亮的姑娘，素面朝天，七分裤，绿色小衬衣，长发盘起，有鬓角漏出。

而我

一会儿看看三婷，

一会儿看看阳光。

我发现

我离三婷很远，

而离阳光很近。

直到今天，我才恍然大悟。三婷一直在给我机会，而我却耽于运营的胡吹海聊里。有些事情，你明明和别人说得头头是道，真的落到你身上了，却“只缘身在此山中”。三婷说的那些话陆续在我耳边响起：

“不好意思呀，打扰到你了。”

“大叔，你能帮我看着点液吗，我想睡一会。”

“利哥呀，你能再帮我看一会液吗，我回家去取点东西。”

“今天晚上会降温，哥你出去的时候穿上点外套，小心着凉。”

我一比较兰查斯特战略模式中的那五个行为，一阵晕眩，而“走路的距离？”

夜、同处一室……

5 如何解决业务的当务之急

慕容雪菲2011年曾为我在北大做的一场关于运营的沙龙送了一副字：

她是南京人，当时在人大西门附近的小南庄住，一边打工一边备战考研。我们是网友，神交三年，未曾谋面！

后来她考上了文学硕士，加之书法了得，而我也有同样的爱好，惺惺相惜之余，就隔三差五发个微信聊天，也迷恋上了我正在做的运营工作。

2015年，她的研究生生涯终于结束。我就把她举荐给了老于，老于大号于宗宝，在创业，也是我网友，收了她做微信运营，算是入了新媒体这个行当。

有一次，和慕容雪菲在微信上聊了会《红楼梦》。她喜欢红学，钻研《红楼梦》也有数载，沾染上了林黛玉的小家碧玉。我就用运营的思维劝告她，我说：

“你不要学林黛玉，应该学薛宝钗。他们都想拿下贾宝玉，但是走了不同的运营路线，本来胜算大的黛玉因为运营技巧拙劣而被宝钗夺魁。”

“为什么呢？”慕容雪菲有点弄不明白。

“因为黛玉走了‘以用户为中心’的路子，也就是以宝玉为中心，投其所好，着力把自己打造成了一个不食人间烟火、青春叛逆的产品。而宝钗走的是‘以业务为中心’的路数，满脑子俗务经济。一个虚无缥缈，一个世俗务实。贾宝玉明显喜欢林黛玉，因为同样叛逆的两个小伙伴有共同语言。但是在贾家势微的大环境下，贾宝玉将来必是贾府下一代CEO（CEO都是产品经理），但宝玉这人不靠谱，所以贾家急需一个能担当贾府这款产品的COO。一个成功男人背后一定有一个很厉害的女COO。所以COO一定要懂业务运作，而不是只懂宝玉一人。宝钗捕捉到了这一点，直接把自己定位成了宝玉媳妇，而黛玉错误地把自己定位成了宝玉的红颜知己。所以最终结局是运营策略导致的。”

慕容雪菲听完我这番言论之后，觉得挺有道理，说咱们一直神交了三年，不妨抽空一见！最近做运营也很迷茫，正好交流一下，另外还有点其他事儿！

我说那就约周末晚8点吧，正好我要去海淀书城淘本书。

我们约在了书城附近的圣摩尔咖啡厅。

接下来的几天我特别兴奋，为见慕容雪菲我还特意策划了一下。

我看了一下她的朋友圈，把近一个月她分享的数据都粘贴到了Excel表里。还真能晒，一个月晒了200多条信息。我一一分类，发现自我情感类的就有100条。朋友圈分享的数据都是用户在当下场景的心理写照，所以看一个月的分享数据，大体就能发现一个用户当前的主流状态。我反复阅读这100条情感数据，仔细琢磨她这一个月以来的心理走势，并从数据里挑出分享频次最高的词。我发现她的微信中有一些问题，比如没有目标呀，写得太文艺之类的。为了万无一失，我又致电老于询问了一下，老于说最近慕容雪菲工作中的确存在大问题，一直没有入门的感觉，总是在微信的门口徘徊，不得要领，微信号做得也是平平淡淡。

我一听，大喜过望，微信运营我拿手呀。我特意搞了一个PPT，并购置了一个手持投影设备，准备面聊的时候装范用。

约聊那天，我5点就到了书城，买了本《失控》和《三体》，这两本书是体现互联网人高‘逼格’最好的利器。接着早早去了圣摩尔咖啡厅占座。

8点整，慕容雪菲来了，果然气质不俗，皎若太阳升朝霞，灼若芙蕖出绿波。一袭白裙，披肩发乌黑靓丽！眼睛忧郁中含着灵动，典型江南美少女。我想，这样的美女，不给打造成网红，真瞎了她这个人。

我hi了一声，她闻声走了过来，见到我，十分高兴！

我猜想得没错：有才情的女孩子从来都不会以貌取人的。

因为我对自己的长相没有信心，我高中同学曾经为我的颜值赋了首诗：瘦小驼背水蛇腰，黑不溜秋脸多雀（qiao）。

寒暄了一会，步入正题。慕容雪菲开始出招。

5.1 运营需要有一个目标

“利哥，我做了一段时间微信运营，总是做不出头绪呢？”

“你做微信运营的目标是什么呢？”我反问。

“哦，目标，这我倒没想过！老于让我怎么做就怎么做！”

一切按我预设的谈话套路在走。

我说：“目标在运营中很重要，如果做运营没目标，你就不知道一个运营项目的结果是好还是坏。

我给你看一个案例。”

我拿出投影设备，把PPT投在桌子上，慕容雪菲凑过来看，眼神一亮：

“利哥好帅的装备呀！”

一阵馨香扑鼻而来。我咽了下口水，继续聊。

“假设你所在的公司有一个活动运营组微信群，你们搞了一个线上活动，活动结束的时候CEO在微信群里发了这样一个结果数据：

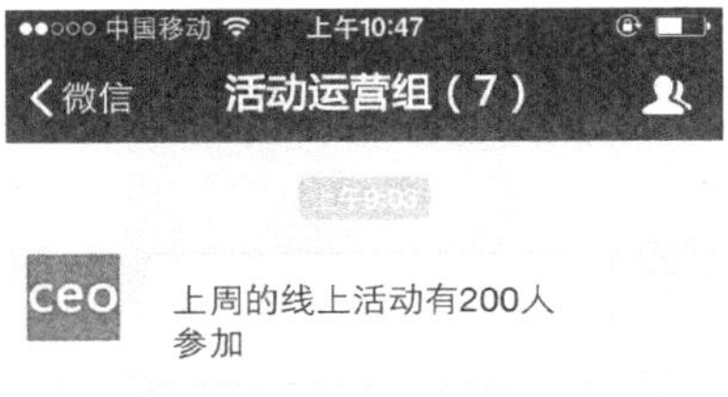

这时候，你该如何在群里发言？根据我的经验，群里所有人都会沉默一会的，没人敢接茬。多数人会想：200人参加，那这个活动是成功还是失败呢？在群里是出大拇指还是出小拇指呢？

当然了，每个人心里都很清楚，这可是CEO亲自指挥的运营项目，你不知道CEO做这个活动的目的到底是啥，也许并不是为了要一个参与人数，试错一个新想法也不一定。你也不知道老板做这个活动的心理预期到底是多少？所以，你会沉默，不敢表态！虽然你知道这么点人参加了这个活动实在是有些少，但你也只能默默地等待别人先表态，然后你跟风。

直到有一个人实在是不愿意把CEO晾在那里，首先发言表态，出了一个大拇指。然后群聊天就变成下面这样了：

当然，这是职场驱动的好评，因为是老板发出来的结果。如果是你我发出这个结果数据，也许就是下面这个样子了：

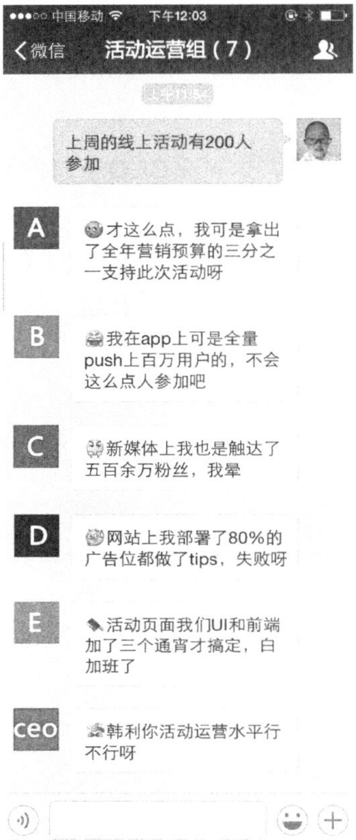

这是纯数据驱动的运营，各业务资源拥有者投入了全部资源支持这个项目，全是靠数据来说话的，结果你策划的活动只来了寥寥200用户参与，这对于每个资源大亨来说，肯定是失败的。

但是成功与失败也不能这么判定，因为你有可能在做这个活动的时候并没有将参与人数设置为目标。

这就告诉我们在做运营项目之前一定要有一个目标，没有目标就没有对比，成功与失败就无从考究。也许你做的这个活动因为参与门槛较高，来100人参与就算成功了呢！这也是很多运营天天背黑锅的原因，没有明确的目标值，最终你掌管这个活动策划，那你的策划水平肯定被别人怀疑。”

慕容雪菲笑的酒窝一颤一颤的，十分撩人：“那么我们运营人的目标是什么呢？”

5.2 运营解决的是业务问题

我把PPT切到新的一页，上面赫然20个大字：运营解决的是业务问题，目标是业务价值最大化。慕容雪菲是文学硕士，我决定继续投其所好，引导她参与到我的思维上来。

“首先要明确一点：运营解决的是业务问题。好比是《西游记》，三条汉子和一个和尚为了成佛的目标一起走在路上，然后打怪杀妖，排除八十一难，这就是在解决业务问题。运营的目标就是排除阻挠业务目标达成的障碍。

比如：

一个用户到问答类产品提了一个问题，等了10天无人回答。

一个学生到招聘类产品投递了100份简历，等了10天一个面试电话都没接到。

一个购物者在某服装电商网站相中一件T恤，想咨询一下有没有其他颜色，却找不到咨询入口……

这时候会发生什么情况？一切都坍塌了，目标用户带着需求来了，因为没有得到某个问题的答案而不得不走人。

这就是典型的业务问题，我们有很多方法来解决。

问答站为何没有人回答问题呢？运营说要不刺激一下那些答案达人，做一个活动吧。为了保证每个问题都能在限定的时间内有人回答，招募一些领域专业人士养起来吧。或者通过积分体系来促活一批用户吧，甚至于自己动用马甲去应付一下。

招聘站没有HR反馈，这是B端用户不活跃呀，运营需要做B端用户运营，刺激其活跃度。

购物站没客服，没在线咨询入口，连400电话都没有，用户支付落地前的临门一脚就夭折了，所以需要采购一套客服系统，设置一个400电话或在线客服席位，做1对1运营。或者在商品详情页上标明都有哪些颜色也是一个很有效的方法吧。

当然，上面都是用户运营的问题，在企业内部，也会发生很多业务问题，比如门户站首页广告闲置资源的分配问题。各频道负责人每个人都有KPI，都在觊觎着首页的流量入口，那么，你作为首页广告位的运营人，如何通过首页广告位合理地将首页流量分配给各个频道就是业务问题。”

我看慕容雪菲似乎对这些产品不感兴趣，毕竟新媒体是全新的事物。

“比如微信公众号一直在掉粉，是什么原因导致的，如何科学化解决，这就是微信运营的业务问题。”

慕容雪菲眼睛亮了，我终于抓住了她的痛点。

5.3 运营如何解决业务的当务之急

我刚接手一个微信号内容运营的时候，每日净增粉丝数是负的，那么我是如何解决这个问题的呢？我依然是从内容上下工夫。因为领导急着见到效果，所以我没去做内容试错策略，而是从历史数据中发现规律。我简单描述一下。

首先明确我的业务问题——微信日净增粉丝数为负。然后分析，此问题其实有两种解决思路：

1. 内容选题问题：我究竟要做哪类内容才能满足用户需求，让用户不跑路。即从现有粉丝上做文章，减少粉丝流失。

2. 如果粉丝数继续掉，但我把日增粉数做的超过了掉粉数，那么日净增粉数不就是正的了吗？日增粉数和转发数息息相关，一般来说是正相关的，转发越多，增粉就越多。而转发又和内容息息相关。

所以，我的业务问题其实是内容定位问题。我需要找到用户对微信内容的偏好，思路很简单，一共4步。

制作源表字段	历史内容采集	内容分类	看增粉最高类

微信号运营定位有效内容4步法

首先，我做了一张优化源表。如下图所示，在这张图中我做了一个阅读排序。

时间	星期	第N周	位置	标题	发送人数	阅读	目的	分类	分享收藏	新关注人数（模糊）	数据质量
2015/7/2	星期四	2015-27	1	月薪多少才算80后里的top人群？	-	298663	日常	薪资	3364	7889	超常
2014/11/26	星期三	2014-48	1	看：苦逼职业TOP1——审计民工，艾玛，别活啦！	-	34724	日常	职场	1546	1980	正常
2015/3/16	星期一	2015-12	1	致二十多岁着急的年轻男女们	-	21153	日常	励志	917	1600	正常
2015/3/17	星期二	2015-12	1	以后在外吃饭的时候不要再催菜了	-	20629	日常	信息	590	498	正常
2015/6/9	星期二	2015-24	1	王兴去万达面试了，王思聪当的面试官	-	14264	日常	吐槽	119	87	正常
2015/4/22	星期三	2015-17	1	北京加班大厦百强名单，看看你中枪没	-	14138	日常	职场	385	769	正常
2015/5/6	星期三	2015-19	1	手机，请你放过人类	-	13304	日常	信息	1072	256	正常
2015/3/11	星期三	2015-11	1	现在告诉你我为何在北上广深打拼	-	12878	日常	励志	555	789	正常
2015/3/4	星期三	2015-10	1	注意：以后这些钱不用再交了，办事的时候别被忽悠了	-	12637	日常	信息	509	346	正常
2015/3/25	星期三	2015-13	1	过了29岁 有些事再做就丢脸了	-	11845	日常	励志	358	765	正常
2015/4/2	星期四	2015-14	1	你好像很努力的样子	-	10301	日常	励志	374	565	正常
2015/3/27	星期五	2015-13	1	2015年解决北京市户口的企业有哪些	-	9846	日常	信息	453	467	正常
2014/12/2	星期二	2014-49	1	你可能不知道的未来10大新职业	-	9472	日常	职场	199	329	正常
2015/6/16	星期二	2015-25	1	20个省平均工资惹的那些事	-	8988	日常	吐槽	201	187	正常
2015/3/9	星期一	2015-11	1	「点鸡两下」今天最火的图了	-	8953	日常	情感	250	76	正常
2015/3/10	星期二	2015-11	1	腾讯2015招聘实习生，1000人	-	8754	日常	招聘	140	354	正常
2015/1/10	星期六	2015-02	1	Facebook女神的25个高效工作技巧	-	8752	日常	技能	864	1679	正常
2015/5/18	星期一	2015-21	1	一针见血的现实，离你我很近	-	8524	日常	励志	312	564	正常
2015/1/4	星期日	2015-01	1	能让你2015拿高薪的七种工具	-	8475	日常	技能	497	765	正常
2015/1/28	星期三	2015-05	1	这种员工，将来都是高管！	-	8397	日常	职场	426	786	正常
2015/3/18	星期三	2015-12	1	你一定得请一天假	-	8337	日常	情感	127	89	正常

（备注：这是2015年的案例，那时候微信统计的分享收藏数是放在一起的。）

“哇，”慕容雪菲眼睛雪亮:“这就是你经常说的‘优化源表’呀!终于见到庐山真面目了。”

“恩，这张表我有很多，因为我每做一个运营项目的时候，大到整个产品的运营，小到一个导航类目、焦点图、推荐位等，我都会自己琢磨出一张这样的表来指导运营行为，这就是数据驱动的运营。因为这些表都是单位的秘密，所以我从来不外传的， 今天给你看了，因为我没把你当外人呢！”

“嘿嘿，谢谢利哥的信任!” 慕容雪菲的声音太好听，惹得旁边座位上的那个小伙子不断往我们这边看。

“恩，我们继续讲。我花了两天时间把近1年的历史推送数据全部人工采集到这张表里，然后给这些内容一一分类。我把这些内容大致分为10个类别，然后给每一篇文章都归到这10大类里（表中的推送分类字段），这样这张源数据表就出来了。

这里提醒两点：

1. 新关注人数（模糊）字段数即第二天增粉数，非精准数据，仅供参考。如果你的微信号每天只发一条内容，那么此数据会更精准一些。如果你不想从历史数据中采集，避免清洗数据的麻烦，那么也可以制作内容试错策略，即每天发送单条图文消息，把这个试错变量固化。

2. 这里的发送人数，因为涉及商业秘密，我给略去了。

然后，我的微信号内容运营策略就出来了，如下图所示。

微信订阅号日常内容运营策略					
如何定位内容及质量：看转发数和增粉数（模糊）				如何做标题：看阅读数	
一、微信目的	二、确定内容类型			三、标题	阅读
日常：转发增粉	分类	平均转发数	平均增粉数（粗略）	月薪多少才算80后里的top人群？	298663
客户：原文引导	薪资	695	1314	看：苦逼职业TOP1——审计民工，艾玛，别活啦！	34724
品牌：曝光效果	职场	540	1130	致二十多岁着急的年轻男女们	21153
	励志	415	956	以后在外吃饭的时候不要再催菜了	20629
	技能	681	918	王兴去万达面试了，王思聪当的面试官	14264
	简历	349	738	北京加班大厦百强名单，看看你中枪没	14138
	信息	626	724	手机，请你放过人类	13304
	情感	250	284	现在告诉你我为何在北上广深打拼	12878
	求职	263	204	注意：以后这些钱不用再交了，办事的时候别被忽悠了	12637
	干货	941	170	过了29岁 有些事再做就丢脸了	11845
	吐槽	46	52	你好像很努力的样子	10301
				2015年解决北京市户口的企业有哪些	9846
				你可能不知道的未来10大新职业	9472
				20个省平均工资惹的那些事	8988
				「点鸡两下」今天最火的图了	8953
				腾讯2015招聘实习生，1000人	8754
				Facebook女神的25个高效工作技巧	8752
				一针见血的现实，离你我很近	8524
				能让你2015拿高薪的七种工具	8475

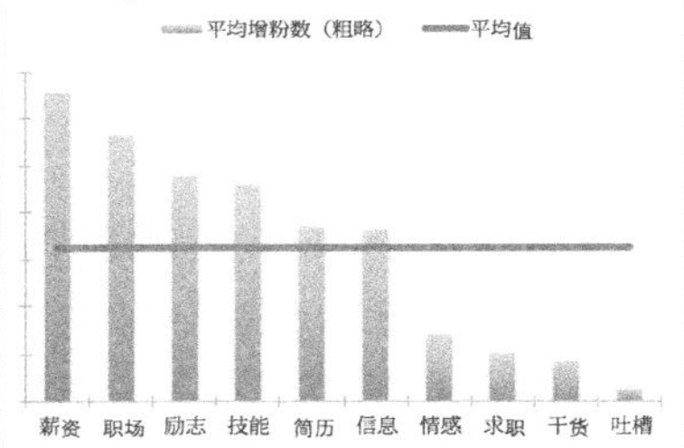

你看内容类型一栏会发现，薪资、职场、励志、技能类的内容超出了平均增粉数。我有效定位出了内容类型，问题迎刃而解。我集中选择这四类内容来做，然后又研究了一下阅读数高的标题，争取每篇文章都把阅读量做大，大概10个工作日，我就成功将日净增粉丝数‘由负转正’了。”

慕容雪菲恍然大悟：“原来你是这么做的。我每天选题都很费脑筋，遇到好的文章就发，没像你这样集中做几类内容，回去我得好好试试。”

“恩，微信运营圈里有很多人都是你这样的状态，看到别人做的内容阅读数不错拿来就发，其实这样并不是最高效的，别人的粉丝不一定和你的粉丝有同样的内容需求，同样一篇文章，在别人的微信号上能达到100000+，在你的微信号上不一定能做到这个效果。”

“那你把日净增粉扶正之后，接下来做了什么呢？”慕容雪菲已经进入场景。

“扶正之后，这个号就是健康运行状态了。我不甘心只做一个运行经理，我就把下一个目标定位在了增粉速度上。

“利哥，这个也给我传授一下吧！”慕容雪菲翘首以盼。

“关于如何做增粉速度，这是另一个运营目标。我举一个校招类微信号的例子。这个号因为是我一手带大的，做了有半年时间，以校招信息为主。运营一段时间后，增粉速度很慢，我就琢磨原因了，发现可能是因为：

校招信息的分享更多是好友之间1对1的分享。比如你有新媒体运营的求职需求，我恰好看到一条名企招聘此岗位的信息，我会单独分享给你，而很少分享到微信群里。这样的话，一个分享平均引入粉丝数的比例就会很低。比如上面那个案例，1个分享平均会引入两个粉丝。而这个号1.4个分享才会引入1个粉丝，很惨淡。为此，我特意观测了好久，依然是上面的思路，做一张优化源表，不断记录数据，并按各种维度透视分析。最终，我透视出这么一张表来。

第N周	分享数	新关注人数	比例	平均值
34	3639	1147	3.17	1.4
33	499	990	0.50	1.4
32	804	898	0.90	1.4
31	292	558	0.52	1.4
30	316	387	0.82	1.4
29	1164	1016	1.15	1.4
28	681	1094	0.62	1.4
27	796	651	1.22	1.4
26	1356	681	1.99	1.4
25	522	483	1.08	1.4
24	995	640	1.55	1.4
23	406	757	0.54	1.4
22	302	474	0.64	1.4
21	763	658	1.16	1.4
20	1951	851	2.29	1.4

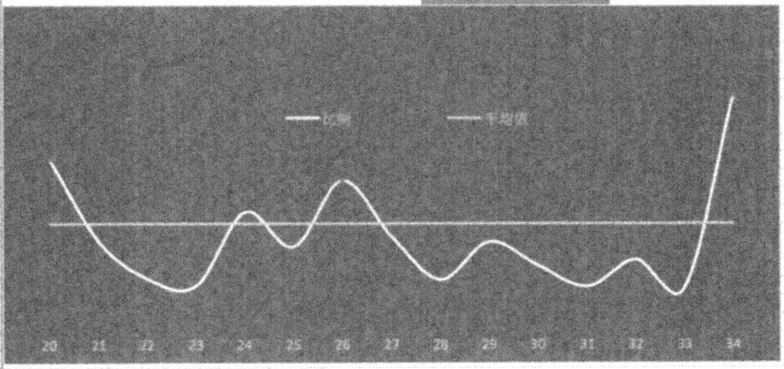

这张表是以周数据的维度来看的，也就是表中的‘第N周’字段。 我计算出每周的‘分享数与新关注人 数的平均比值’，然后再计算出某一更长周期的平均值。比如表中第20周至第34周的平均值是1.4，即1.4个分享转发会带来1个粉丝。这时候就能发现问题了，比如，标红的第20周、第26周和第34周，都是低于平均值的，就是没有达标。尤其是第34周，分享数很高， 新关注人数也很高，但是3.17个转发才带来1个新关注人数，这肯定是哪里出了问题，所以我就会集中分析当周push的文章内容，找出原因，总结经验，放在我自己的微信运营经验库里。在下一周的时候，我就会规避这些问题，力争达标。比如，我是不是忘记在图文内容提醒用户‘分享到朋友圈’的字样了，或者是不是选择的校招信息是小众职位，招聘人数是不是过少，或者不是名企校招、不是全国校招，等等”。

慕容雪菲竖起了大拇指：“好复杂呀！这些东西我得啥时候才能学会，想想都头大。”

“你别着急，学东西就像长庄稼，一成一成地涨，别想着一下子就变成杨贵妃，她的身材也不是一次吃胖的。”

5.4 运营需要围绕业务价值做事

“雪菲呀，你知道吗?运营一个微信号比运营一款App、一个网站都复杂。你会遇到各种问题。比如我们有一个百万粉丝大号，是商业号。在运营的过程中，就遇到了各种问题。比如:

有的客户买了全量push广告，第一次发的时候效果不错，然后客户又下单了，还是push同样的内容，那你说我是接单还是不接单呢?”

“当然不接了，做微信要以粉丝为中心！”慕容雪菲不假思索脱口而出。

“错了，要接。尽管你知道连续发两次同样的内容会让掉粉数翻倍，但是依然要接，因为这是一个商业号，让客户回头不断买你的广告位才是你的业务价值。一定要记住：运营做的是业务价值最大化！如果你没有这个思想，你可能一辈子都是运行岗。拿咱们文学圈来说，古龙业务价值最大化就做得特别好，他初期写武侠小说的时候给别人供稿，每一篇都刻意用了很多形容词，目的就是为了多拿稿费，因为稿费是按字数付的。”

“哈哈，这事我知道！”慕容雪菲点头道。

“还有，如果客户在你这里买了图文全文push，但是效果不好，客户反过头来闹，你怎么办?”

“那还真不知道，广告费退给客户？”慕容雪菲有点犹豫。

“恩，退款给客户是不得已而为之。这个问题我遇到过，所以我给你说一些经验来未雨绸缪。

我接触的客户大多是500强企业，我发现他们提供的广告稿有很多问题：

1. 头图图片上已经写了广告语，但是标题又写了一遍，很浪费资源。
2. 标题基本都是传统文案，比如‘享受青春’‘展翅翱翔’一类的，我就很郁闷，你说我又不是鸟，展翅翱翔干嘛，要是我能展翅翱翔了，飞机岂不就下岗了。而且在职场上，像我们这类打工族，怎么可能会‘享受到青春’呢。说和没说一个样。这样的文案在互联网上，尤其是微信上一点都不好使。
3. 还有一些人在图文消息里面写的全是空话套话，自说自话，而且特别长，我见过最长的广告内容整整有手机8屏，但其业务目标是引导用户点击‘阅读原文’进H5页。

所以当项目负责人把稿子发给我之后，我是不甘心只做一个微信首席排版师的，一般都会提前给他们建言献策，比如和他们说标题应该怎么做，文章内容应该怎么做。那么我是如何去说服他们的呢？依然是拿数据说话，发给他们这样一张表。”

时间	位置	标题	阅读	原文	原文阅读比	屏数
2015/3/15	1	3月份是最容易拿到名企offer的	73,729	32,644	44.28%	1
2014/10/19	1	下周（10月20日-24日）即将截止网申的名企	69,055	1,770	2.56%	5
2015/3/8	1	百家名企开始2015春季校园招聘了	61,939	31,160	50.31%	1.5
2015/4/6	1	4月份是网申最后的机会，再不努力就进不了名企了	60,473	27,911	46.15%	1
2015/3/26	1	xxx2016管理培训生招聘	59,653	869	1.46%	6
2014/10/25	1	下周（10月27日-31日）即将截止网申的名企	54,786	1,322	2.41%	5
2014/11/9	1	下周即将截至网申的35家名企	52,378	1,461	2.79%	5
2015/3/22	1	必看：揭密春招拿Offer的独家窍门	33,230	13,961	42.01%	1
2015/5/4	1	2015xxx中国暑期实习生项目发红包啦！	24,708	5,382	21.78%	1.2
2015/4/17	1	xxx实习生招聘	22,792	5,926	26.00%	0.8
2015/5/13	1	人在xxx工作是一种什么体验？xxx520招聘周强势来	22,299	1,133	5.08%	2.5
2015/5/7	1	xx校园大使火爆招募，提前相约世界名企！	11,163	2,369	21.22%	1
2015/4/13	1	xxx设计大赛：青春狂想曲	7,030	712	10.13%	1.5
2015/5/20	1	2015xxx邀你一起“梦未来，享青春”	4,702	187	3.98%	3

微信文章标题如何做?

“我告诉他们标题的重要性，我说你看最后那两条数据都是其他客户的，因为写了传统文案，阅读数奇低无比。咱们招人就好好招人，别让用户去狂想青春了，标题写‘xxx校园招聘’就好。他们有的听取了建议，然后阅读数就上去了。

还有一次，我做了一家某银行校招的单子，他们的标题挺不错的：XX银行开启2015校园招聘，银行的名字是标题亮点。第一次发的时候我建议客户再加一个亮点：“全国”。客户没同意。然后头条首发，结果效果不理想。客户要求补发，我为了给客户证明标题的重要性，就答应了。隔了几天，把客户的广告内容放在了第三条的位置上，标题我改为：XX银行开启2015校园招聘，全国地区。结果阅读数是头条首发的3倍。明明是全国招聘，你不写在标题上，就会损耗很多阅读数！所以，几个字之差，天壤之别。”

微信图文内容怎么做?

“利哥你可真心细呀!”

“哈哈，不要给我灌迷魂汤。我再给你讲讲图文内容。图文消息影响的是客户的真正目标，比如引导用户点击阅读原文去投递简历等。我还是给客户看这张表。

你看表中的最后两个字段：屏数和原文阅读比的关系。这是一个典型的屏数漏斗。目的就是告诉客户，你的图文内容越少越好，因为你的目的是引导用户点击阅读原文，所以尽量把阅读原文放在手机第一屏展示，多一屏就会漏掉很多目标用户！当然了，只放一屏我排版也省事了，是双赢。可是直到现在，依然会碰到一些客户‘我行我素’。你看，没有互联网思维多可怕呀。也得理解他们，大公司的工作都是做给老板看的，效果差不多就行了，表面文章得做足。多数老板在微信上只看一个数据：阅读数。所以他们竭尽全力把企业品牌信息往里塞，塞得越多越好！这是品牌思维。”

说完这些，我抬眼看了看时间，已经11点了。旁边一直往我们这边看的小伙子走了过来。“哈哈，利哥你好，知道我是谁不？”

“你是？”我哑然。

“我是老于呀，于宗宝。”

“老于，难道你是陪雪菲来的。”我被惊得一愣一愣的。

“对呀，早就想约谈你了，你总是不给面子。而且我听说你和男人聊运营总是留一手，不露真功夫。不得已，才和雪菲商量了这么一个办法！雪菲也是早有耳闻你好色，有‘色色大神’之称，不敢一个人来。今天听你谈运营，果然头头是道，小弟我也旁学了不少，佩服！”

于宗宝身材魁梧，面阔口方，言谈举止有声有色，不愧是创业者。

“嘿嘿，有用就好，有用就好！”我有些尴尬。

“利哥，我还有一个问题，想问问你！”老于竟然趁机宰我运营知识：“你说我要招聘一个科班文案，写哪些要求比较好！”

我看了一眼慕容雪菲：“你别招科班的，你招个能说会道的销售，他们才是最伟大的文案，他们天天哄着客户，会说话，客户说上钩就上钩了。这就像是打火机落在了宾馆一样，对于抽烟的人来说，这是很要命的事，而对于不吸烟的人来说，只是1块钱的小事。文案需要细分用户，见人说人话，见神去膜拜就好了。科班文案一般是学究范，做不到灵动。”

慕容雪菲脸一红：“对了，利哥，我们还有一件事求你，我和宗宝下个月在金钱豹举办婚礼，想邀请你出席！”慕容雪菲从包里掏出一张请柬。

“你……你们谈恋爱了？够快的呀！”

“还得感谢你这个媒婆呀，哈哈哈哈！”于宗宝一副欠抽的样子。

“恭喜恭喜！我一定去，一定去！”我道。

“时间不早了，那我和雪菲先撤了呀！”于宗宝说完，拥着慕容雪菲就走了。走到门口回头又冲我喊了一句话：

“利哥，别忘了把我的账一起结了！”

6 运营是四两拨千斤的

冲动，总会让人思如泉涌。因为考虑着做一个可传播的物料，冥思不得。就打算从电影里找点灵感。

广告届有一3B原则，认为美女、野兽、儿童这三类元素最吸引眼球。3B原则的首位要素就是美女。所以我相信电影里肯定有我想要的灵感。

“韩利，你能不这样吗？”

晴天一个霹雳，抬头一看，翡翠站在我身边，怒目圆瞪。

我脸一红，赶紧关掉。

“你说，你为啥还在刷PV，有意思吗？”

翡翠是我多年同事，在网站运营108将里坐第十二把交椅。她知道我原来的外号叫流量作弊小飞龙。

“没有刷呀！”我一头雾水：“我早金盆洗手了。”

“没刷？没刷为啥你每发一个帖子点击数都那么高？”

“帖子？点击数？我不知道你在说什么呀！”不是因为在办公室看电影的事，我硬气起来。

“装吧，这几天我就盯着讨论区的帖子，发现你每发一个帖子，瞬间PV就过万，怎么可能不是刷的？”

我忽然明白过来了："哈哈，你去定个会议室，明天我来给你讲堂课，正好我们团队也需要培训一下了。"

6.1 《西游记》中的细节

第二天午饭时间，会议室里，运营部全体员工。

"大家好，为什么会有这次培训呢？昨天翡翠发现了一个问题：她做的每一篇帖子都没有我做的帖子阅读量高。这引发了我的思考，恰好现在我们公司运营项目很多，运营支持起来也有些捉襟见肘，所以我觉得需要和大家说一下，在我们运营成员不变的情况下，如何把每个运营项目都做到极致？答案是细节。我们要从细节入手来提高业绩。"

我在白板上写下了大大的"细节"两字。

"当你关注细节的时候，有时候会发现意想不到的认知。"

我瞥了一下参与培训的员工，他们都无精打采的。大中午的吃饭时间来搞培训，任谁都心情不佳！

我得出大招来吸引他们的注意力。

"先给大家讲一个例子。《西游记》里有一段'四圣试禅心'的故事。为了试探唐僧团队的取经之心是否坚定，黎山老母、观音、普贤、文殊四个菩萨化身母女，假意要招他们为夫婿。结果，只有八戒动了凡心，四圣便用"撞天婚"的把戏来惩罚八戒，把八戒用珍珠篏汗衫捆住，吊在了树上。

大家有看过这个故事的吗？"

鸦雀无声。

这让我有些尴尬，《西游记》毕竟是传统文学了，90后很少有读的。我硬着头皮自言自语：

"其实，唐僧不是没有凡心的，在文章中唐僧的凡心体现得淋漓尽致，只不过很少有人发现。同理，通过用户的行为是能看穿其心里所想的，大家看下面这段聊天记录。

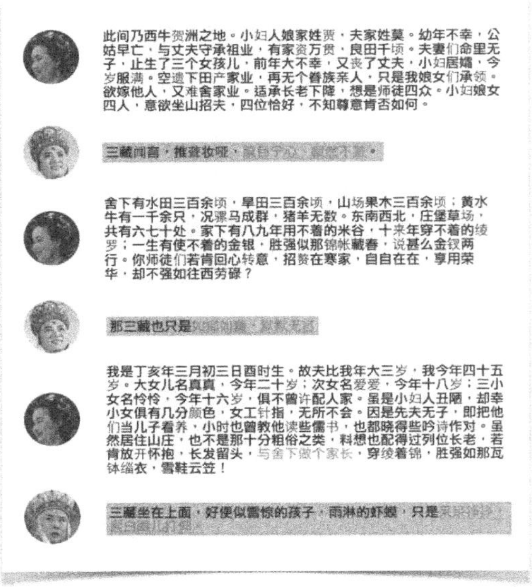

看出来没有，头两条对话，黎山老母拿土豪的身份来引诱唐僧上钩，傻子也能听出来，这是在招婿，比如第一句话的关键语句：意欲坐山招夫，四位恰好。唐僧的行为是什么：推聋妆哑，瞑目宁心，寂然不答。第二句的关键语句：你师徒们若肯回心转意，招赘在寒家，自自在在，享用荣华。唐僧依然是如痴如蠢，默默无言。直到黎山老母说出第三句话：若肯放开怀抱，长发留头，与舍下做个家长……唐僧直接怒了：好便似雷惊的孩子，雨淋的虾蟆，只是呆呆挣挣，翻白眼儿打仰。行为反差如此强烈，究竟是哪句文案力道如此之猛？

看这三句文案，表达的意思都是坐山招夫呀，为什么唐僧听到最后一句会翻白眼儿打仰？”

鸦雀无声……

“当然是‘与舍下做个家长’这句话了。

唐僧取经的时候正值20多岁，在取经4人团里他是最年轻的，孙悟空大概1000多岁，猪八戒和沙僧更老，估计有3500多岁。而黎山老母可能都是万岁万万岁了，虽然在这里变成了一个妇人，但其三个女儿绝对比她岁数小，唐僧按道理娶最小的才对。

所以，是匹配不合理问题导致唐僧如雷惊的孩子的，而并非因为他没凡心。”

“哈哈哈哈……”

终于有声了，把他们的情绪调动起来可真不容易。我心中暗喜，决定再下一剂猛药：

“这一关如果黎山老母们真的懂行为分析的话，早就应该分析出唐僧的凡心了。可能黎山老母们也没把这个事儿当作正事。据说，这背后有一个大新闻，就是黎山老母们都思念人间烟火生活，4个神仙就相约一起到人间来玩一玩，出差总得给老板说个理由，所以，‘试禅心’躺枪。”

“哈哈，利哥，真的假的呀，不要骗我们！”田国东率先发言。田国东人帅，心也花，一聊起风花雪月的事就按捺不住激动。

“当然是真的，很多《西游记》的粉丝都是这么说的。这就是细节问题，我们运营人需要去发现类似这样的细节，然后从中拿效果。”

6.2 细节决定感觉

细节决定感觉！细节做得好，不仅仅能拿效果，长期做，还可以积累品牌价值。

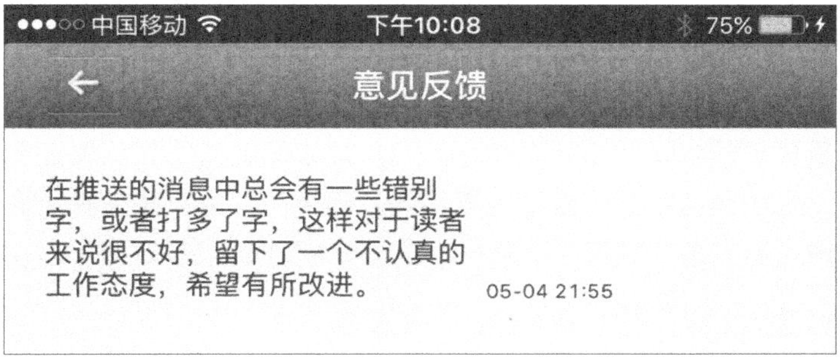

“利哥懂的可真多，快给我们讲讲你是如何做帖子的吧！”翡翠已经等不及了，她是个急性子，就是想知道我是如何把帖子流量做得高过她的。

6.3 黑道流量的小把戏

“PV这个度量，要从流量运营时代开始说起了。”我望了一眼她。

“你们刚入行互联网时间不长，可能不知道那个时代。以前做流量是分黑白两道的，黑道就是做虚假繁荣，借表面的数字来晃点用户。比如市面上很多论坛是用Discuz搭起来的，Discuz里有个功能插件就是有关帖子点击数的，你可以随意修改一篇帖子的阅读数。高端点的想借用户之手来做假，就嵌入一段代码。逻辑很简单，用户一个点击乘100，也就是说，一个用户点了一下，阅读数会+100。当然乘几这个数很有讲究的，要不然你帖子列表页的数据都是0结尾的就太假了。

我以前做论坛的时候一般乘以7结尾的数。7这个数我考究了很久，会让帖子阅读数参差不齐，能假戏真做。

还有就是借助外力，比如找人刷流量，淘宝一搜一大把。还可以自助刷PV，2元基本能刷1000PV，还能按坐标设置二跳路径、页面停留时间等。

我们常接触的一类黑道做流量的，就是标题党和色诱。这在论坛时期很流行，比如在论坛里看到过一个帖子：

‘快看，沙滩上的美女都走光了’。然后偷窥欲就促使人去点击这个标题。那么你就成功获得了一个PV，点开之后是一大片沙滩，一个人都没有，真的走光了。和你预期不一样，但你嘿嘿一乐，不太反感，这是比较优秀的标题党，是主攻‘逗逼’范的。

还有一类标题党，也很优秀，也能收获PV，但是意义不大。比如电商网站做价格促销，Banner广告上写着：快看，已经露底了，点进去是促销打折信息，意思是价格触底，不能再低了。也很有趣，但就是不太靠谱。因为电商广告的目标是下单，这类标题党就有诱导嫌疑。

做标题党最厉害的就是门户站，如今，门户站之间的竞争正儿八经上升到了标题党之争。一条很正经的新闻都会搞成情色累累的。因为门户类产品在其他形态产品的挤压下，用户的眼球占有率越来越低，必须一个流量分成两个、三个……

“原来你还是刷出来的呀！鄙视你！”翡翠嘟起嘴。

“我当然不是这么做的呀，我只是说这是黑道玩流量的方法。”我喝了口水：“我用的是白道法，那才是我惯用的流量技巧。”

6.4 从哪些细节解决问题

从文案中拿效果

“比如，你看我做的帖子标题有很多拟声词，啊、呀、哎之类的。这些拟声词很有力度的，比如‘滚’和‘滚呀’力度肯定不一样。

还要切记少用形容词，多用副词，比如‘很，特别’。你知道吗，我做App通知的时候一直想用一条文案，‘这个职位很适合你’或者‘这个职位特别适合你’，但是我不太敢用，因为一个‘很’或‘特别’这样超级有力量的词或字，算法是要倾尽毕生精力的，推荐引擎的精髓不就为了‘很’精准吗！所以说算法比运营还苦逼，运营为了能用一个副词，就让算法生生不息了。

还有很多白道文案小技巧，需要你自己根据业务特征去悟道。我还是给大家讲讲四大名著的案例。

我猜你们90后很少有完整读过四大名著的，那么假设我要靠文案吸引你们去阅读或看电视剧，我应该怎么做呢？

我会从标题上下功夫，也就是书名。

比如《水浒传》网络上流传的名字有《105个男人和3个女人的故事》，就比叫《水浒传》吸引眼球。《基情四射的山东爷们的那些事儿》又比《105个男人和3个女人的故事》有效果。《105个好基友自传》可能比《基情四射的山东爷们的那些事儿》还有效果。

这些名字都比《水浒传》能让90后产生冲动，所以说《水浒传》的作者施耐庵只能是一个产品经理，不太懂运营的。

如果让运营写帖子来推广《水浒传》这款产品的话，我就会把108将的会员按不同省市地域来做细分，然后分别打不同的市场。比如我会在山东的媒体上投放《基情四射的山东爷们的那些事儿》为标题的新闻，主打河南市场就写“河南开封林冲妻子被辱怒杀兄弟陆谦潜逃”。我要想上头条的话就用李逵做文章，比如“沂水县百丈村村民李铁牛山路口杀数十老百姓 无一生还”。多吸引眼球呀。或者打全国市场，我就动用扈三娘了，比如“扈三娘孩子的爹不是王矮虎，究竟会是谁？”

还有三国演义，罗贯中也不能叫作运营经理，要是我，就把《三国演义》改名为《曹操是个大坏蛋》，最起码比《三国演义》有效果。

四大名著中运气最好的产品经理是曹雪芹了，他写完书后给起了个名叫《石头记》，一点运营的感觉都没有。但是他遇到了程伟元，干运营的，找了高鹗把后四十回补全了，出版了一百二十回全本，为了能火，定名《红楼梦》。但是程伟元和高鹗充其量是个普通运营，要是遇到高级运营，直接改名《青楼梦》了，一定大卖。

“你看，标题多重要呀！”我一看翡翠，她有点入神了。

我神秘兮兮地说：

“我在做咱们单位xx号的时候，老板一直责备我做不到点子上，在大老板的眼里，不管微博还是微信，都是品牌传播的渠道，他们老是指指点点，让我无从下手。有一次，老板发现我写的文章太长了，就特意自己写了一篇文章，200多字，然后配了一些有意思的图。我就放在头条号上发，当时我灵机一动，何不借此暗中教育老板一下，就编了一篇神软文，在标题上做了点手脚，放在了第二条，发了之后，我一直监控着阅读数。半个小时后，我的文章阅读数已经达到100000+了，而老板的还没上万。哈哈，正常情况下，微信头条的阅读数都是最高的，而我很巧妙地用第二条的标题成功将流量分流了，弄的老板以后再也不教育我了。”

“哈哈，利哥胆子可真大！”赵维群说：“除标题外，还有哪些细节是要注意的呢？”

从时间点中拿效果

我心里嘿嘿一乐，终于有人对我的话题感兴趣了。

“不知道你有没有注意过行业内的一些自媒体，文章写得很一般，但是依然能做成功，就是靠发送时间和频次来制胜的。我初期曾关注了很多号，有一些号的内容其实不是我的菜，但是他们的精神却深深地烙在了我的脑海中，因为他们往往熬夜至零点来发文章，让我很感动，舍不得取消关注，虽然很少看，但偶尔也会去点个赞，为精神吧。

还有的绝佳的号，不仅文章牛，而且精神着实让人感动。一次，一朋友问我车品觉老师的文章怎么样，我第一句话竟然是车老师每天凌晨四五点就起床，整理一下最新电商新闻给粉丝，很敬佩他。车老师努力的精神已经超越了他的文章。

所以，我就在想，是不是在做用户运营的时候能够善加利用一下时间这个情感运营的元素。比如我凌晨回答用户问题，不经意的一个细节，收到了成效。当然这只是一个小技巧，不能做作。”

月份的最后三天

“我在做微信的时候，还有这样一个细节，基本上到每月的最后三天，我在编辑文章的时候，很少配图片和视频了，因为在我的目标用户里，依然有很多人一到月底就闹流量荒。甚至我还会在文章标题上标注一下：（无图）。

当然，如果发也要考虑好时间点，选择目标用户多数都有wifi的情况下发。

还有，咱们的应届生微博大号，600多万粉丝，我做的时候每天白天发信息，然后每篇微博都琢磨很久，在引流上提高了一个水平。后来我觉得再提高不了了，就交给萍萍负责了。结果一个月后，她竟然又将引流翻倍了。萍萍，你说说你是怎么做的？”

萍萍：“我只是把白天发的微博定时到晚上发了，因为我找工作的时候，一般都是在晚上才找工作信息的。”

我竖起大拇指：“你看，萍萍就是改变了一个发布微博的时间，就能将引流翻倍。很厉害！”

另外，在互联网产品上，从时间点拿业绩的地方有很多：比如网页的加载时间、用户注册用时，用户任务完成时间、平均停留时间等，都能发现很多问题。”

从字数中拿效果

“前段日子，我开始做短信运营。当月结算成本的时候，负责人发现我做的那一个月短信成本足足比上个月多了一倍，这让领导很窝火，训了我一顿。后来一查，才发现，原来我写的短信文案都超了字数：超过70个字算两条。就因为这一个小疏忽，当月白白浪费掉了小10万块钱，可见字数在移动产品运营中很重要。

比如，在做App push时，因为我们没有做付费发送通道，所以文案字数必须很少，基本如下。

一、iOS通知格式

1. 标题： 固定为品牌名。

2. 正文：有两种选择。

① 两行半：20字≤字数≤25字。

② 一行：字数≤16字。

二、Android通知格式

1. 标题：可编辑，字数≤7字。

2. 正文：字数≤18字。

我原来写博客，总是写长文章。很多小编告诉我说短文章更有吸引力，我一直不以为然。但是有一次忽然想测试一下文章字数问题，就写了一篇长文，大概9000字，然后在文章的底部大概倒数第二段，留了一个小福利在里边，结果只有寥寥几个人发现，我才觉得，原来我写的文章真的是太长了，很少有读者能看完的。现在，我每次写文章都开始压制字数，长文章就分成上中下三部！

从监控中拿效果

早期，我写博文一段时间后，开始有人约稿，部分做内容号的网站和微信博主也把我的微信号当作了内容源。

我想验证一下：那些转载的文章究竟是从我的博客里转载的，还是从约稿网站上转载的？我想了一个办法，用不同的标题来发。

后来发现，很多转载的小编会修改标题。我就又想了一个办法，在文章的某一段落里修改一个句子，甚至是一个字。这时候我用修改的句子来搜被转载的情况，就知道我的文章究竟是从哪个站点转的了。

这是我从‘一个军官的故事’中得到的灵感。据说战争时期，敌特伪造了一个假文件，一位军官被误解，因为文件上有他的签名。这位军官说：把文件给我看一下。看完后说这签名很像，但不是他签的。别人要证据，他把他签过名的文件全部拿出来，拿起一张对着灯光说：你看，所有我签过名的文件，在我签名处都有一个针眼。调查者翻阅了所有文件一看，的确是这样。于是，误会解除。这就是典型的细节。”

6.5 关注正确的细节

罗风尘说话了：“利哥，听你这么一说，我终于明白了，原来我在做客户支持的时候，客户老是让我改文字，改标点符号，原来这都是拿业绩的好方法呀！”

我哑然失笑：“你快拉倒吧，我们做运营，抓细节，并不是眉毛胡子一把抓，而是抓那些能拿业绩的细节。类似你做的那些客户支持，都是无理取闹，或者美其名曰是为了品牌展示。事实上对用户来说，影响不大。

什么是从细节中拿效果，比如：

在超市里，有研究表明，消费者的购物姿势、身高和年龄会对销量有影响，那货物的摆放、两个货架之间的位置就需要调整，比如将货架之间的宽度变宽一些，比如把小孩儿喜欢的玩具、零食放在第一层，老人常购买的东西放在第4层等。

而你收到的客户的那些排版需求，多数是无伤大雅的。”

罗风尘闷闷不乐起来。如今的微信小编实在是不好当。

6.6 流量的真实秘密

培训结束了。

过了几天，翡翠非常兴奋地找到我，说按照我的改标题方法，终于提高了阅读数。但还是没有我做的效果好。

我偷偷对她说：“你知道我发的每篇帖子都能瞬间点击上万的真实秘密吗？”

“快说，快说！”翡翠兴奋的快跳起来了。

“因为我现在在做App的沉默用户拉回，每发一篇帖子，就给百万用户push了。再好的标题党，也不如渠道来的厉害。”

“滚！”翡翠摔门出去，又折返回来：

“滚呀！”

7 运营是个绝世好工种

“运营是一个绝世好工种。”

当我把这句话说给婆惜听的时候，她嗤之以鼻：“人家都管我们叫运营狗，每天累得呼哧呼哧喘，天天在用户面前汪汪乱叫，的确是绝世工种，但绝非好工种。”

婆惜貌美如花，名字也带着妖气。现在在一家内容类App平台上做通知产品的运营。是我在一次运营沙龙讲课的时候厚着脸皮认识的。

做运营时间长了，我养成了洞悉人性格的习惯，色眼识人术达到了一定层级。凡是和我聊过一次的运营人，我基本能看出TA未来在运营职场上的前途。我觉得婆惜内心沉静，骨子里有运营意识，在沙龙上问我的问题也能问到点子上。她肯定在业余时间没少琢磨运营这点事。这样喜欢琢磨的初级运营人才是很少见的，他们的普遍问题是差了一个兴趣。

也难怪，风华正茂的好年纪，误入了运营岗，骑虎难下。而初级运营多为重复性工作，毫无乐趣可言。“好年华+运营岗”的组合让很多本来挺有潜质的人半路转行去做了产品、市场……让互联网运营圈凭空少了很多灵气。我想，婆惜人不错，无论如何，我都要使出我善于忽悠的天分，吊起婆惜对运营的兴趣。

毕竟，运营的队伍里需要这样才貌双全的姑娘来提升一下士气。

所以，沙龙结束后我单独把她留下，请她在五道口的一家饭店里吃饭。

“你做通知产品？那你的目标是做促活跃喽？”我问她。

“对滴。”婆惜是南京人。

“那你接手后，DAU（日活跃用户）提升了多少呢？”我开始从数据下手，因为我知道很多初级运营人还做不到基于数据去做运营。

“这个……我还真没看过数据。”果然被我言中。

“那你平时都是怎么发push的呀？有没有时间排期，对用户做细分了吗？”我连珠炮似地乘胜追击。

“时间排期和用户细分都是我接手前就已经定义好的了，我每天只需根据不同类型用户准备不同的内容，然后按时间排期来定时发布就可以了！”婆惜说完，喝了口酸梅汤。

我沉默了10秒，假装深沉状，制造一种压力，因为接下来的话挺伤人的：“哎，婆惜呀，你这可不行，你接到一个成熟的运营项目之后，只知道在原有的轨道上继续走下去，如果我是老板，早就把你开了。因为我雇你来，不是让你来做维护的，而是需要你拔高业绩。你必须得学会Change，否则你在运营岗上毫无未来可言……”

“橙汁？”

“Change，改变！”

“咯咯咯咯……”婆惜笑得花枝乱颤，倒把我惹毛了。

“利哥，你这英语……”

“哦，嘿嘿。”英语是我弱项，不小心又犯了装的毛病。

“你一定要学会改变，婆惜，你人挺适合做运营的，而且运营未来绝对是高薪岗位。今年我就明显感觉到了。全国上下忽然之间出来很多运营达人，开始在互联网圈里写文章传道授业。和2009到2010年产品经理刚火的时候一样。这些现象都预示着未来运营岗位将超越产品经理戴上高薪光环。所以你一定要坚持住，而且在态度上要重视起你现在所做的运营项目来，App通知如今是移动互联网时代促活跃最重要的渠道之一，你运气很好，不是人人都有你这样练手的机会的。

那么，你做这款产品有多长时间了呢？”

“有快6个月了！”婆惜已然被我唬住，抿一口酸梅汤，正襟危坐，在饭店灯光的映衬下有种知性女人的味道。

7.1 善良的运营经理不是个好运营

“啊，那你的运营经理也没有敲打过你？”我有诧异神色从脸上露出。

“我们运营经理对我可好了，从来不训我，我们很自由的。”婆惜一脸幸福。

“你们运营经理是个男的吧！”我已猜得八九不离十。

“恩。”

这让我想起原来的一个技术总监，因为做研发的都是清一色男生，所以平时对待同事总是横眉竖眼的。后来招聘了一个女实习生，性情大变，每天手把手教她学SQL，一连数天，忘乎所以，把很多重要的运营支持的事都耽搁了，催他，他美其名曰培养新人更重要。后来我实在是嫉妒，就抽空找他聊天：“你看呀，实习生实习期满80%是会飞的，等你培养出来了也就展翅飞了。为长远考虑，要不你教教我们运营吧，你把我们教会了，以后我们自己查数据，就不用天天给你发需求了。”

他完全被女实习生迷昏了头脑，连连摇头。

真是红颜祸水。

结果3个月后，女实习生结束实习回了学校。

运营恰好相反，运营岗女同事占了大半。我待过4个运营团队，其中有2个运营团队算我只有2个男生，而领导层男性居多。怜香惜玉本是男人本色，所以运营经理或运营总监很少敲打女手下。但你不敲打手下，一味迁就，对业绩不利，对手下的未来也不利。

“你们运营经理也是个不靠谱的人，再这样下去你也前途未卜了。看来一切都得看你自己喽。”我不屑地说。

“为什么呀？我觉得我们领导人特别好。”婆惜一脸单纯。

“好啥呀！他这是在害你，假设你跳槽了，到了另一个单位，依然是这样的运营水平，是很难拿高薪的！”我醋意大发，同性相轻，男人之间的深仇大恨多因女人。

“你知道我是如何培养下属的吗？”我觉得是时候使出杀手锏了。

7.2 运营经理如何调动新员工的积极性

“经过多年的经验，包括自己回顾职业发展，我发现，招聘一个新员工，一定要在

6个月内榨干TA的业务价值。管理员工就是用户运营。而用户是有生命周期的，在职场中，我发现员工活跃度最高的时间段就是试用期期间，一般为6个月。在这个试用期期间，我会派发给TA很多事情，让TA片刻不得闲。这就是员工（用户）的业务价值最大化。一旦过了6个月，转了正，这时候也和老同事们混熟了，也了解了产品或企业的一些弊端，惰性就会慢慢产生。多数人选择应付工作，积极性大打折扣，就和你现在的状态一样，你的惰性马上就会产生。多亏遇到了我。”

我一边说，一边观察婆惜脸色，见机行事！

婆惜眼睛一直眨个不停：“那到6个月之后呢？”

“6个月之后我就轮岗了，我有一个惯用的运营伎俩来延长手下的生命周期，6个月后，我会协调一个新的运营项目给TA来做，因为有工作态度的运营人还是有的。他们之所以产生了惰性，有可能是因为手里的运营项目做的纯熟了，想再拔高绩效十分困难，所以拿新的运营项目来刺激一下，这样既能延长其生命周期，又能让业务价值最大化。而且轮岗对业务和对运营人本身都是有好处的，每个人的运营手段、运营思路都不一样，也许你运营的项目因为日久生厌堵塞了你的思路，但对其他人来说，尤其是对没有做过这类项目的人来说，往往能收到奇效。所以一举多得。”

“恩恩，利哥你说的还是挺有道理的！”

“而且，你知道吗，我做运营以来，基本上所有主流的产品形态，比如社区、门户、电商、微信平台、微博、O2O、社交类产品形态都有接触，不管是用户运营、内容策划、SEO还是网络推广、包括客服我都做过。我比较主动。当一个项目做稳定之后，我也懒得再精耕细作下去，我就去找领导要新的活，有时候还去抢活来做呢！我不怕活多，就怕做维护。而且我发现一个现象，不管在哪家单位，我刚去的时候都拿不到好的项目，但是似乎每做一段时间，关键岗位上就会有人离职，然后我就会琢磨着把他手里的项目接过来做。有时领导也会委派给我，换成别人肯定不愿意接，而我不管手里活有多忙，都会对领导说我接绝对没问题，因为机会难得，练手的机会绝对不可花落旁家。手里做稳的运营项目可以想办法推出去。没接触过的拿过来又是个新玩意，这需要你对运营有痛彻肺腑的热爱和兴趣。”

“痛彻肺腑的兴趣？”婆惜有了疑问。

7.3 把KPI×2，总监会罩着你的

“兴趣是运营最好的催化剂。说句实在话，运营人人得而做之，但是并非人人都能

做好。运营做精彩的少之又少，越深入去做就感觉越神奇。所以培养兴趣特别重要。所谓兴趣其实就是你有没有数字驱动的意识。我做运营项目的时候，特别喜欢对比，就是把业绩做定基比。我会拿原来的数据做一个分析，找到原来业务的制高点。比如App通知，原来的人做日启动能达20万，那么我就会把20万×2作为我的目标，这是一种博弈。”

婆惜脸色大变，秀眉一簇，我感觉自己说错话了，因为我和任何人谈目标这个事情的时候无一例外都是这种表情。

“不要觉得高KPI很恐怖。我讲一个现实的例子给你听：

我以前也有过扣绩效的时候。那还是2012年，我在一家IT垂直门户站做社区运营。因为初生牛犊不怕虎，也感觉公司因为太过老牌而内耗严重，就想着靠KPI脱颖而出。当时我们还不看活跃用户数，只看PV。我记得当时日均PV大概30万左右，领导说你一个月能维持这个业绩就可以。我对领导说，你别小瞧了我，你给我乘个2，如果完不成，你扣我绩效。如果完成了，你给我加薪。领导大喜。然后，第一个月，我完成了35万PV，领导扣了我5%的工资。第二个月我完成了42万PV，领导扣了我10%的工资。第三个月我完成了45万PV，领导继续扣钱，这个时候我已经深入了解了业务和网站流量架构，心想自己真的有点托大了，本为表态度的一个目标，结果领导太老实，说扣还真扣，真金白银的损失呀。我找领导谈，我说我可能需要一些资源支持了，要不然我完不成60万的PV。这月月扣钱，我愿意，我媳妇也有点吃不消了。

领导当时乐了，说韩利呀，到底是年轻人。你虽然没完成绩效，但你的态度绝佳。这样，你马上要转正了，我看你和HR谈的薪资有个浮动工资。

“浮动工资？没有呀。”我有点讶异，“当时来的时候就是试用期80%工资，转正100%。”

领导额头一紧，眼神一瞥，望向窗外，看到楼下有一个小孩不懂事，非要从滑梯上往下跳，正被家长训斥。

他说：“给你面试的HR已经离职了。你面试时聊的是有2000元浮动工资的。签转正合同的时候你和新来的HR说一下！”

我明白了，姜还是老的辣。领导这是给我支招呢！

接替原HR的新HR找我谈转正的时候，我就说了有一浮动工资，是2000元，当时说好的，如果我试用期表现好，就把这个浮动的工资也加上。新HR说，这事好像没有写在合同里呀！我说我领导知道这个事呢！然后HR就去问了领导，不大一会回来说，X总说的确是有这么个事，你试用期的表现相当不错，完全可以加上这个转正浮动工资。

婆惜说："啊，你怎么运气会这么好，这样赏识员工的领导很少见的。"

"恩，我当初也是这么想的，我觉得领导的确不错。后来，领导继续扣我绩效，其实扣的就是我的浮动工资了，然后我为了这2000元浮动工资足足奋斗了大半年才拿到手。后来我明白了，这其实是一个管理手段。你想想，领导为了刺激我努力工作，报效公司，放了2000元的饵在那里，而我原来的工资不动，也就能延长我的生命周期，我不会因为扣了工资而离职。然后，这2000元一面激发了我的欲望，一面又让公司以绩效不达标之由扣了回去。

这还是我后来才知道的事，因为我问了很多老员工，他们说根本就没有浮动工资一说，如果有这么一说，那HR的人才管理将是混乱的。我做了领导之后恍然大悟，我猜X总和HR一定是串通好的，看似我和领导将了HR一军，变相给我加了薪，实则是领导和HR在暗中合伙使了一招暗度陈仓之计。

后来，领导继续使计，我明明知道领导在刺激我，可依然乐此不疲。"

7.4 三个电饭锅的刺激

"又使了啥计，快跟我说说。"婆惜被我勾起了兴趣。

"比如，我们单位有一个季度评选最佳员工的制度。然后我连着三个季度被评为了最佳员工。"

"哦，我明白了，这是拿奖金来刺激你了！"

我竖起大拇指："对，就是这样，每次评选最佳员工，都会给我发一个电饭锅当奖金，我9个月净赚三个电饭锅。"

"哈哈，你们单位也够抠的。不过也好，总比没有强。"婆惜一笑起来，酒窝特别好看。

"对呀，我第一次带回去一个电饭锅，我媳妇还挺高兴的，说咱家电饭锅是该换个新的了。我第二次又带回去一个电饭锅的时候，我媳妇就问我说'你啥意思呀，嫌我焖的米饭不好吃咋地。'我第三次再带回去一个电饭锅的时候，我媳妇勃然大怒：'好好好，韩利你狠，以后你一个电饭锅，我一个电饭锅，剩下的一个留给咱儿子用，各做各的饭。’”

“哈哈哈哈。”婆惜的兴奋度达到顶点。

“我觉得我不应该再拿公司的电饭锅了，年度评选的时候，我又不幸被评为了最佳员工，我就和领导说，请把最佳员工的称号留给别人吧，一直给我，其他人也有意见呀。领导当时对我刮目相看，认为我顾全大局，因为每次评选最佳员工都是部门内所有人投票决定的，所以那次最佳员工决定给得票数第二的同事。”

“恩，你是不能再拿电饭锅了，要不嫂子压力太大，必须给你生双胞胎了。”婆惜开玩笑地说。

“我当时也是这么想的，结果那次真的是一个愚蠢的决定，那次的最佳员工，领导是大手笔，发了2000块奖金。”

“啊，这样呀！”婆惜惋惜起来。

“我后来私下问领导，这次咋没发电饭锅呀！领导说电饭锅是客户送给单位做资源互换的，已经发没了。婆惜你说说，我当时心里多懊恼呀！这事我回家都没敢和媳妇说。”

“哈哈！”

“这就是运营人和领导的博弈，领导眼里永远是业绩第一，所以部门领导其实都是用户运营高手，他手下的员工都是他的用户，他需要动用运营手段转活跃，达到业绩营收最大化的目的。”

婆惜有恍然大悟之感。

7.5 专员不要和领导硬碰硬

“当然了，领导管理员工是以‘业绩最大化’为中心的，而员工对领导就要‘以领导体验为中心’了，因为你的利益，比如工资奖金，全都在领导手里握着。比如，有时候你会遇到一些领导急功近利，天天催着你做这做那，而你的项目因为囿于技术资源还没走上正轨，这时候你就需要想办法先把领导的需求满足了。

拿你现在做的App push举例，我也做过这个项目，当时我做的是一款内容型的App产品，招聘行业的，为职场人推荐一些精准职位，也就是推荐引擎。因为机器算法是一个长期累积学习的过程，是和时间正相关的。所以在初期特别不精准。但是有时候领导不太懂技术，觉得别人的产品都能精准个性化的推荐一些内容。咱们也需要短期内快速实现。后来，我就想了一个歪招。因为领导也是我需要运营的一部分用户，于是我就把领导的用户ID搞到手，在我通知的后台里每天按照‘我所了解的他’单独给他推荐一些他喜欢的内容或职位，借以给算法部门延缓时间。我记得有一次会议上，领导说他今天看到一篇热文，深得他的喜好，建议我们也看一下。我回去之后立马把这篇文章push给了领导。领导很是兴奋，终于准了。哈哈。”

“利哥，真有你的！”婆惜笑容可掬。

“这也是不得已而为之，因为领导毕竟得罪不起。和领导之间的关系不是小事，很多很有潜质的运营人就是因为看不惯领导的胡作非为瞎指挥而败走麦城，尤其是那些在业界还有那么一点威望的领导。事实上，领导才是首席运营官，凡是做事的领导，都是高屋建瓴之辈，在这点上我是犯了不少错误的。

原来的时候，我因为写博文出了点名声，就觉得自己天下无敌了。后来进了一个组织结构创新的创业团队，总经理是技术出身。但是总来瞎指挥。我很生气呀，就时常和他顶撞。在一次做活动运营的时候，总经理采取了一种实时优化的方法，将活动参与人数直接飙升至预期之外。而且优化效果立竿见影。而我因为以前没有参与过类似的优化项目，原来策划线上活动都是策划上线之后就把精力放在渠道推广上了，而我这种思路是典型的初级运营手法。

过后，我对领导刮目相看。

当然了，最好的情况就是你和领导相得益彰，能力互为补充。你推进不下去项目进度的时候把领导拎出来，一句话行政命令搞定；而你，需要对领导负责任。比如一次我们定目标，领导因为创业心浓，在董事长面前定的目标特别高，并为此努力好多通宵，只完成一半。快到年底了，我凭借以往经验，觉得这次考核和年终奖有很大关系，我就十分坦诚地建议领导，要不要我用小号把绩效做上去呢！领导说没必要，咱们凭实力说话。我又劝解了一会，未果。心想领导肯定和大老板关系好呀，我是瞎操心了。快到年底了，上面终于开始给各部门开会评奖金了，这时领导慌了，偷偷私信我，‘韩利，这两天你用小号把绩效做上去呀，事关咱们奖金。’我心里嘿嘿一乐，心想你看，还是我有经验吧。”

“领导和运营人只有互补才能成就‘大事’。我在这几年的经历中，跟过两个比我年龄小的领导，他们普遍都是做事的心态。也跟过两个比我年龄大的领导，他们普遍是求稳的心态。印象最深的是跟过一个40岁以上的运营总监，才华横溢，对互联网、对运营有着十分透彻的理解。当时是在一家上市公司的互联网中心，内部利益纷争十分严重，所以泯灭了他的做事之心，一心求稳，他认为做事就会有败局之险，而不做事就能保无虞。所以很多运营项目都被他推掉了。而我天生喜欢揽活，结果我们大吵了一架之后分道扬镳。后来，他是这家上市公司留的时间最长的，在那种政治斗争复杂的环境里能笑到最后，绝非等闲之辈。”

婆惜抛给我一个眼神，热辣滚烫。我吓了一跳，故事编得太“高大上”，是时候抛出意图了：

“婆惜，要不你来我们公司吧，正好我这边缺少一个运营专员，我们可以一起在运营的道路上纵横驰骋呢。”

“好呀！”

8 山木小姐的文案绝学

杨柳最终离开运营部，还没转正就去了世界500强。走的时候我告诉她不管什么岗位，都要带着运营意识去工作，抓重点，做优化，从数据和成本中拿绩效。她啃着我给买的老北京冰棍，掉着眼泪点着头，走了。

我失落了好久，直到山木小姐的出现。

山木小姐是运营部新来的同事，任职微信公众号小编。高贵脱俗，和杨柳相得益彰，但性格却大相径庭，她冷艳。原名王山木，私底下我们都叫她山木小姐。

我原来最喜欢组织开会，领导不在的时候我胡吹海聊。领导在的时候客气一下让领导先发言，我捧哏。领导发完言我接着吹，都感觉不到时间的流逝。但是本没有那么多要吹的事，为了让与会人员都能吹起来，我就想了一个永恒的主题：头脑风暴明天开会讨论什么主题。每天都“头脑风暴明天开会讨论什么内容”。如此下去，我就再也不用对开会的主题抓耳挠腮了。

她来了之后，我竟然过度沉迷于她的魅力，自动掐了我这开会的毛病，没事就偷偷瞄她一眼。

偶尔，我们会有业务往来，因为我正在做着App push工作，文案一直是个心病，所以经常求教于她。

一次，我做了一篇文章，标题是“一个崇洋媚外文艺女硕的求职录”，请她把一下关。不大一会，她QQ回复我：心酸。我恍然大悟，改成了“一个崇洋媚外文艺女硕的心酸求职录”，AB测的时候竟然比第一条高出3%的点击。我赶紧把这个喜讯QQ上告诉她。她竟然发了个砸头的表情给我，我挺尴尬。她说："韩利，我是说你的这篇文章标题搞得太让人心酸，这本来是一个梦想进入外企的汉语言文学专业硕士女孩写的一篇求职经验帖，让你把标题搞成了情色的感觉。你就不能搞点正经的标题上来吗？天天色字当头，类情色文案不过是文案的旁门左道罢了。"说的我一激灵。正好顺道和她讨教一下文案的绝学。

她QQ回复我："在互联网圈，文案包含很多类，比如微信公众号的内容策划，App通知push，产品端的各个页面的引导语，专题活动的主标、副标、H5的分享语，效果营销页面中的说服架构……这些都需要成体系的文案策略，而非单篇单点作战。有些微信小编渴望天天都能做出转发上万，阅读100000+的文章，而往往忽视了整体的策略性。所以我在做微信运营的时候，一般不看日阅读、日转发和日净增粉的，我会看周阅读、周转发和周净增粉，只要每周的总量比上周有进步，那其实就是我的进步。所以更多的时候，运营文案都应该平稳持续地经营文章，并在持续经营中不断感知和分析粉丝的内容偏好，不断打磨优化内容。这才是微信的健康运营之道。就好比是喝酒的人，有的人每天喝二两，持续地喝，对身体有益无害，有的人平时一杯不动，一喝就是二斤，那就是伤身。等到晚年之后，效果立现，喝酒频次高但是量小的人有一个强健的体魄，而频次低但单次喝酒量大的人有一个羸弱的身躯。"

我一听，任督二脉顿通。自此之后，我做push也开始学她的策略，不看日点击率，只看周点击率。一个月后，果然整体效果在上升。

我更加痴迷于她，因为她不仅有策略性，在微信内容的策划上也是篇篇精彩，创意层出不穷。不愧是才貌俱佳的运营人。

有一天她拉住我，说想熟悉一下业务，我受宠若惊，就带她去了园区里的雨咖啡。

8.1 理清运营思路

找了个靠窗的角落，点了两杯咖啡，坐定后，我先问她："山木，你为啥跳槽来这里呢？"

她抿了一口咖啡，轻启红唇："说起来有点话长，举个例子吧，尘世中有一种交易叫'财色交易'，男财女貌是绝配，最容易滋生爱情。但是，'男财'随着时间的流逝会与日俱增，而'女貌'却会随时间渐渐凋零。所以，多数男人有钱了就喜欢离婚。运营也一样，运营是时间的宠儿，随着时间的累积运营才华会越来越浓，而产品是有生命周期的，当产品走过成长期，进入成熟期或衰退期的时候，与你的运营才华产生矛盾，再也施展不开，做不出大业绩了，所以就选择跳槽喽。”

我一听，山木也是个风尘中人：“那可不，矛盾是职场生涯的最大敌人。不仅仅是职场了，你刚说生命周期，我忽然想起来我刚接触校招项目的时候，也是矛盾。比如应届生，最长也就只有一年的生命周期，更有很多学生早早的在秋招就拿到了Offer，基本上就和咱们的校招服务绝缘了。所以我们做校招的时候，一方面提供海量高质的名企校招信息，心里又盼望着应届生们不要过早的拿到Offer，这个矛盾让我们运营人心里挺不是滋味的。”

她眼睛一亮：“看来你对校招业务还挺有研究的嘛！那你是怎么解决这个矛盾的呢？”

我说：“其实也不是解决，我换了一个运营思路考虑问题，矛盾迎刃而解。”我抽出一颗蓝钻，每次聊运营，我都得点根烟，烟熏火燎地谈运营，很有感觉。

她皱了皱眉。

我继续卖弄：“我从拉新的角度来考虑，我就想，人都有‘知恩图报’这个观念，如果应届生的第一份工作能在我们这找到，那他十之八九是会感恩我们的，这样，他就会和他身边的朋友或下一届的学弟学妹们推荐我们。所以说，其实我们运营的既得用户是为了口碑拉新的。这样理解后，我就更希望咱们的用户能尽快找到工作。所以，用户的细分就出来了，没拿到Offer的用户继续提供校招信息服务，目标就是让这批用户的首份Offer来自咱们的服务，另外，对拿到Offer的用户用其他运营手段加深对大街的感情，并提供社招和人脉服务。”

山木小姐恍然大悟，她问：“似乎校招是有淡季旺季之分的，那么淡季的时候你们怎么做呢？”

“其实也不能说是淡季旺季。虽然业界有春招、秋招一说，但在校招里，我明显感觉到一种现象，在4、5、6这三个月，校招信息的阅读量甚至超越了旺季。

我们可以设想一下背后求职的学生：4月份，各大名企校招基本结束，而这时候依然有大批量学生没有求职成功，这时候，应届生很着急，因为再有两个月就毕业了，成了往届生，就只能走社招之路了，而社招之路是坎坷的。所以，这时候的学生会疯狂地去找信息，争取在毕业前拿到Offer。所以，做校招信息，一般这时候我们不再给他们推单条信息，而是开始做汇总帖，把为数不多的校招信息，以及社招中不限应届生的信息汇总在一个帖子里提供给他们。

为此我在微信好友里特意询问了几个学生。他们的回答是典型的：他们进入大四，就开始找校招信息，只要差不多符合的，基本都会去试着网申。而且，他们更喜欢看那些页面含有海量信息的网站，因为这能给他们自信心。因为一条信息就是一个机会，当页面上呈现的信息越多时，给他们的安慰就越多，这不就是信息带来的安全感吗？

所以，在追求简约化设计的今天，校招这个刚需产品，依然是海量信息制胜的，设计上也需要在首页尽量多地呈现出来。这也是很多做校招的网站，看起来首页特别臃肿，毫无层次感，堆积了一条条的信息列表而依然大受欢迎的原因。”

8.2 赏识的威力

山木点点头，换了一个话题：“韩利，你是怎么理解运营这个事的？”

我在我的段子库里搜肠刮肚：“运营是以业务为中心，目标是业务价值最大化。本质上来说，运营不是一招一式，而是一个系统工程。我喜欢把一款产品拆分成不同的运营项目。运营项目是产品大系统下的一个个小系统，每个小系统都有一个关键指标，这些关键指标互相作用，最终取得用户价值和业务价值的平衡点，在不影响用户体验的前提下抓人性的弱点，最大化产品的业务价值。而运营人就是持续优化并监控这些小系统，让这些小系统可靠地产生预期结果。”

“哦，挺有道理呢！”

我一直在历练察言观色的本领，看她眼神飘忽，就知道她被我绕晕了。又是一个喜欢撒谎的运营人。我心里暗喜，因为我喜欢撒谎的人，撒谎的人往往有更高的“情”商。

“那么，你觉得什么样的人才算作一个优秀的运营人呢？”山木小姐继续追问。

“满腹阴谋的人。运营就是阴谋，只有阴谋得当，天衣无缝，才能做到低成本，高营收！”我不加思考，脱口而出。

山木小姐一愣神，似乎有点疑惑。

“当然了，阴谋不是你想象的那样。我所谓的阴谋就是从人的弱点下手，应需而变。”我品一口咖啡：“比如我以往做市场只重点做两件事：从众和冲动。这两点做好了，运营人就很成功了。”

“举个例子吧，前段时间单位有个客户买了公司的校招服务之后效果特别好，十分满意，大笔一挥又拨了巨款想在咱们新媒体上做一次感恩节活动，主打福利点，主题就是新入职员工第一个月发双份工资，一份给新员工，一份给新员工家长。这需要运营的创意支持。我就把目标定位在了新员工父母身上，想了句文案：'娘家长人，婆家长肉。'父母是员工的娘家人，娘家人都喜欢看自己的儿女白白胖胖的。如果目标定位在新员工身上，这文案就背离了需求，尤其是女员工，都渴望自己有你这样瘦削的身材，谁愿意吃胖呢。所以文案就要应需而变，比如变成'娘家长人、婆家活人'。"

山木乐了。

我心里笑得翻江倒海，最近历练的用户赏识运营大法真的管事耶！因为我一直觉得冲动才是运营的第一要务。而赏识是让用户冲动进而达成我们业务意愿的最好方法：有时候夸客户几句，一冲动就在你这里下单了。我说山木小姐身材瘦削，直接让山木小姐冲动了。

8.3 写文案常犯的错误

我决定追加一次冲动，调动山木的谈资："对了，来了这么长时间，还没有求教你的文案绝学呢，快传授给我一下！"

"哈哈，其实文案也没有什么，文案就是说话，很简单，唯一重要的就是在写文案的时候要时刻记住四点：

"第一、文案不要官腔行话，自话自说，而要站在用户的角度说。

你知道世界上最优秀又最失败的文案是谁吗？"

我摇摇头。

"就是母亲。比如你的母亲看电视的时候见到孔令辉很像你，她会跟别人说一句话：'这个明星长得真像我儿子。'这在母亲的心里是合理的，因为母亲眼中只有儿子。但是别人可能会对你母亲说：'你的儿子长得真像孔令辉'。"

我嘿嘿一乐，山木也是赏识的行家里手。

"第二、文案要说人话，目标明确。

比如经常见到马路边的树上刻着：此处严禁大小便。然后就发现有宠物狗在那里方便，毫无用处。文案只对人有效。而且在马路边众目睽睽之下，哪个人会随意大小便呢。因此我们写文案的时候一定要目标群明确，浅显易懂。

第三、文案要有意图，不说废话。

比如你见到老王说：吃饭了吗？老王说：吃了。这就是毫无意义的对话，礼节性的。再比如你得罪了老王，过后带着两只鸡去道歉，这两只鸡就带着一种求得原谅的意图。

第四、文案要有力度。

很多公共场所写着：此处严禁倒垃圾。然后下面全是垃圾。文案一点力度都没有，就不会有人遵守。

所以说，文案是一种言语行为，目的明确，目标群明确，字字珠玑，说出意图，然后用文字体现力度。衡量一次言语行为是否成功，这四点缺一不可。把这几点注意一下，就能拔高一个业务水平。”

我深深地佩服起山木小姐来：“真是听美女一席话，胜读十年《红楼梦》。你觉得文案在运营里重要吗？”

山木：“做运营，如果想不动任何资源，单靠运营自己的智慧，做出业务价值最优的效果，只有文案这一条枪，所以重要性不言而喻。”

8.4 文案如何试错

“那怎么才能知道哪条文案效果好呢？”我问。

“试错呀，在用户群固定的情况下，将流量随机等分给不同的文案，点击率高者胜出。这是运营工具的效率问题，有好的试错工具的运营团队水平会更高。”

我问：“试错我知道，但是根本试不出什么。我原来试错文案的时候基本上点击率都差不多。我前两天攒了一篇有关简历怎么写的文章，试错了5个标题，结果点击率都在5%~7%徘徊，根本没有大的起伏波动。”

10个诀窍让你的简历眼前一亮	6%
揭秘写好网申简历的十大技巧	6.20%
写好网申简历的10大原则	6.15%
这是史上最全的写好简历的10大攻略	5.92%
写一份动人简历的10个秘密	6.40%

山木：“试错不是试文案的写作手法，不是文字功夫，试的是驱动用户冲动的元素

+业务场景，得到的是对用户心理的认知。简单来说，试错文案试的是切入用户心中的角度。拿简历怎么写的文章举例，我看过网上那些关于简历怎么写的文案了，比如这些：

如何写好简历？

简历写作技巧

手把手教你写一份好简历

这是史上最全的写好简历的攻略

简历如何写出彩

7步教你写好简历

完美简历必备的7大要素

关于简历的5点建议

HR教你如何写好简历

猎头教你如何写好简历

专家教你如何写好简历

学长教你如何写好简历

职场大咖教你如何写好简历

HR教你写好简历的5大原则

资深HR教你写好简历的5大原则

猎头教你写好简历的5大原则

资深HR教你写好简历的5大原则（非常全面）

……

看似你加入了一些元素，比如加了HR、职场大咖、专家这些点，甚至加入了展示身份力度的词，比如资深等，但是这些文案基本上是同一力度的，根本就试不出所以然来，因为这些都是文字游戏。如果是我来试错，我会从如下角度来试：

角度1　用户为什么要写好简历。闲着没事，谁去写简历玩呀！有求职或跳槽需求了才会写。所以第一个文案亮点出来了：拿Offer，也可以加一些修饰词，如‘拿好多好多Offer’、‘拿高薪Offer’……

所以文案出来了：

如何写好简历，才能拿到高薪Offer。

如何写好简历，才能投一份成一份

一举拿下29份Offer的简历！

角度2 用户的当务之急是什么？我投了那么多简历，一个面试电话没接到，石沉大海了。所以我渴望知道为啥会石沉大海。

所以文案又出来了：

如何写好简历，才不会石沉大海。

你的简历石沉大海，十有八九是这些问题，一定要注意一下。

简历石沉大海，终于让我找到了原因，分享给你。

但是石沉大海这个词已经被用烂了，或者这个词毕竟书面化，下面写的形象一些：

如何写好简历，才能接到更多的面试电话。

如何写好简历，才能投10份简历接到10个电话。

更通顺一些：我投了10份简历接到10个电话，我的简历是怎么写的？

角度3 接到电话之前，我的简历必须要吸引HR注意，否则HR不会无缘无故约我面试的。

所以文案又有了：

如何写好简历，才能吸引HR眼球，而不被过滤掉！

或者反其道而行：这样的简历，HR见一个扔一个，写好简历的5大注意事项

如何写简历才能在6秒钟抓住HR的心

角度4 我们再延伸一下，求职的过程也是求职者之间竞争的过程，也就是说，你的简历会和其他人的简历竞争HR眼球，所以文案又出来了：

如何写简历，才能打败其他求职者？

这样一份简历，打败了很多名校研究生，你参考一下！

看完此份简历经验再找工作直接打败95%的大学生。

角度5 为了避免角度一致，最简单的方法还有细分，细分用户的痛点，比如：

没有工作经历，如何写好简历？

没有实习经历，如何写好简历？

成绩不好如何写好简历？

简历中的个人兴趣爱好怎么写？

简历中的自我评价怎么写？

角度6 招聘类的产品一般都有用户信息，姓名也是真实的。所以，你去@一下用户的姓名，让用户有近景贴身的感觉，也是一个角度，比如：

@姓名，您没有工作经历，如何写好简历？

就用类似这样的角度去思考，然后去试错这些‘角度’，才会试出最好的文案效果。”

听了这些话，我竟恍若在仙境，觉得山木好像是神人下世来指点我一样。

“试错之后，你会得到对用户的认知，然后将认知放在你的认知经验库里，供以后需要的时候拿出来复用。这才是真正的业务经验。”

山木抿口咖啡：

“事实上，运营人做文案犯的最大错误就是永远纠结于一字一词，前后顺序，这其实是次要的，切用户痛点才是主要的。当然了，上述的几个角度会让你的文案效果有10%左右的差距。为了精益求精，还可以再继续试错一些字词的力度，会有1%~3%的效果，比如：

1. 用一些引导点击语：>>>、详情>>、配图>>、多图慎入>>……
2. 用一些语气词：啊、呀、~、么么哒~……
3. 用一些其他字词元素，比如免费、数字、绝招、秘籍、诀窍……”

我对山木小姐刮目相看，原来我还给翡翠等同事讲我的文案技巧，没想到我讲的那些技巧不过是**1%~3%**的效果区间。

第2篇

运营核心知识点

9

方法：解读运营四步法

做运营，经我多年观察和实践，拿到一个运营项目，首先就是定目标和运营方案。我们会在会议室里讨论上十天半月，自认为已经推导的很科学了，然后交付领导通过，结果实际情况是方案毫无用处，完成的目标也和当初推导的目标大有出入。

类似这样的事情我经历了很多次，尤其是在成熟型公司内的创业团队里，因为惯性的管理思维，似乎定目标是最重要的事情，而不太在意这是新项目还是老项目。成长期产品和成熟期产品基本是靠上一季度或上一年度完成的量级对比推演出来的。全新的项目，先定KPI这件事，引发了我的大量思考：

1. 全新的运营项目，真的需要定一个目标吗？
2. 当我们项目还没启动，对用户还没有认知的时候，目标是怎么推演出来的？
3. 过早的定目标，是不是容易让运营走“歪门邪路”，对产品本身质量和用户质量是否是一个误导？
4. 什么时候定目标才合理呢？

经历了一阵思想阵痛之后，我恍然大悟：在每个父母的眼里，都渴望自己的孩子长成参天大树。产品是老板的孩子，老板投入资源是渴望回报的，所以，经常发生拍脑袋定目标的事情就不足为奇了。

但是，你还不知道孩子将来能培养成什么样子，这只是一个美好的期望而已。

后来，我有幸接触了一个App促活跃的子项目：App push，全新的运营项目，而老板也没有制定目标，经过半年的时间，我终于将此项目固化在了一个比较合理的量级上，从此项目迈入高效运行状态中。

然后，我将这个方法应用在了短信、邮件等信息项目的运营上，收效很不错，所以我总结了一下，供大家参考。

先用一张图概括我的运营方法。

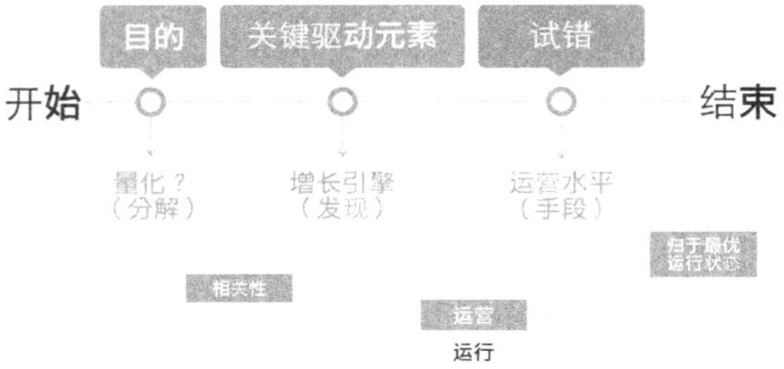

描述一下：

一、所有的运营项目都会有起点、有终点，最终回归于高效运行状态。

二、我把从项目开始到项目结束这段旅程称之为“运营”，这个过程的工作以分析、试错和优化为主。项目结束之后的这个阶段我称之为“高效运行”，主要工作内容是执行运营策略。所以，运营是项目制的，有起点、有终点，关键词是调优变量。而运行是没有终点的，除非项目失败不做了。

三、在运营一个项目的过程中，我一般要经历四个步骤：明确目的、寻找驱动元素、试错调优、高效运行。这四步是重点，下面分别拿案例来讲一下。

9.1 第一步：明确目的

战略才是大目的

我原来做教育，上市公司，收了很多培训机构，然后各个机构业务上有冲突，比如两个机构都做K12市场。他们同时在百度竞价“高考辅导”这个词，一下子就把这些词的点击成本抬高了，这是内耗。所以，单位决定成立互联网运营中心，统一竞价：我们统一投放“高考辅导”这个词，引入的流量走我们自己的平台，然后再将销售线索分发给两个机构。这样就能降低成本，节省大量的营销费用。

但是其中一个机构不愿意这么干，因为如果这样做，相当于潜在客户走了第三方，他家的利润就没保障了。

当时的确是这样，我们新建的平台刚上线，没有影响力也没信任度。但是老板态度强硬必须整合，但还要以理服人。于是当时我的领导就让我策划一个活动，然后领导批了很多钱，下了很高的指标。我一开始没领悟，因为我觉得产品刚上线，信任度还没有，不如多试错活动页，得到一些认知更重要。为此惹得领导很不高兴。后来领导没办法就告诉我为何去做这件事，原来大老板和这个机构打了一个赌，说是在高考前夕双方在各自平台上同时上线一个活动，看看究竟是我们平台获得的销售线索多，还是他们平台获得的销售线索多。我听后恍然大悟，立马就找特殊渠道去了。因为这较量的背后是上亿的营销经费究竟花落谁家的问题，这是“大战略”，是生死攸关的事。

后来我总结了一句话：商业没有十全十美的道德。你的头三年需求是求生存求发展，大BOSS的需求是求企业的生存和发展，当我们的需求都集中在你所运营的产品和业务上时，在满足你的小目标下，一定要理解大目标。所以，日常工作你可以日拱一卒，打磨业务水平，而一旦接到非常规KPI，也不要抱怨，多考虑下产品之外的大战略，就会明白领导的用意了。

还有一个例子，是大概2013年，我们做了一个App，上线App store后正准备大展拳脚做运营，大BOSS叫停了，苦不堪言。后来才知道，因为是高科技上市公司，需要在App store里有一个我们自己的产品，这是在做品牌，体现的是科技实力，至于以后产品表现如何，无关痛痒。所以，我们忙了好久，只是在做一个供人观瞻的作品，这叫作“战略布局”。

关于战略布局，我犯错最多。在做社区运营的时候，我把业务目标人群从高端人士拉低了档次，开始针对低端人做社区。结果大BOSS认为这不符合业务发展，我还暴躁了一把，认为领导无才能。虽然保住了产品，但是后续发展中发现对公司的主流业务毫无帮助，表现上就是我的产品没有卖出去钱。相当于我工作了一年，一直在做无用功，当我明白这个道理的时候，恨不得把工资退还回去。

目的决定手段和策略

“高中那会我过得很累！”田大力忽然冒出这么一句话。

“你还累？每次考试从来都是前三甲，平时还不学习。”

“别提头三名了，每次考试，都是熬夜复习。”田大力说。

“拉倒吧，你多悠闲呀，平时就没见你复习过！依然拿好名次，你的智商真让我们羡慕。”

“真的吗？”田大力再现当年那款明亮的眼神：“说实话，我都是装的！”

“装的？”

一番深挖，田大力终于吐出了心事：“只为失恋女友不忘记我。”

原来田大力的目的是延长用户生命周期，手段是通过“漫不经心考第一”给自己打造一个神秘的范式。

“漫不经心”和“第一”之间产生了强大的反差，甚至于我，同性之间，现在还没忘记。

他过早地明白了制造反差的运营手法：第一名就已经很惹眼球了。但经常考第一只会是新闻，久而久之就会被熟视无睹。而“轻易地考第一”就变成了谈资，能加深印象，而且让人数年难忘。

从运营的角度来说，田大力的手段十分成功，他的女友至今还没忘记他。

如果田大力的目的是拉新，那么就不需要“漫不经心”了。白天有那么多时间，好好复习就好了。

所以，运营，搞清你所拿到的运营项目的目的很重要。这决定了你的运营策略和手段。

举个例子，传统企业走互联网化的道路一般分为两种类型：

◎ **第一种**，将线下直接搬到线上或用归零心态做一个全新的互联网产品；

◎ **第二种**，把互联网只当作一个宣传推广的新渠道，为传统营收锦上添花。

第一种是产品运营，需要有互联网思维，比如免费原则。而第二种是渠道运营，业务目标十分明确，营销的比重更大。

渠道运营和产品运营是两种不同的运营手法，即目的不同，从而导致运营手法不同。

产品生命周期不同，目的也不同

互联网产品和传统产品的不同之处在于互联网产品的生命周期是可换算的，而且业界共识是：互联网产品生命周期很短暂。所以，运营人有一个关键任务就是给产品续命，延长产品生命周期，尤其是在产品走入衰退期的时候。

运营在产品刚出生到走向天堂的这段时间，产品的阶段不同，运营的目的也不同，但都可以用一个“营”字囊括：初创期营收初始用户，成长期营收人心，成熟期营收利益。衰退期降低成本（降低成本也是一种营收）。

1. 初创期，营收初始用户

初创期，运营的目标是不断试错产品和运营手法，以定量和定性数据为依托，验证需求和解决方案是否相匹配。

比如，引入初始用户的时候不能盲目地去引人，需要和你的业务价值做参考。比如，知乎的业务价值定位在高精尖的答案上，所以就不会像贴吧那样敞开怀抱让用户注册。而贴吧走的是曝光模式，所以一开始引入用户的时候就不会看重用户质量。

2. 成长期，营收人心

成长期，运营的目标是验证产品和市场是否相匹配，如果匹配，则探索并监控符合自己的新用户增长渠道，不断修正运营手法，优化内容和产品。与核心用户，俗称发烧友或死忠粉，建立一种强关系，让用户能为你说话。

这时候，“以用户为中心”是最好的营心手段。

A. 试错产品到底符不符合市场需求。不符合市场需求的产品注定没有竞争力。这就是互联网创业的瓶颈。90%的互联网产品初创期就直奔天堂，这一关很难过。

B. 试错产品的市场到底有多大，因为盘子越大到后期营收利润越多，这是常识。

3. 成熟期，营收利益

成熟期，运营就是不断转化业务价值，比如提高活跃用户数，减少流失，延缓衰退期的到来，并探索用户变现模式或挖掘新需求，探索新产品。

营收利益是所有互联网产品都必须面对的一个重要问题，这关系到产品是否可持续发展。这个时候，产品一般已坐拥海量用户，如何变现，成为运营人的工作重心。我曾在一家互联网公司做变现项目，探索8个月依然没有试出变现产品，可见变现是一件很难的事，而且变现的过程做不好，还极易触发用户的负面情绪。产品之所以走向衰退，多数是因为没有完美的变现方案导致的。

4. 衰退期：降低成本也是一种营收

衰退期，运营的任务就是不断减少流失用户，延长用户生命周期。

衰退期的产品，有的不会死亡，只会沦为运行状态。多数衰退期的产品是可以自给自足的，比如降低人力成本，聚焦关键业务等，只是发展势头变缓，或已被全新的产品模式边缘化。这时候的互联网公司，会做组织结构创新，**80%**人守正，**20%**创新新产品、新模式。比如门户站，这些年一直喊着门户站已不再是主流，但三大门户依然生存着。

目的唯一性

谈恋爱，不能看着锅里的，想着碗里的。看中谁就一门心思去追。

用终极目的来评判成败

很多女孩谈恋爱，因为年轻，往往第一次谈只看眼缘。优秀一点的姑娘可能更注重相处一段时间的感觉，心里是不是舒坦。而仅有少部分智慧高超的姑娘，才会看到和他在一起，未来是不是幸福。所以，当你用眼缘、感觉来判断要不要和他在一起时，往往不靠谱，因为白头偕老才是终极目的。

9.2 第二步：寻找驱动元素

一天，我忽然想起了大学宿舍的事：我的下铺是个帅哥，每天将自己打扮得“花枝招展”的，所以他经常换女朋友。而我的隔壁铺，很不服气，力争与帅哥一较高下，但他长相略显粗鲁，于是一番思考后，开始动用文艺的力量，主攻文学这条线，频频写文章在校报发表，主攻名气，最后也俘获了众多美女的芳心。

我忽然开窍，同一个宿舍，同一个梦想，就是因为他们动用了不同的运营策略（运营策略就是“怎么做”才能持续最大化业务价值）而殊途同归：我隔壁铺的舍友没有去整容，而是发挥自身可控优势，降低了完成目的的成本。这点也给了我很大的信心。

这就是走了不同的运营之路，都找到了自己目的并达成的“驱动元素”。

驱动元素是一些隐藏的变量，我们需要动用常识、业务经验、分析等能力把其找出来并加以测试调优。

比如投放广告，要想提高广告的销售转化率，很多人都在关注文案的写作技巧，这的确是一个驱动元素。此外，所投放渠道的用户与你目标用户的匹配程度也是一个驱动元素。注册流程、购物车流程、支付流程会不会影响最终转化？Landing Page（推广着陆页）的说服力是不是更能影响转化……这些都是驱动元素，但是你很有可能力有不逮，或资源不够，所以，找到那个关键驱动元素至关重要。这决定了你在有限的时间成本下能达到的最大营收。

找到关键驱动元素

关键驱动元素就是改变它能让你的目标有很大进步的那个驱动因子，这是你达到目的的最快的增长引擎。

我在做短信运营的时候，目标是沉默用户拉回，参与活动，延长其生命周期，我最终确定了两大关键驱动元素：文案点击率和活动页面转化率。

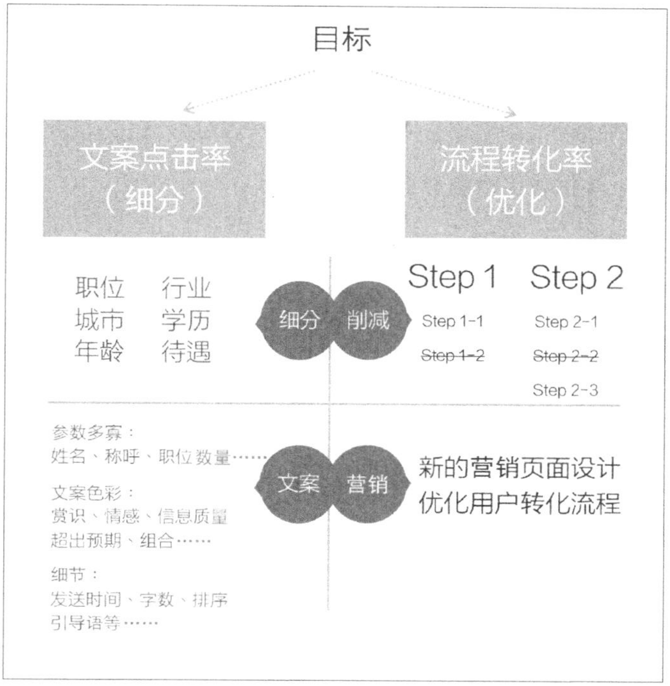

发现关键驱动元素，要靠分析力。分析数据是找出影响目标的关键驱动元素的好方法，并且是呈堂证供，能有效驱动相关业务部门的人行动。

为什么要做数据分析？

1. 发现问题：问题就是驱动元素，要不断地监控产品表现，分析数据，找出影响业务目标的问题，并排除它。

2. 降低成本：约翰·沃纳梅克说：我的广告费有一半被浪费掉了，可我不知道是哪一半。分析可以有效降低成本。

3. 决策依据：在企业，一般情况下，大BOSS都需要靠数据来做投资决策、营销决策和战略决策。

4. 沟通证供：分析可以提供呈堂证供，有效决策运营方案。运营要去监控优化各个部门的业务表现，然后提供有效的证据来说服相关业务部门。

一句话：分析能监控效果、发现问题、获得见解、控制成本、完成业务价值最大化的目标。

分析是为业务服务的，因而需要了解产品的业务逻辑和本身的架构体系。运营人最懂业务，也最懂用户，所以更能得出真正的结论。

那么，当你接触到一个新的业务时，该如何通过数据分析找到关键驱动元素呢？

下面是我刚接手校招项目时的分析案例。

校招业务旺季来了，领导说：韩利，这个业务的运营你来做，目标是应届生简历投递量，尽快出一份网站运营优化方案。

我欣然应诺。我刚刚转型做校招产品，正好借机熟悉一下校招业务。我的分析流程是这样的。

一、确定KPI，并分解之

确定对比指标：校招产品有一个特性，一年一批用户。所以，我首先需要确定去年校招旺季时的简历投递量。然后去发现问题，从而提高今年的目标。

分解指标：

定义了KPI后，接下来就是分解它，找到关键驱动因素。

如下图，我先穷举了驱动元素，然后和同事们沟通，并动用常识性的认知把影响全局简历投递量的因素列为关键驱动元素。

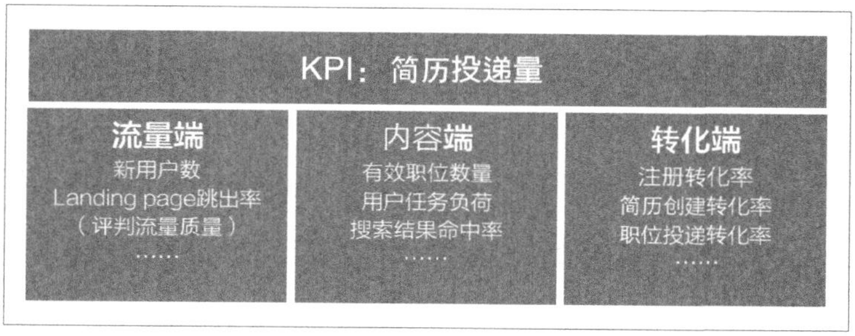

我从关键驱动元素“转化率”入手去发现问题。转化率是一改定全局的指标。

那么，转化率的关键驱动元素是什么呢？我需要从业务本身去分析，找到这些关键驱动元素。

二、理清业务逻辑，寻找分析数据源

分解了关键指标后，我决定从关键驱动因素“转化端”入手去发现问题。转化率是一改定全局的指标。因为对业务流程还不是很熟悉，所以我拿出了很多小号来体验三大流程，总结了网站的关键业务流程图。

业务流程理顺了，正当我准备从数据平台寻找分析源数据的时候，不幸地收到了一封邮件，大意是数据迁徙到了新的平台，原有平台不再提供服务。然后我登录新的平台，发现我要分析的业务项目的数据全都没有了。

我就问数据部的负责人，负责人说迁徙的数据都是根据相关业务同事日常点击排行靠前的规则迁移的，鉴于你负责的业务模块的数据已经好久都没有被查看过，所以就没有迁徙，接下来他还训斥了我一顿：这么重要的业务你以前为啥不看数据呢！

我晕，我刚接手这个业务呀，不过人家说得对，为啥没看数据呢。我说：以后我会看的，能否迁徙下？然后数据部的产品经理说：原平台的这个项目报表是按照当初改版前的业务口径跑的，目前因为新增加了Wap、App、微信端等移动端的流量渠道和平台，因此建议基于现有业务重新整理报表需求。

我一想也是，正好借此自我定义一些指标。但是凭空又多出来一项任务：业务数据报表需求整理。

领导可不管这些，催着我写业务优化方案，这时候我想到了网站数据监测工具。原来是用GA监测的（我太喜欢GA了，尤其是与Google Tag Manager工具配合使用），但是由于GA访问不稳定的原因，领导近期改用了百度统计，不是十分强大，我心想，只有自己多费点心了。

三、确定关键驱动元素一：投递流程转化率

我决定先从转化率下手分析，我最喜欢优化流程转化率了。业务流程分三块：注册流程、简历创建流程和投递流程。

我先做投递流程的数据，这个最核心，因为这个因素离业务目标最近。

打开百度，没有做转化路径配置，于是先配置上，但是领导急着要方案，等有说服力的数据产生的时候会耽误方案进度。于是我从受访页面下手，下载到本地，来个Excel笨方法梳理（这个真心累，先得把各URL分组归类），忙活了一晚上，终于做出了第一个报表：

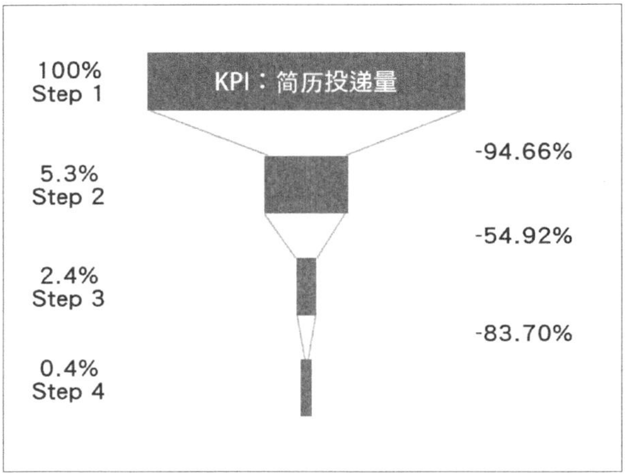

我这么一看，不禁心里一乐，因为问题一下就明晰了，好似领导故意送了一个便宜一样：漏水的地方太多了。投递流程各节点折损比例“高不可攀”。于是我赶紧将分析指导意义附在图下，鉴于业务秘密，就不放出来了。其实一看就明白，只不过是措辞问题，写的婉转点而已。像“狠、太”等描述性字眼就慎用，要不产品会生气。

四、分析问题，从竞品体验数据入手

发现了投递流程各节点流失率很大后，我尝试着去寻找解决方案。这时候体验数据方法派上用场了，我想看一看竞争对手的投递流程是什么样的？于是决定从用户任务负荷上来佐证比较，顺便把其他关键流程数据也体验了，结果如下：

完成任务用时	注册	创建简历	投递成功
竞品1	5秒	38秒	5秒
竞品2	11秒	20秒	6秒
竞品3	21秒	51秒	4秒
我们	25秒	34秒	44秒

用户任务负荷 点击+输入	注册	创建简历	投递成功
竞品1	8	59	7
竞品2	17	23	8
竞品3	11	48	6
我们	23	44	21

三大流程，用户完成任务用时和动作次数明显高于竞争对手，这可不是一个好现象，也侧面印证了上文说的流失率高的原因：招聘平台本就很多，用户为了投递一份简历而费时费力，转移平台的意愿就会很高。

最终，我借助漏斗图工具和体验数据，找到了关键驱动元素，并完成了一份优化证供。

9.3 第三步：试错调优

找到关键驱动元素之后，你需要不断试错调优这些元素，使其效果最大化。

举个我自己的例子，我偶尔会写一些运营的文章，时不时会有人加我微信号讨教。由于工作太忙，没太多时间处理这些私人问题，我就开始琢磨如何让加我的人不再问我问题。注意，我的目的是减少问我问题的数量。试错了很多方法，比如，别人问我问题我保持沉默，在朋友圈里分享说我不接待来客，等等，但是总是解决得不彻底。

后来，我发现了一个可调优的关键驱动元素：一般加我好友的这些朋友，加我的时候一般很冲动，会带着一大堆问题。这时候如果我立即同意接受好友，那么问题就会铺天盖地地来。所以我要解决的关键问题就是如何卸掉这个冲动，卸掉了冲动就等于卸掉了问题。我发现了“点接受按钮的时间间隔”这个关键驱动元素。就是如果你加我，我不立即接受好友，就有可能卸掉你的冲动和问题。我不断地试错调优这个时间间隔变量，比如过2个小时再接受，过1天后再接受。不断地试，最终定在了2天后再接受。因为我发现2天后再接受的好友，基本上没人再问我问题了，这样我既结交了一个互相点赞的好友，又不需要花太多时间去聊天，我的业务价值最大化了。

这就是一个简单的试错调优的过程。

试错和优化是运营人最重要的两项技能，下面来分别讲解其中的关键点。

试错

试错追求的是一种胜算

比如我们在高考前的模拟考试就是一种试错，基于每次考试的成绩和知识薄弱点进行有针对性的重点复习，最终达到高考成绩最优的目的。

试错是目标导向的

比如谈恋爱就是结婚前的试错过程，目标是找到那个合适的命中人。谈恋爱的过程就是不断认知对方的过程，同理，互联网产品的试错也是不断打磨你对用户认知的过程。

运营就是不断试错解决方案的过程

在互联网产品上，试错技能应用得最为广泛，比如：

◎ 网页优化中的AB测试，多变量测试。

◎ 商业模式试错：有很多创业者独具慧眼，方向看得很准，但是节奏踩不对，总踩不到点上。所以出现了精益创业一说，先做最小可行产品，然后得到认知后再投入资源。比如值乎就是知乎试错的为知识付费的MVP。

◎ 价格试错：我做在线教育的时候，产品刚上线，我不知道用户对价格的承受能力怎么样，就人为划分了一个价格区间：0~10元，10~50元，50~100元，100~200元，从0~10元的价格开始试错，最终通过订单量和销售额的最大化试错出了一个价格区间，从而着重引入这个价格的课程。

◎ 文案试错：这是最常见的试错。我做微信号标题的时候，不知道哪条标题效果好，就想了一个方法，我创建了两个微信号，分别刷了1000多好友到两个号里，然后每次做图文消息的时候，我都先用预览版本分别分享到两个微信号上，半小时后看阅读数就知道哪个标题好了。当然，文案试错是个系统工程，在“山木小姐的文案绝学”一章中有详细介绍。

试错和数据分析是很好的互补

一般来说，初创企业，试错是先知先觉，数据分析是后知后觉。正常情况是我先有一个大体的认知方案，然后应用在产品上，看用户反应，通过数据来调整角度，从而确认最终方案。

试错需要工具

在多数中小型互联网公司中，是没有财力人力去做一套试错工具的，因为这个试错工具成本很高，所以你需要自己想办法去做简易的试错工具。

我运营的苦日子做惯了，后来为了提高业绩，就自己琢磨出来一个试错工具——优化源表。这个表对我来说就是从运行迈入运营的最好的工具。优化源表的内容可参看本书第5章“如何解决业务的当务之急”，在下文中也会举App push的例子。

当然，在文案优化上，我做App push的时候，技术同事专门做了一个文案试错工具，很好用。我用这套工具，可以随时根据效果调优文案，为文案附权重，把最佳文案push出去。

试错案例1

我们在推广“如何打破失败简历的魔咒”的课程专题的时候，发现成单率在5%左右，领导说必须要达到10%才能通发目标用户。我开始准备测试活动相关的东西。

目标：成单率达到10%。

穷举页面驱动元素：

◎ 活动主标

◎ 页面行动按钮

◎ 说服元素

◎ 价格

◎ 页头页尾

测试元素：

◎ 活动主标题：“决战网申”PK“如何打破失败简历的魔咒”。

◎ 页面行动按钮：当前页面第二屏PK新页面第一屏。

◎ 说服元素："学生评价"PK"知名企业HR推荐"。

◎ 价格："3.99元"PK"19.99元"。

◎ 页头页尾：有页头页尾PK无页头页尾。

试错工具：GA多变量测试工具。

最终，我们通过5天的测试，把最优元素组合，成功达到了10%的转化率。

试错案例2

我们再来看一个试错用户对内容偏好程度的系统性案例。

案例背景：App刚上线的时候，我们除了通过一些统计工具被动接收用户反馈外，无法直接触达用户，比如我们有重大活动的通知、拉回沉默用户、调研，等等。所以我们做了一个push通知产品。我们暂时称之为求职小助手，隔三差五地去推送一些信息。因为我的文案水平经过长期的锤炼，已经有了一定的经验。我就想，单靠文案可能无法再拔高push的点击率了，是不是还有其他拔高业绩的缺口没有找到，思来想去，忽然想到，如果我知道用户对push内容的喜好程度，然后去推送相关内容，是不是就能再提高一筹点击率。好，我的需求出来了，我渴望得到用户对内容的偏好程度。我如何去知道呢？

我需要做一个试错策略。我是做校招业务的，大家都知道，校招是有规律的，一年一茬应届生。如果我今年通过试错能得出用户在不同的时间段里，比如不同的月份对不同内容的偏好程度，那么第二年我就可以复用这个业务认知了。

那么，如何去合理地试错用户对内容的喜好程度呢？试错最怕不合理，所以试错策略很重要。

我的试错策略如下，请看这张表。

日期	星期	第N周	下发人数	接收人数	打开人数	push类型	业务类型	内容类型	时间点	客户端类型	用户类型	标题	PUSH文案	数据质量	运营备注
2015/1/1	星期四	2015-01	59122	27936	1548	求职小助手	业务试错	内容类型（4）	20:00	Android	沉默用户	品牌名称	文案标题（2级）	正常	
2015/1/2	星期五	2015-01	57873	24638	3182	求职小助手	业务试错	内容类型（5）	20:00	Android	沉默用户	品牌名称	文案标题（2级）	正常	
2015/1/3	星期六	2015-01	58951	27503	1948	求职小助手	业务试错	内容类型（6）	20:00	Android	沉默用户	品牌名称	文案标题（2级）	正常	
2015/1/4	星期日	2015-01	57006	23792	1858	求职小助手	业务试错	内容类型（7）	20:00	Android	沉默用户	品牌名称	文案标题（2级）	正常	
2015/1/5	星期一	2015-02	69278	27874	1628	求职小助手	业务试错	内容类型（1）	20:00	Android	沉默用户	品牌名称	文案标题（2级）	正常	
2015/1/6	星期二	2015-02	56632	24054	6072	求职小助手	业务试错	内容类型（2）	20:00	Android	沉默用户	品牌名称	文案标题（2级）	正常	
2015/1/7	星期三	2015-02	69442	27478	4622	求职小助手	业务试错	内容类型（3）	20:00	Android	沉默用户	品牌名称	文案标题（2级）	正常	
2015/1/8	星期四	2015-02	67005	23805	6840	求职小助手	业务试错	内容类型（4）	20:00	Android	沉默用户	品牌名称	文案标题（2级）	正常	
2015/1/9	星期五	2015-02	69451	25775	2890	求职小助手	业务试错	内容类型（5）	20:00	Android	沉默用户	品牌名称	文案标题（2级）	正常	
2015/1/10	星期六	2015-02	66878	24580	30000	求职小助手	业务试错	内容类型（6）	20:00	Android	沉默用户	品牌名称	文案标题（2级）	正常	统计出错
2015/1/11	星期日	2015-02	67209	23214	7684	求职小助手	业务试错	内容类型（7）	20:00	Android	沉默用户	品牌名称	文案标题（2级）	正常	
2015/1/12	星期一	2015-03	69480	24392	1708	求职小助手	业务试错	内容类型（1）	20:00	Android	沉默用户	品牌名称	文案标题（2级）	正常	
2015/1/13	星期二	2015-03	61840	19765	1848	求职小助手	业务试错	内容类型（2）	20:00	Android	沉默用户	品牌名称	文案标题（2级）	正常	
2015/1/14	星期三	2015-03	69472	26841	1464	求职小助手	业务试错	内容类型（3）	20:00	Android	沉默用户	品牌名称	文案标题（2级）	正常	
2015/1/15	星期四	2015-03	67472	22415	1590	求职小助手	业务试错	内容类型（4）	20:00	Android	沉默用户	品牌名称	文案标题（2级）	正常	
2015/1/16	星期五	2015-03	69911	27496	1642	求职小助手	业务试错	内容类型（5）	20:00	Android	沉默用户	品牌名称	文案标题（2级）	正常	
2015/1/17	星期六	2015-03	68764	23887	3262	求职小助手	业务试错	内容类型（6）	20:00	Android	沉默用户	品牌名称	文案标题（2级）	正常	
2015/1/18	星期日	2015-03	70297	27918	2298	求职小助手	业务试错	内容类型（7）	20:00	Android	沉默用户	品牌名称	文案标题（2级）	正常	
2015/1/19	星期一	2015-04	68192	23863	2168	求职小助手	业务试错	内容类型（1）	20:00	Android	沉默用户	品牌名称	文案标题（2级）	正常	
2015/1/20	星期二	2015-04	70454	28863	2104	求职小助手	业务试错	内容类型（2）	20:00	Android	沉默用户	品牌名称	文案标题（2级）	正常	
2015/1/21	星期三	2015-04	68123	24950	1952	求职小助手	业务试错	内容类型（3）	20:00	Android	沉默用户	品牌名称	文案标题（2级）	正常	
2015/1/22	星期四	2015-04	70862	26868	2456	求职小助手	业务试错	内容类型（4）	20:00	Android	沉默用户	品牌名称	文案标题（2级）	正常	
2015/1/23	星期五	2015-04	70802	33054	2850	求职小助手	业务试错	内容类型（5）	20:00	Android	沉默用户	品牌名称	文案标题（2级）	正常	
2015/1/24	星期六	2015-04	1	1	2	求职小助手	业务试错	内容类型（6）	20:00	Android	沉默用户	品牌名称	文案标题（2级）	异常	发送失败
2015/1/25	星期日	2015-04	67937	28172	3840	求职小助手	业务试错	内容类型（7）	20:00	Android	沉默用户	品牌名称	文案标题（2级）	正常	

简单表述如下。

目标

试错用户在不同时间点对内容的偏好程度。我把目标放在了总结月度规律上了。如果你的业务也有规律可循，那么就可以放在季度、甚至于周上。

参考指标

文案点击率。如果用户对内容的喜好有规律性，那么一定会在某个时间点上有比较高的点击率。

敲定试错变量

1. 内容类型

   要提前分好类，我们试错的是内容类型，而非单篇文章。比如，门户站的频道，这是一类内容类型，如科技、娱乐、军事、新闻等。我集中选出了7类内容。比如面试攻略、网申攻略、简历攻略等，提前规划好，并合理地安排到每周，按部就班地发布。比如，我每周一发信息汇总帖，周二推简历攻略，周三推面试等。这点很重要，一定要规划好。

2. 时间点

时间点，就是每天固定时间去发，比如，我都选择晚8点来发。这个时间点我是调研得来的。我有一个微信号，好友全是应届生，因为我平时经常回答应届生的问题，所以他们对我很好，我发一个调研帖问他们什么时间push信息合适，80%的人都说晚7—9点。

3. 客户端类型

做过App 通知产品的都知道，iOS是统计不到接收数据的。为了更科学，我只拿Android客户端来测试。文案点击率看点击接收比，比看点击下发比更靠谱一些。

4. 用户类型

即找谁试错。我现在知道，给应届生们push求职相关的信息，他们大部分人是不太嫌烦的。因为求职是刚需，如果求职成功了，他们会直接关掉通知或卸载App。但是当时不知道，觉得push信息是很扰民的。所以，为了天天发信息不让用户投诉，我只选择某一类特征的用户，比如高活跃用户，即那些当天有过登录行为且有过投递行为的用户；或者沉默用户，这样能减少骚扰。因为如果沉默用户被我的push激活了，立即就变为活跃了。在我们设定的沉默期内是不会接收到我的push信息的，而且，沉默用户之所以沉默，有可能是没有需求，如果他点击了我的push，证明他是喜欢我发的内容的。正好符合我的试错目的。

5. 标题

Android的标题是可以自定义的，不像iOS，标题只能是品牌名。因为我的目的是试错，不是为了拿点击率的效果，所以我的标题不做自定义处理，直接写品牌名。这样更好控制一些。

6. push文案

这个很重要。标题党有最大的点击效果，但是这属于试错的异常数据，我一定要保证文案水平在一个力度区间，才能得出合理的业务认知。这又涉及到一个文案力度的试错策略（可参考本书第8章：山木小姐的文案绝学）。我在原来的微信和内容频道的工作经验中曾试错总结过文案力度的大小，知道哪些文案的力度高，哪些文案的力度低，因为我是亲自操盘，而且我每天都在记录数据，所以我知道每个文案的正常点击水平。本案例采取2级文案力度水平，正常情况下点击率有2个点的浮动。

当然了，如果你没有文案等级，也可以每个内容类型都精编几篇文章，然后从目标用户细分上下工夫，比如取当日登录用户，并设置过滤机制，如每个用户在试错期间内只接收一次等。这样你就可以给同一类型用户固定push这些文章了。

7. 数据质量，这个也很重要，比如有时候发送通道不稳定，没发送出去，或者统计错误，这些都要在数据清洗的时候排除出去。

这样，我就敲定了7个影响我业务认知的变量。并把异常数据排除在外，减少试错结论的不合理性。

1年后，试错结束，我开始总结规律。我透视出这样一张表来：

数据质量	正常						
打开接收比	列标签						
行标签	内容类型（1）	内容类型（2）	内容类型（3）	内容类型（4）	内容类型（5）	内容类型（6）	内容类型（7）
1月	7.01%	12.03%	9.67%	13.05%	10.26%	13.22%	15.21%
2月	11.39%	13.27%	9.21%	7.55%	15.89%	12.12%	9.37%
3月	8.62%	16.06%	11.09%	13.22%	7.46%	9.53%	10.73%
4月	13.54%	8.76%	8.66%	8.24%	12.48%	13.81%	6.78%
5月	9.65%	12.98%	10.53%	11.82%	7.16%	10.92%	8.81%
6月	10.78%	14.98%	9.55%	8.85%	8.06%	10.19%	8.76%
7月	10.32%	10.09%	11.12%	10.33%	7.86%	8.99%	15.06%
8月	14.31%	15.22%	13.76%	7.79%	6.18%	11.17%	10.50%
9月	7.64%	13.70%	11.31%	12.79%	12.52%	11.99%	12.85%
10月	8.33%	11.56%	9.66%	14.88%	9.71%	11.25%	17.45%
11月	14.44%	6.73%	12.32%	8.93%	12.65%	14.67%	10.36%
12月	11.32%	11.08%	12.89%	11.24%	13.14%	11.55%	13.51%

看出来了吗？标色部分的内容类型绝对是当月最受欢迎的内容。那么，在下一年的某个月份，我加大用户喜好内容的力度，是不是就能拔高一筹业绩呢。这就是我的内容试错策略。

当然了，我的这个试错案例是长线作战，因为我们是成熟期的产品。如果你的产品是初创期或成长期，那么你就可以选择短线试错。只要把控好两点即可：

1. 务必明确试错目标，目标必须唯一化。因为试错是为了得到业务认知，而不是为了试错而试错。
2. 试错一定要敲定影响你试错目标的因素，先把这些因素逐一敲定，力争最小化地影响试错结论。

优化

优化是运营人比较纠结的过程，特别是男人做运营，五大三粗的一个人，天天纠缠在买菜砍价上，多少有点丢份。这也是从事运营为什么女生居多的原因。细节让人纠结，下图是我做的一个App内置公众号标题的纠结过程：2个小时一直在优化怎么点击效果才能最大化，最后优化了文案、图片和描述，定了最后一条。

我们来从三大运营目标看看优化的重要性。

一、从产品运营的角度来说

拉新、转化、延长用户生命周期是运营人最重要的三个工作任务。拉新和转化做的是业务价值最大化，延长用户生命周期做的是用户满意度。而从整体来看，所有这些工作的终极目标都是为了使产品达到高效运行状态。

所谓的高效运行，就是在极低的成本下，把业绩做到最优。

理想状态下，产品的高效运行是运营目标的终结。而现实是，在我们所负责的运营项目中，基本上不存在完美的产品、完美的用户和完美的业务价值。

比如，类似知乎这样的优秀产品，用户满意度颇高，但业务难以变现，一直走在探索的小路上。还有一些产品，走向了成熟期，但业务价值并没有做到最大化！更极端一点说，业务价值最大化是老板的胃口体现，也是资本市场“欲壑难填”的表征。最大化究竟有多大，很难量化，也许只能靠大海来形容：赚海量的钱。

所以你会发现，不管产品有多么突出的表现，多么深入人心，永远存在优化的空间。

二、从运营项目来说

拉新、转化、延长用户生命周期这三大任务，分别代表了三个职能：渠道、用户和内容运营，需要专人负责管理。大型的产品，甚至在这些运营项目下又细分出很多小运营项目。

比如：

渠道、SEO优化就是拉新团队的一个小项目，在大型的电商网站会由团队来负责，而竞价排名更多的会交付外包公司来专项管理优化，将广告预算投放在提高排名、CTR和登录页的转化率上。

用户，是研究用户心性和弱点，劝导用户采取有效行为的艺术，比如购买、留下销售线索、转为活跃用户等，所以会细分出产品流程的管控和监理、文案、营销策划等分支团队来做。

内容，是延长用户生命周期的绝佳武器，会细分出活动、内容策略、用户研究等团队。

在我们的运营工作中，上述每一个运营项目其实都存在优化空间，完美的运营项目极少出现。

所以，优化变成了运营人的核心任务。

优化让运营人不受待见

正因为运营工作的核心词是优化，目的是业务的高效运行。而每一块的业务优化，都会涉及很多部门，所以运营人很不招人待见。没有人喜欢被指指点点。

运营人都会指点哪些部门？

在正常的产品运营组织架构中，拉新一般是市场和网推的职责，转化大部分要依靠产品本身，而产品性能多是技术部门职责，延长用户生命周期多靠内容团队，而运营的价值就是最大化市场和网推的拉新效果，最大化产品的转化能力，最大化内容的服务价值。

而运营的灵动性又决定了运营必须基于数据和用户行为来实时试错调优，所以经常提一些修改产品、后台功能和市场品牌物料的意见。所以，产品部门、技术部门和市场部门的同事，包括UI设计师，基本上是“谈运营色变”。

优化的主要工作内容

在我经历的工作中，优化分很多种，大体体现在三个方面。

产品优化：就是主动帮助用户清扫通往我们预期业务目标的障碍，做到路径流畅。路径优化在电商领域尤其重要，我原来做在线教育时重点优化三大路径：注册流程、下单流程、支付流程。上文说的招聘类产品流程同理：注册、创建简历、投递，等等。

“注册”其实是一款运营型产品。曾听一个产品经理说过，在网站发展这些年，大部分产品都被关了，只有他做的产品还健在。他说的产品就是“注册”产品。不要小瞧了“注册”这款产品，它相当于是公安部门给你的产品办暂住证。它的业务价值在于留下用户的基本信息，尤其是必须通过手机号、邮箱注册的产品，这是以后触达用户的绝佳渠道。所以，“注册”是一款纯运营型产品，需要不断去优化。比如，很多产品接入QQ号登录、微信号登录等关联手法，都是运营手段。减少用户注册的任务负荷，尽快到我碗里来。

运营效果优化：运营是在做改变用户行为的事，高级的运营还能改变用户的心理。用户行为有利于产品的，也有不利于产品的，比如拂袖而去、跳出。运营就需要优化Landing Page。

运营工具优化：运营工具是产品和运营之间经常吵架的一个导火索，运营工具直接关系到运营人员的工作效率问题。

优化要重结果

一段时间以来，我们的周报都是文字堆积的形式，不能重点体现业绩，于是，在一次周末，我兴之所至，优化了一下周报，力争把每个人的业绩和上周做一个对比，结果不仅得到了老板的赏识，还调动了同事的积极性。

所以，优化是结果导向的，不要把资源浪费在不需要优化的地方。

优化案例1

年底了，单位要做一个跳槽季的大型活动，市场和创意部门策划好后，需要我们运营助力推广，然后我们推广了两次。

第一次推的时候完全由市场部门总控，效果不是很理想，然后我就集中优化了一次，使得第二次推的时候所有指标都翻倍了，那么我是如何优化的呢？

一、优化阅读数

第一次发

第二次发

图片来自百度搜索

1. 我不做头条了，我做独家。大家都知道微信号1次可以发8条，但是发的条数越多越容易将流量分散，不聚焦。所以做微信生意的人都知道，微信独家发的价格是头条发的翻倍。所以，我独家发。

2. 优化标题和描述，正值年底，我应了一个春节的景，给用户一个美好的新年期待，然后将跳槽季量化成几个知名企业的名字。

3. 我重点优化了图片，因为我发现这张头图太有广告范了，我需要弱化广告的感觉。做微信头条，头图是最重要的。简单比喻一下，如果微信头条是北京城，那微信头图就是二环内，是市中心，而标题和描述早已跑到六环外了。

当时我P了第二次发的这个图片后，发到项目群里，交给各大领导们确认，然后群里面就炸开锅了。有的人说，怎么放个小孩呀？要放年轻人，符合我们产品的定位。我说小孩力量大，我要应景，因为现在只有小孩才对过年感兴趣，这也能勾起用户童年美好的回忆。还有的说，怎么放的是外国人呀，我说这不是外国人呀，这是新加坡的，新加坡和国人长得很像，而且这也暗示着我们此次跳槽季活动外企多的意思。还有的人说，我一看这张图第一印象是过年了，Get不到求职拿Offer这个点。这给我气得够呛，我就截图给他看，我说你看图片的春联上好大一个Offer呀，描述里也顺带着Offer。

后来一直确定不下来，我当机立断，越俎代庖，直接和项目负责人说：听我的，错不了。然后就发了。

类似这样的讨论有没有触动你的神经，是不是和你日常工作特别像。其实我说的那些理由都是应付之词。真实的原因其实就是捕捉用户刹那间的感觉，我需要的是一瞬间的触动，因为用户在微信列表页上一般只停留3秒，基本没有用户会去仔细甄别“快看，图片上的那个小孩眉眼多像新加坡人呀！”

最终，优化的结果：阅读数是优化前的2.26倍！

后来我专门琢磨了这次探讨，发现这就是两种不同的思考角度，市场和创意关注的永远是品牌，运营关注的多是效果。

二、优化图文转换率

如下图所示。

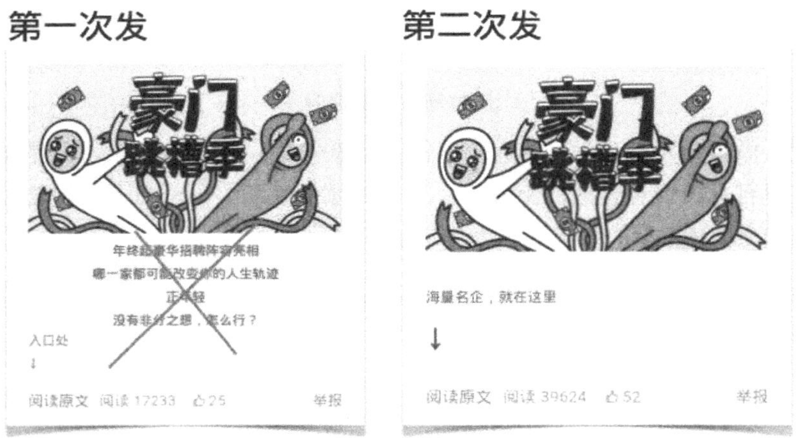

内文优化很简单，直接去掉文字描述，做个悬念。现在流行H5，当你所有的活动内容都在H5上有呈现的话，就别再图文消息里浪费唇舌了。把“阅读原文”正儿八经放在第一屏才是要紧的。否则辛辛苦苦设计的H5看的人寥寥，真浪费青春。

最终优化后的效果是：阅读原文转化率比优化前提高了14%。

优化案例2

本案例是我们团队集体策划的活动，共5人，我主要担当文案和数据统计分析工作。

案例背景

当时老板放话了，对新产品团队成员说，你们可以在现有4000万用户中随意选择20万用户当作种子用户，然后给新产品引入10万初始用户，平均单用户成本不要超过5元，撂下这句话就走了。

我们有了资源，有了成本限额。成本先不谈，20万种子用户的筛选至关重要。这就要看细分用户的能力了。我们思来想去，马上就要秋招了，2017应届生求职欲望比较强烈，于是我们精挑细选了20万2017应届生高活跃用户。

我们针对这部分用户策划了一个促分享拉新的活动。恰好，今年应届生秋招提前，有不少500强客户提前进入校招。所以我们的活动噱头就从这些大客户入手。主题就是部分名企提前校招，邀请同学加入能拿红包，不设上限。

接下来，我们按这个主题策划了一个可传播的活动。我们是怎么做的呢？我梳理了一下流程，来看这张Excel表。

活动优化案例

	活动页面流程	渠道 →	促分享页（说动） →	分享流程 →	转注册页（说服） →	注册流程	终极目标（注册）
	活动策划1稿	200000	应届生秋招开始啦 邀请好友报名，让拿伯乐奖 近期校招的名企 名企1 名企2 名企3 …		应届生秋招开始啦 第一时间报名，[illegible]Offer 近期校招的名企 名企1 名企2 名企3 …		100000
1	监控关键目标	目标用户量	渠道引入用户量	成功分享量	分享引入用户量		成功注册量
	第一回合测试	3000	966	197	1045		208
	测试结果	32.20%	20.39%	5.30	19.90%		
	计算是否达到目标	197000	63434	12936	68622		13659
	通过目标反推（可假设）		?		?		
	假设节点转化		50%		50%		
	计算是否达到目标	197000	63434	31717	168245		84123
	关键优化元素		页面说动力		页面说服架构 文案、页面设计、布局、可信度		

续表

2	优化后活动2稿		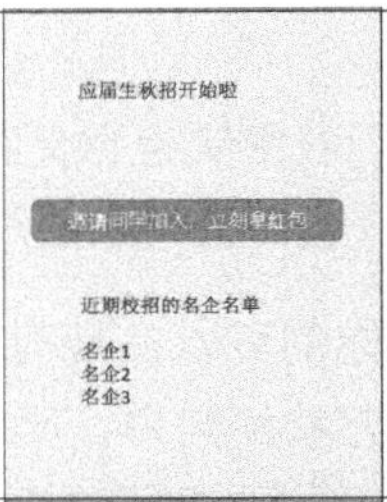		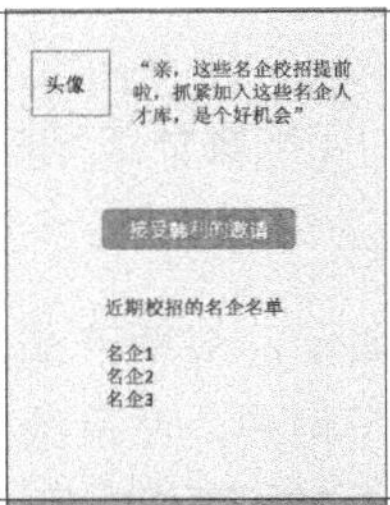		
	第二回合测试		23%	-	30%		-
3	优化后活动3稿		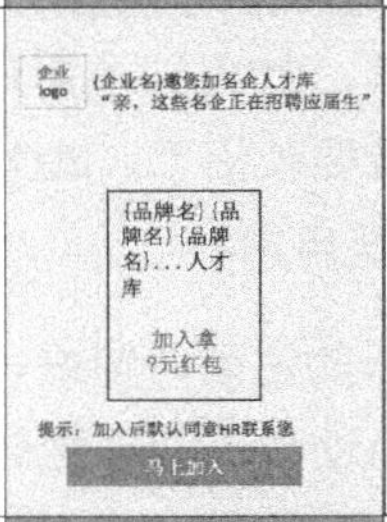		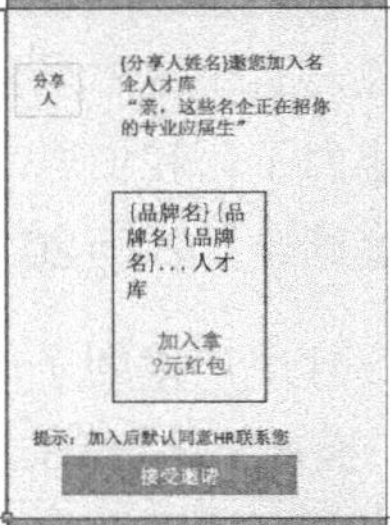		
	第三回合测试	-	38%	-	46%		-
4	全量推广	191000	61502	23371	123972		57027
5	最终引入注册量						98009

这张表就是全程的优化页面和效果的数据，这里只挑一些关键点去讲。

1. 活 动规划

   比如渠道策略，从哪个渠道拉新，哪部分用户用来做测试，哪部分正式大规模推广等。因为微信平台的特殊性，短信、App push、页面广告或拦截、EDM等渠道都不太方便用户，我们也想通过我们自己的微信大号来做，但我们微信号的粉丝什么身份都有，不仅仅是应届生。最后，根据经验，择优选择了某一渠道来做。

   还有，策划初稿的时候，活动流程及关键节点数据一定要提前规划埋点，监控好。这里需要说明一下，既然是活动规划，就一定要考虑周全，否则上线后技术人员很有可能看不到日志数据，比如渠道转化率、通过渠道带来的分享数、注册成功数等，这你就算白忙和了。

2. 上线活动，一定要提前测试，不要活动一上线就全量去推广。要不断优化关键页面或关键流程节点，把页面和流程的转化都优化到一定程度后，觉得再优化不上去了，或者通过节点转化数据去反推，根据得到的转化率我们知道能完成目标了，再去全量推广。

3. 固定一些次要变量，优化关键节点

因为这个案例主要讲页面的转化率，所以我把渠道的转化、分享与邀请的比例关系在第一次测试的时候就固定了。比如本次活动渠道转化达到了32%左右，分享与邀请的比例为1∶5，即1个分享能带来5个注册用户。

还有一些转化数据我们不太可控，比如注册流程的转化，注册流程是标准化的功能模块，优化改动比较大，所以这块的优化略去，不做重点关注。

固定一些次要变量后，我们把优化的目标放在了两个关键页面上，一个页面就是引入种子用户的页面，叫促分享页。另一个页面是当用户分享给好友或朋友圈的时候，好友点击进入的页面，叫转注册页。这两个页面，我们不断测试，总共测试了三版，直到将分享率和注册成功率优化至最佳水平，才去大规模推广。

这个环节最关键、也最纠结。我们折腾了足足一个月的时间。最终结果是，通过这三个回合的优化，我们成功获得了10万用户。1个月的时间，优化了3版活动，我们认为是值得的。因为这样的活动流程和模式被我们验证为是可行的，可长期做的，扩展性特别强。比如我们可以做活动后台，专门针对不同用户群去复制我们的活动模式。所以，前期的慢是为了后期的快。有了后台工具，我们就可以一周做一个类似的活动了。这就是优化的价值。优化是修炼内功，目的是增强核心运营能力。

下面讲页面的优化思路，我们是如何思考的，其实总结出来，只有3个关键点：

1. 文案。比如第一版的促分享页，我们把伯乐奖变成了红包，然后仅分享转化就提高了3个点。转注册页更加明显，我们在按钮上加入了邀请的元素，不再自话自说‘第一时间报名，快速拿Offer’，而是用分享人的邀请来做文章。这就好比是你的同事对你说，我们今晚去吃大餐吧，你可能还犹豫一下，因为你不确定是他请，是AA制，还是他吃完饭之后忽然说一句，我忘带钱包了。而如果你的同事说，走，我请你去吃大餐。这要是请我，我肯定去呀！所以我们转换了一个思路，转注册页的转化率提升了10个点。

2. 页面布局。第一版和第二版的时候，我们忽略了这个元素，把名企做成了列表。后来发现，用户可能觉得这个列表是可点击的，造成了误导，当用户发现不能点击后，会有点情绪，分享动力和注册动力就不足。所以第三版的时候，我们从视觉设计上排除了这个干扰。

3. 关键点在第三版，我们转变了一个思路。第一版和第二版的时候，用户只有在邀请的好友注册成功后才能拿红包。第三版时我们让种子用户转发就能拿红包，用户会觉得这个活动的可信度很高，所以分享率也提高了。也许他不仅只是分享到朋友圈，很可能还会去各个群里也分享一下。所以，我们在用户点击马上加入按钮的时候，弹出浮层，提醒用户分享后就能拿红包，引入同学加入还能拿红包。

沿着这个思路，我们成功完成了目标，并获得了一个活动模式。在优化的过程中，聚焦数据，把每次活动的数据都记录下来，实时监控换算，让每一次试错都有数据展示。大家可以看刚才分享的那张图里，我把关键数据都列出来了。

最后，我们全量推的时候，引入的注册用户是57000多。为何最终引入注册量会达到近10万，并且这个最终引入注册用户只是推广当天的数据，第二天还在增长。这是因为引入的注册用户成为了种子用户，他们也开始去滚雪球转发了。

9.4 第四步：高效运行

最终，我们明确了项目目的，找到了关键驱动元素，并通过不断试错调优了每个关键驱动元素的表现，然后进入“高效运行状态”。

高效运行状态做的是运营策略，运营策略就是做关键驱动元素的组合。

举个例子，我们想让李白能生产更多的诗歌。怎么办呢？首先，要找到能刺激李白作诗的那些驱动元素，有一首诗“李白斗酒诗百篇”，就是说喝酒的时候李白能写一百篇诗歌。所以，酒当之无愧是一个驱动元素。熟读李白诗文的人还知道，李白暗恋杨贵妃，并给贵妃写了首诗“云想衣裳花想容”，如果李白能天天看到贵妃娘娘，那么他一天能写一千篇。所以贵妃也是李白写诗的一个驱动元素。

这时候，如果领导下了个目标：让李白日产一百篇诗歌，那么我们只需要买一箱酒就够了。如果领导目标定在了一千篇，那就需要你把酒和贵妃娘娘同时放在李白身边，让李白边喝酒边赏贵妃边写诗，那李白直接写一万篇也不一定。这就是组合策略。

再举个例子。

我在做微信服务号的时候，误打误撞，当时一条“百家名企开始2015春季校园招聘了”的百字文章足足给m站带来了100万PV，领导说很厉害。

后来，我就继续在文案上下工夫，打算第二周的时候再上一个新台阶，因为我觉得阅读数还能有所提高。第二周的时候内容还是差不多，但是标题文案我改成了“三月份是最容易拿到名企Offer的”，这个文案果然发挥了威力，阅读数提高了10000多。后来我就琢磨了一下，之所以提高了阅读数，是因为这篇文案的标题是以用户为中心的：应届生只渴望拿到Offer，我给了他们一个拿Offer最好的月份，谁会拒绝名企高薪Offer呢。

后来第三周我又试了一条文案，必看：揭秘春招拿Offer的独家窍门，主打神秘牌，结果大跌眼镜，阅读数足足比上两篇少了一半，如下表所示。

日期	标题	阅读数	原文点击数	点击率	屏次
2015/3/8	百家名企开始2015春节校招啦	61939	31160	50.31%	2
2015/3/15	3月份是最容易拿到名企Offer的	73729	32644	44.28%	1
2015/3/22	必看，揭秘春招拿Offer的秘笈	33230	13961	42.01%	1

如果用组合策略，简单解读一下我的做法：

日期	标题	阅读数	原文点击数	点击率	屏次
2015/3/8	百家名企开始2015春节校招啦	61939	31160	50.31%	2
2015/3/15	3月份是最容易拿到名企Offer的	73729	32644	44.28%	1
2015/3/22	必看，揭秘春招拿Offer的秘笈	33230	13961	42.01%	1

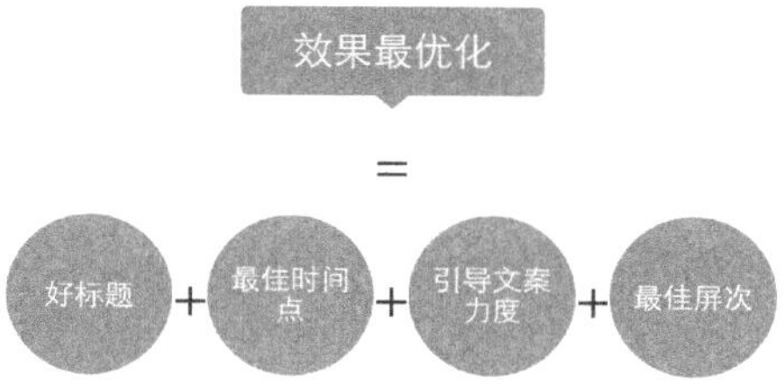

关于引导文案力度可参看文案一章——遵循滑梯效应

我在第一时间，用第二条文案，然后内容屏数控制在1屏，即把阅读原文显示在手机头屏上，那么有可能我只发一篇文章，说不准就能拿到300万PV。

所以，运营策略就是知道在什么时间点，用什么文案，发什么内容，就能拔高一个业务价值。

这个案例中大家可能对原文点击率有疑惑，为什么第二条的标题阅读那么好，而效果（即原文点击率）却没有第一个好呢。因为3月8日前后是大学生刚从寒假回到学校，拿Offer的心思肯定是高亢的。你想呀，寒假在家，高中同学都拿了Offer，而你工作还没着落，再加上父母亲戚的鼓动，你会不会开学后暗下决心呢。所以第一条的日期是最给力的。第二次发的时候，大家可能已经熟悉了我的意图，所以弱化了说服力。

9.5 实战：App push运营案例

我们拿App push举个例子，完整的走一下我的运营方法。

这是一个校园招聘项目的例子。首先我们明确一个前置条件：App push是App产品促活的一个关键驱动元素，在其他元素不变的情况下，单位push的点击量越高，DAU就越高，点击量和DAU是正相关的。

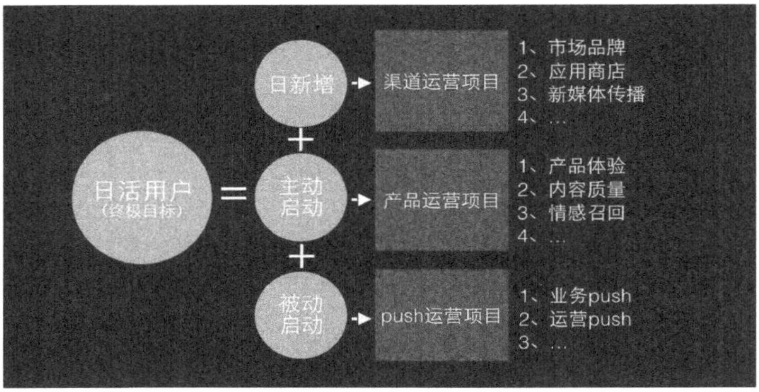

每个关键驱动元素也都会有一个调优目标。所以，我的运营方法同样适用于去分解关键驱动元素的关键驱动元素，比较绕口，我们直接上图。

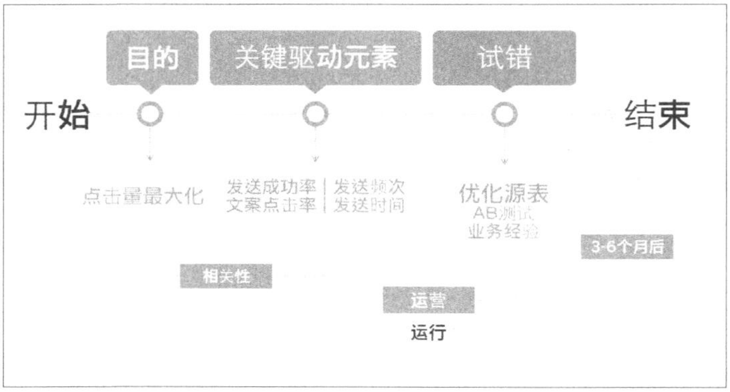

1. 目标。此项目是一个全新的项目，不知道能做到什么程度，所以我接手这个运营项目的时候将运营目标定义为点击量最大化。当时领导没有给我定目标，只说做着看。当然了，有的人会说，如果点击量最大化，天天使用标题党就好了，能想到这点，很厉害了。我下面会说这个问题，因为这很严重。

2. 关键驱动元素。点击量最大化的关键驱动元素有：①发送成功率，当你细分精准的情况下，发送量大，点击量必然会高，正相关。②文案点击率，这是很多人关注的点，文案的好坏对点击量具有全局性影响，这个驱动元素也是我们运营人可控的元素。③发送频次，在无节操的情况下，你一天发10次骚扰用户肯定比一天发送1次点击量高，但是你不能对用户形成骚扰，因为有卸载在后面监控着你。④发送时间点，这点也很重要，也许上午发比下午发效果好，也许中午发比晚上发效果好。

3. 试错工具。试错工具有很多，AB测试是主流，但是成本较高，一些小公司是没有这方面预算的。所以你会发现，很多互联网公司会花大价钱去聘请行业领域的达人，因为业务经验其实也在充当试错工具，你有了业务经验，掌控了用户的规律和行业的特性，很多运营决策其实就不需要试了。所以业务经验很重要，尤其对运营来说，一切运营方法都好学，业务经验，才是你鹤立鸡群的核心竞争力。那么，如何总结业务经验，“优化源表”能够帮到你。“优化源表”这个词在百度上查不到，因为这是我原创的一个词。一会来看看它长什么样。

在上述4个关键驱动元素中，依然需要有一个工作重心，这里说一句题外话：做运营，一定要懂得取舍，抓重点，不能在有限的精力下眉毛胡子一把抓。所以我把重心放在了文案点击率上，这也是我所擅长的领域，所以我们按文案点击率这个目标继续推导。

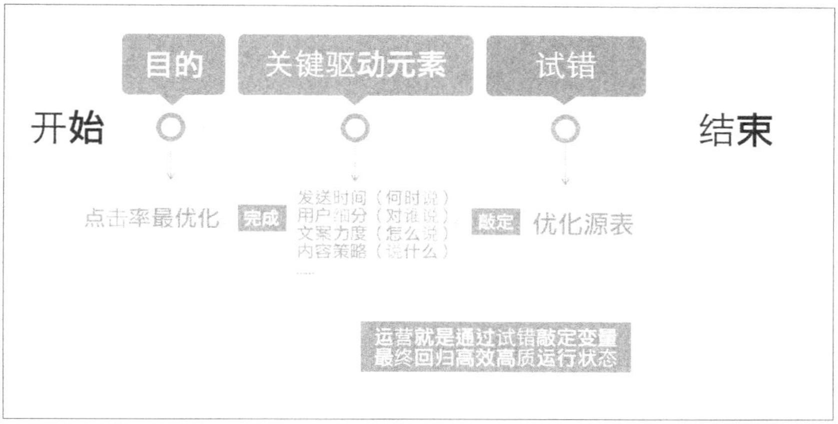

1. 目的：文案点击率效果最优化。上文说了，文案点击率最具全局性，而且运营可控。这里我变成了最优化而不是最大化，因为文案这点我是有经验的，最厉害的文案基本上都是标题党。我做不到最大化，因为会伤害应届生的求职情绪，所以我定义为最优化，这是合理的。在后来的工作中我也试错了一些标题党，效果的确好，但明显有用户负面反馈产生。

2. 关键驱动元素：文案点击率的关键驱动元素有用户细分精准度、发送时间、发送内容、文案力度。我们抽象出来就是12个字：对谁说？何时说？说什么？怎么说？这里你会发现，文案的点击率不仅仅和文案的写作水平相关，事实上，如果你文案水平一般，但是用户细分的精准，需求把控的牢靠，依然可以将文案点击率做大做强。

这里有一个关键驱动元素叫发送内容，如何从push的内容中提高文案点击率呢，这其实需要运用你的业务经验了。举个例子，每年的10月中旬至11月是国内银行校园招聘的最旺季，这段时间也是有志于去银行混饭的应届生们最疯狂的时期，那么这段时间你给这些应届生push银行类校招信息、求职攻略一定会提高点击率的（而且这些内容是刚需，不会形成骚扰，你还可以加大push频次。而push频次恰好是上一级目标点击量最大化的关键驱动元素）。这其实是业务规律：哪个时间点是哪类行业校招高峰的旺季，需要你去总结。

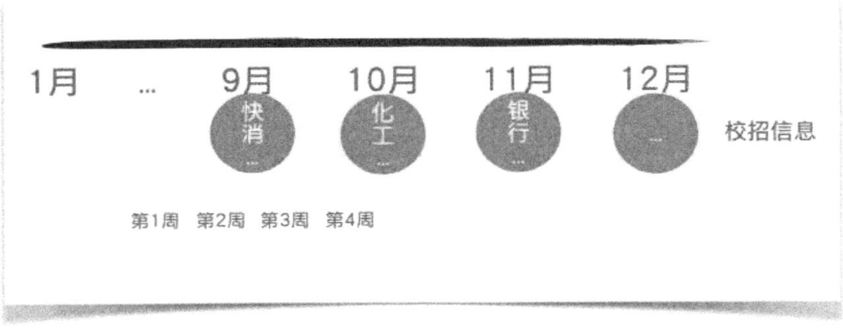

再比如，根据你的经验，你发现绝大多数应届生在9月份刚开学的时候就在开始急着准备简历、网申了，这时候你给用户push简历写作技巧、网申技巧等文章，肯定也大受欢迎，而10月份时面试技巧是绝大多数人的刚需。所以，你需要通过数据分析出这些业务规律，以及用户需求规律，具体方法可参考9.3节的试错案例2。

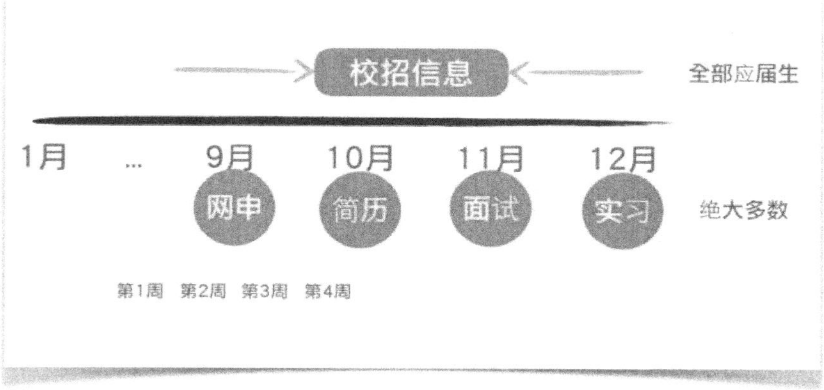

好了，我们具象化一下上述4个关键驱动元素：

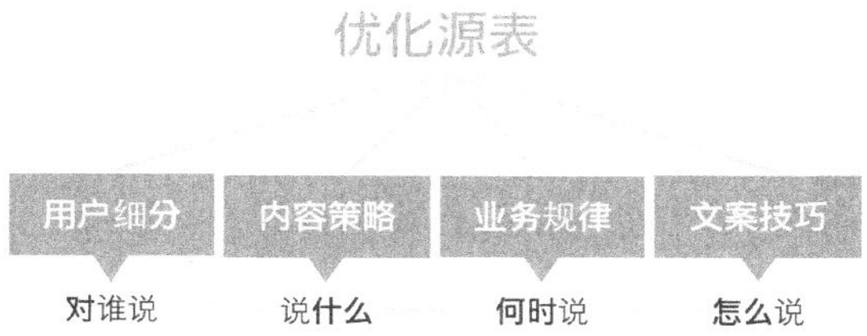

终于可以通过这四大关键驱动元素来制作一张优化源表了。因为这个项目对我来说是一个全新的项目，没有经验，所以我是花了大半个月的时间去琢磨、熟悉系统和尝试着去做后总结出来的下面这张优化源表字段：

字段分类	字段名					
字段类1：时间维度	日期	星期	第N周	月|季	时间点	上午|下午|晚
字段类2：文案技巧	文案标示	文案标题	文案描述			
字段类3：用户维度	用户身份	用户类型	客户端：A-i			
字段类4：内容维度	内容类型	push目的				
字段类5：数据指标	下发成功量	A.接收量	打开量	A.接收比	打开比	A.打开接收比
字段类6：数据清洗	数据质量					
字段类7：异常行为	运营备注					

然后，我就开始记录我的运营行为，将每天push的内容都记录下来，并将内容做分类。每天按不同维度去透视业务规律、用户喜好，总结经验。坚持了五个月之后，终于

维稳在了一个高度。当然了，这个过程很纠结。

怎么用这张表去总结经验和规律？我惯常的方法就是Excel透视功能。

比如我要试错业务规律，我在试错的过程中会有意识地去规划一个试错策略。比如我平均每周发2篇有关简历怎么写的文章，而且都选择在周一和周四发，为了更科学一些，我把标题的力度控制在同一个等级里，这也是我在文章“山木小姐的文案绝学”里为何要试错文案力度等级的原因。这样，5个月的时间，我按月的维度去透视比较究竟哪个月简历的点击率最高，就会得出一个业务规律，知道哪个月是简历需求高峰期，这就是一个经验认知，在下一年度就可以复用了。面试攻略、行业校招信息的发布也都如此来试错。

是不是感觉运营很烦琐，试错更烦琐。其实每天都给用户push信息也是一个重复性高的工作，但在这5个月中，我其实是在做运营而不是运行。

最后，当所有的驱动元素都调优后，进入高效运行状态，按下图的运营策略去做，将点击率维稳在最优水平。这个运营策略很简单，比如，我在9月份集中push两类信息：1. 选出快消行业知名度高的前10名企业。2. 网申技巧经验帖。我只集中做这两类内容，很简单的策略，就能将9月份的文案点击率保持在较好的水平上。

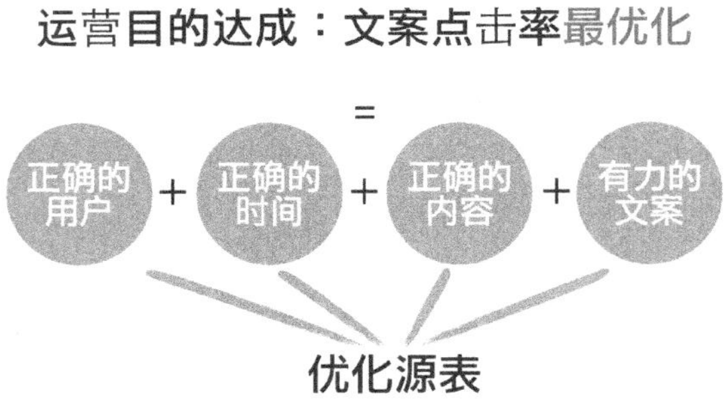

好了，项目结案：从第27周开始到第46周，这段时间我一直在做运营而非运行，真正的运行是高效的运行状态，即第46周之后我给“维稳”了。这就是运营的两个过程：试错调优过程和最优运行过程，如下图所示。

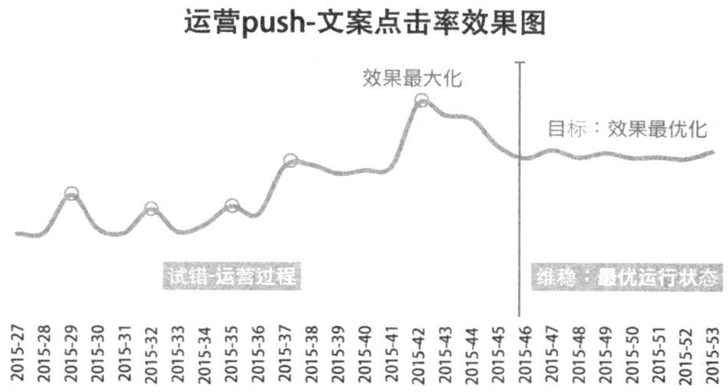

回答两个问题：

问：在这19周的时间里，究竟发生了什么运营行为，将折线图做的这么“曲折”？

答：我在试错各个关键驱动元素，从中寻找规律，提高对用户的认知。比如折线图的红色标记（凸起的波峰）那就是我试出东西来了。因为这是按周维度的数据，如果按日维度，你会发现更多驱动引擎。

问：明明在第42周的时候已经达到效果最大化了，为什么最后会维稳在第46周的状态？

答：因为第46周的时候我是在试错标题党的力度，当时我有一个想法需要验证。如果我用标题党，但我做的Landing Page的内容足够优秀，是否可以卸掉用户的负面情绪。在试错的过程中，遭到了部分用户的投诉反馈，验证失败，所以果断Pass掉了这个想法。当然，也有可能是Landing Page的内容还不够优秀的原因，有待进一步验证。

10 用户：业务价值的根源

10.1 深入浅出用户运营

公司2015年年会开了15天。行政小伙伴们别出心裁地在年会前两周策划了一个「让我们来做小天使」的主题活动。活动大意就是在公司内部随机抽取一名异性同事做你的小主人，你作为TA的小天使，在小主人不知道你是谁的情况下偷偷献殷勤。

活动头两天反应平平，行政部的小姑娘找到我，让我帮忙促活跃。我想，同事之间是强关系呀，熟人之间对暧昧最能引起谈资。我就给我的小主人做了一个网站，写了一首诗：

将你优化到我身边

我做了一个Langing Lage页面
雇了一群水军点赞
又写了一封匿名邮件
渴望把你优化到我身边

你说你喜欢的是运营总监
早已注册在他心田
我作为用户运营高手
肯定不相信你的一派胡言

总监长得那么凌乱
哪有我的昙花频现

我找到了产品经理
决定做个拦截页面
终于使出了流氓手法
心里的雾霾才算消散

产品经理出了一个解决方案
再三嘱咐一定要注重用户体验
我笑眯眯的点头哈腰
心里却在不断盘算
抢占市场的紧要关头
千万不能慢！慢！慢！

销售总监正在吃饭
闻听我的闹心事件
哈哈一笑说这还不简单
搞什么标题党
弄什么用户体验
直接送个智能手环
用硬件最能体现科技内涵

然后，很多人猜测这是谁写的，效果出来了，在同事群里炸开了锅。殷勤之风也越演越烈，同事们开始参与到活动中来，各出绝招来哄小主人高兴。

我的小主人相当感动，也惊动了活动组织者，都说创意别出心裁，年会那天揭开小天使身份的时候，我就破例被叫上台接受了主持人的小小采访，并接受了小主人的礼物回馈。

这就是一个成功运营人的共性心理转活跃的一个案例。在我们的日常生活中，尤其是熟人之间，对“猎艳”这件事无以复加的会产生兴趣：我要亲自确认这件事是不是真的。

用户运营，人人都是首席

微信朋友圈产品出来之后，我注册了一个微信号，专做文艺青年。一段时间后，好友加到200人左右，都是从小说类网站认识的，彼此并无深交。一段时间后，因为疏于管理，我发现了一个问题：我在朋友圈中分享的内容获得的赞和评论越来越少。这让我以被赞为美的虚荣心深受打击。于是我用用户运营的思路做了一个解决方案。

	A	B
1	发现问题	解决方案
2	微信朋友圈共200个联系人，我的单篇分享获得的赞数平均不到3%	1、运营指标：单篇文章分享平均点赞数在50个 2、用户细分：按190人分享的文章类型细分为3大类：武侠类（38）、言情类（120）、职场类（32）。 3、选择重点运营目标：言情类120人（我擅长写情诗，且用户基数高） 4、内容准备：漫步于北京的小路上，眼光便魂不守舍的四处流漾，总想在不经意间，有你的身影落在我目光的轻枝上。（因为目标是点赞数，所以内容准备上弱化可探讨内容，大家可以想想：如果目标定义为评论数，你会怎么准备内容。关于内容运营我会在另一篇文章中详细写） 5、运营思路： a\用一周时间，每天选10分钟，为这120个言情用户发的最新分享点赞，择优发表评论。 b\监控120个言情用户在朋友圈分享的活跃时间点 c\当上述两点做完之后，发布自己的小诗。
3	分析原因	评估效果
4	1、朋友圈中的200人我认识能说上话的10人，另外190人均是陌生用户。 2、与190人感情淡漠，平时疏于沟通感情。	1、累计为80个人的325个分享点了赞。有40个人在朋友圈沉默（流失用户）。80人中大概有60人中午分享。（作家的早晨是从中午开始的，此言不虚） 2、选了一个中午的时间发了我写的那首小诗。 3、结果：诗发出去的10分钟内获得了24个赞，5个评论，当天总计获得58个赞，其中我的目标用户中占了55个，目标达成

这就是用户运营的一个活生生的案例。虽然朋友圈没有这么功利，我测试的比较功利了，但是朋友圈不经意间让人人都是用户运营师了：

用户运营不就是“赞的交换”吗，给用户点赞，从而激发用户给你点赞！

这就是运营用户的产出。

用户运营演变史

互联网1.0时代，门户网站为了生存和盈利，无一不把流量作为重中之重。那时候上网的人不会说我是××网站的用户，统一称为网民。门户网站流量生意的本质就是将流量收集起来，然后统一分发给不同的广告主，借以生存。那时候没有大数据，也没有网站分析，据说当时有了计数器功能时（hit），着实让人眼前一亮。

后来，QQ出现了，这是一款最先有用户意识的产品（据说还有一个亚洲交友中心），用户意识体现得最明显特征就是账号注册功能的出现（本文中提到的用户默认都是产品注册用户，非注册用户统一用游客称呼）。

所以我们就拿大众耳熟能详的QQ来做个例子，让大家一睹用户运营这个岗位究竟是怎么演变出来的，案例纯属杜撰！

◎ 1对1运营：QQ产品研发成功后终于上线了，腾腾捧一杯茶静静地坐在电脑前，期待着第一个注册用户的出现。噗，第一个用户终于来了，注册ID是小芳。腾腾心思很细腻，心想QQ上只有我和小芳两个用户，如果小芳发现没有朋友可聊天是不是就会流失呢。于是主动加小芳为好友，得到许可后，开始聊天。日子一天天流逝，两人终于结为网友。

◎ 1对多运营：小芳觉得腾腾人不错，挺会哄小姑娘开心，从照片看也是个帅哥，文质彬彬的。于是就给身边的朋友推荐腾腾。一来二去，小芳推荐了10个朋友，都注册了QQ（口碑出来了）。腾腾很高兴，开始复制对小芳的服务模型，同时和11个网友聊天。但其实已经力有不逮。小芳的10个朋友也觉得腾腾人不错，又各自推荐了10个朋友注册了QQ。

◎ 粗放运营：这时候QQ注册用户已经有111个了。腾腾终于忙不过来了，就找到志东，说你别搞什么新功能了，过来做用户服务吧。志东技术出身，对聊天不感兴趣。旁边的李青听到了，眉头一皱，计上心来，说我们得组建一个服务团队了（用户运营团队的雏形）。于是招募了10个客服。按照腾腾的服务模式开始分工聊天。越来越多的QQ注册用户诞生。最初注册QQ的那部分用户也找到了各自的网友，开始淡化和QQ的客服聊天。只在有相关QQ使用问题的时候才会咨询客服。

◎ 精细化运营：腾腾从聊天阵营里下来后开始琢磨，怎样服务才能达到用户规模化成长呢。毕竟技术出身，思维敏捷。经过分析，他发现同城好友聊天最多。于是在注册表单上应用了城市字典，用户注册的时候必须选择在哪个城市。然后基于用户的位置信息，给新注册用户推荐同城朋友。腾腾很细心，知道异性相吸的道理，把性别也作为了一个筛选项。远在内蒙赤峰的我注册了QQ账号，城市填的是林东镇，性别男。在提示我注册成功的页面赫然列着一群林东镇的QQ注册用户，全是女性，让我赶紧逐一添加好友，套近乎。这体验，太好了。

故事结束了。你是否明白了用户运营是做什么事了呢？用户运营就是一个带有业务目标的策略化服务。用户注册你的产品其实是为了解决自身问题的，如果你的产品真抓住了用户痛点，没有运营也可以活得很好。但是在产品同质化日趋严重的今天，产品功能的竞争已经让位于产品体验的竞争。在这个体验中，有产品体验因素，权重大的还是服务。运营提供的服务包含个性化服务（用户运营），比如高质量内容（内容运营）和托陈出新的活动（活动运营）。

所以，用户运营就是一种服务体验，根据用户的兴趣爱好、行为信息提供个性化服务。服务内容包括基础服务（比如内容）和增值服务（比如各种福利活动），从而完成业务目标。

用户运营的认知、考虑、行动模型

用户运营，从服务目标用户角度可分为两部分：客户运营和用户运营。

1. 客户运营主攻业务线，多是销售团队的支持角色：销售签了单子，按照合同规定应该在你的产品上有所动作，这一般都是客户运营做主线，协调产品和技术，所有人都围着客户的业务目标转，客户“指手画脚”，运营人敢怒不敢言。
2. 用户运营主攻资产线，为客户运营提供用户基数，并做用户的第一次转化。因为用户的量级高，所以用户运营较客户运营要复杂一些。面对海量的用户，需要在共性中寻找个性，提供区隔化服务，需要花点心思、费点智力。

有没有一种用户运营思路，可以清晰化用户需求，减少用户第一次转化成本。

思来想去，还得从用户本身下手。运作用户，最渴望的是能让用户按照我们预先设想的产品流程走完一个visit，然后隔三差五再“return visit”。所以，我想到了用户行为（心理行为+产品行为）：如果我们把控了用户行为规律，似乎就能够少走弯路，给我们的KPI添砖加瓦了！

提到用户行为规律，很自然的就会想到大家耳熟能详的“购买者决策过程”模型：

这是一个基于早期营销组织的需求，为了制定有效的营销策略，提高成交率而诞生的刺激—反应法则，下面拿具体事例解释一下这个模型。

北漂生活累且纠结。凌晨2点，夜深人静，你难以入眠。打开手机，在百度应用上输入：睡不着觉怎么办。恰好××夜店做了这个词的竞价排名，建议你去他们那里溜达溜达。你一看地址，路途遥远，作罢。然后你点开微信，想找个朋友聊聊天，可是这么晚了，骚扰朋友似乎不妥，然后你用了“附近的人”这个功能。一看不打紧，竟然还有比你晚睡的，还是个异性。于是，你情我愿地聊了聊工作和生活。你发现你和TA十分聊得来，所以互相都有了进一步交往的意愿。相处了一段时间之后，你们决定见面。见面后，互相都觉得是那个“梦中的TA”。你们恋爱了，且闪婚。后来，你们见人就聊你们的爱情故事，并建议你的单身朋友用“附近的人”。

◎ 需求确认：北漂生活枯燥，需要一对象互相激励奋斗。

◎ 信息搜集：百度应用输入框里搜索信息寻找潜在对象。

◎ 方案评估：觉得附近的人比××夜店更靠谱。

◎ 购买决策：决定进一步交往，并成功俘获对方。

◎ 购后行为：到处为单身朋友推荐“附近的人”。

这个模型是针对传统商家的营销指导原则，我们从互联网产品用户运营思路上再简化一下这个步骤，将模型互联网化：

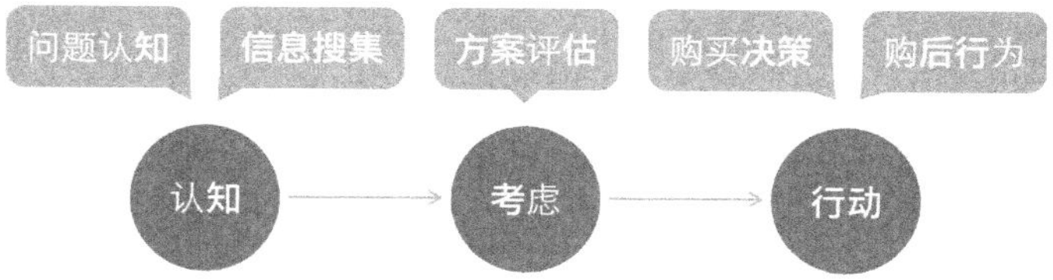

即我们在互联网用户运营上直接考虑用户的三个心理过程即可：认知、考虑、行为。用户在我们的产品上究竟处在哪个阶段，这就是用户细分的一个标准。

我们拿招聘网站举例。

用户通过我投放的关键词“应届生校园招聘”进入网站，这时候用户（游客）处在一个自身需求认知的过程：我马上大学毕业了，需要找工作。然后用户进入网站，开始浏览网站。用户通过所在学校地域、自身专业等维度搜索评估看到的校园招聘信息，发现了一个名企很适合他，于是经过综合信息决策，觉得这个招聘网站能满足自己的期望（考虑阶段），然后开始行动：注册成为会员，创建简历并投递职位。后来就隔三差五地过来看一些招聘信息，并告知身边的同学。

粗线条的先解释下这三个状态：

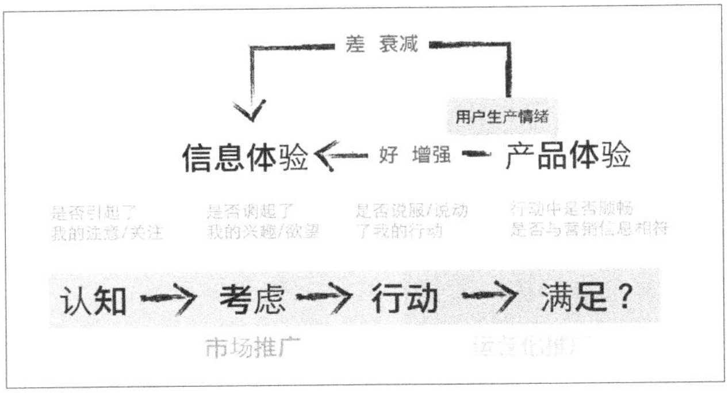

◎ 认知：以往，**80%**是品牌塑造的事，在互联网蓬勃发展的今天，品牌塑造不再是传统的“今年过年不收礼，收礼只收脑白金”似的数十年如一日的狂轰滥炸让你产生记忆和感情（反感也是一种情感）。尤其是社交化的今天，用户购买一个东西或认知一个应用往往只凭朋友圈中的一个好友邀请或分享推荐。

◎ 考虑：在互联网产品上，有时候用户会从认知产品直接转化为行动，直接绕过考虑的范畴。比如朋友的一个新品推荐。还有一种就是用户不会去考虑我到底是不是用你的产品，而是把考虑交融在了体验的过程中，当然试用也是一种考虑，或者评估的方式。我们最容易理解的一种考虑就是在电商网站购物：用户会看评价、比较价格等，这是常规考虑。

◎ 行动：分两种，一种行动是用户直接做了你期望的动作，比如点击你的广告进入了你的网站，注册了会员，分享了文章，订阅了博客，成了你微信公众号的粉丝。这是满足了我们预期的行动。还有一种行动是超出了运营人预期的行动，那就是口碑。比如你不仅成为我的粉丝，还分享了这篇文章到你的朋友圈。在目前的社交化网络如日中天的大环境下，很多产品运营者都开始将“分享”作为运营的重心，人人都梦想着“口耳相传”，达到低成本且规模化的爆发。

我们拿一个具体的用户行为示例来继续优化此图，如下所示。

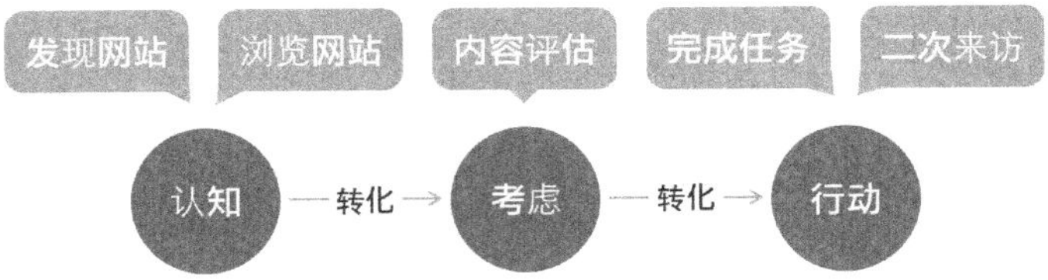

在上图中，每个步骤我都加了转化二字。因为互联网产品是免费的，不像传统用户

购买个大件产品（比如房子、车子、家用电器）需要考虑很久才行动，用户认知你的网站、考虑使用你的网站、并决定转化成为你的用户其实只是弹指一挥，多不过一根烟的工夫。所以，不管用户处在何种心理状态下，我们的目标都是将其转化为下一个心理状态。这也是一个在具体项目执行中的漏斗模型。

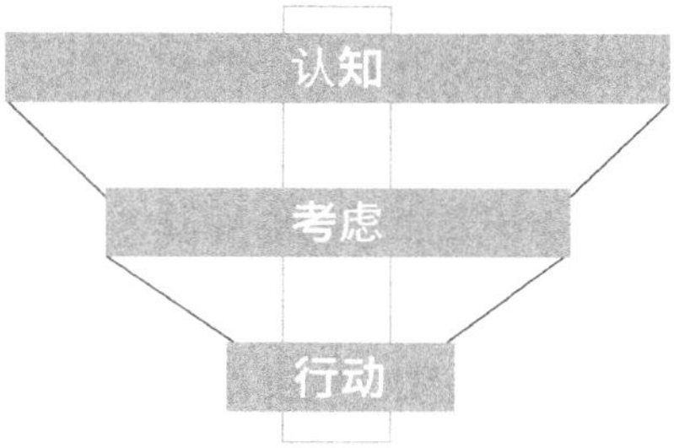

上图中的三种状态是指导我们如何运营的，看一下我总结的“互联网时代用户行为分析模型与运营工作重心映射表”，如下所示。

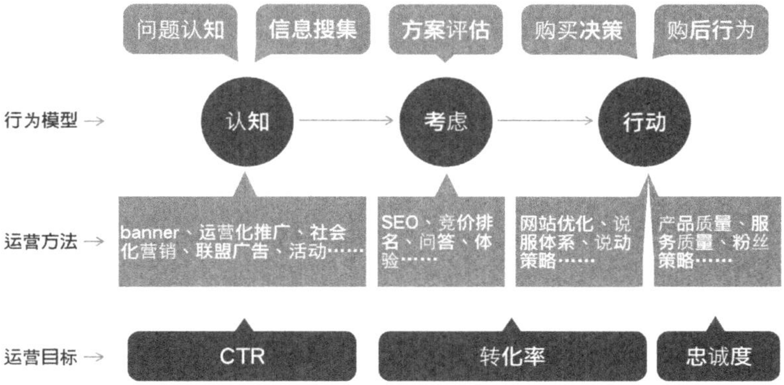

是不是一目了然？根据用户行为模型，指导我们运营优化的重心。我们通常都不会自定义用户处在哪个心理状态下，而是必须通过用户的行为来观察。这个行为就是用户在进入你的网站前的引流站的行为和用户进入你的网站后的一切“所作所为”。

这就是运营端到端（即从流量端到最终行动端）的宏观思路。

所以，当领导交付给你运营任务，或者你自身想提高常规运营的指标时，你可以按照认知、考虑、行动的模型独立思考一下了：我在针对哪部分用户做运营，用户处于哪个心理状态阶段，我的运营行为是否符合用户状态，有没有更简约又有效的运营手段能完成这个任务，我应该重点优化哪个阶段的指标，等等。

用户运营5步法

我经常会收到这样的问题：用户运营怎么做？我一般反问他：你目前用户运营的短板，或最大问题是什么呢？

因为没有问题，就无所谓运营。一切岗位，都在解决不同的业务问题。发现问题比解决方案更重要。

比如，产品经理优化某个流程可能是在降低用户完成任务的负荷；运营策划活动可能是在拉回沉默用户；当我们去做了一些有损用户利益的事情的时候，可能是在竭力维持一个付费客户（我一直秉持一种客户至上的理念，当用户和客户利益产生矛盾的时候，跟着业务大局走，先保客户，然后最小化损耗用户利益）……

但是，“用户运营怎么做”这个问题一直挥之不去：是不是有一种方法，可以形而上的将用户运营说清楚。后来看了《精益创业》，恍然大悟。原来运营也可以套用精益思想，找一个运营循环。

我们做任何事情，可能都遵从这样一个循环：**发现问题→分析问题→提出解决方案→预设指标→执行评估**。

运营也一样。

而目前运营的短板是什么，重心就放在了发现问题和分析问题上，即找到你的产品用户生态上哪里出现了危机。越弱的地方往往越是风险最高的地方，比如竞争对手很可能会乘虚而入。所以，在发现问题和分析问题上，还需要有术的成分：找出运营中风险最高的部分。

下图为用户运营工作流程图：

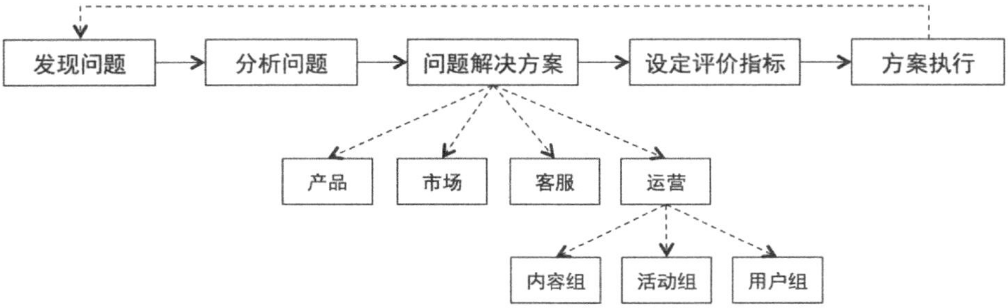

横向解读

不管在生活中还是在工作中，我们其实都在无意识地遵循着上述流程：发现问题→分析问题→问题解决方案→设定评价指标→方案执行。

举个有意思的小例子。

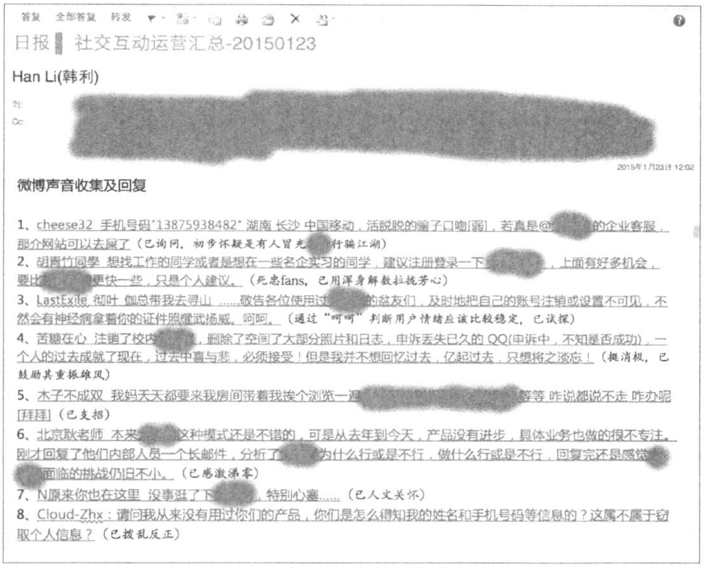

答复 全部答复 转发

日报[redacted] 社交互动运营汇总-20150123

Han Li(韩利)

到: [redacted]
Cc: [redacted]

2015年1月23日 12:02

微博声音收集及回复

1、cheese32 手机号码"13875938482" 湖南 长沙 中国移动，活脱脱的骗子口吻[弱]，若真是@[redacted]的企业客服，那个网站可以去屎了（已询问，初步怀疑是有人冒充[redacted]行骗江湖）
2、胡青竹同學 想找工作的同学或者是想在一些名企实习的同学，建议注册登录一下[redacted]，上面有好多机会，要比[redacted]更快一些，只是个人建议。（死忠fans，已用浑身解数拉拢芳心）
3、LastExile 彻叶 伽总带我去寻山 ……敬告各位使用过[redacted]的盆友们，及时地把自己的账号注销或设置不可见，不然会有神经病拿着你的证件照耀武扬威。呵呵。（通过“呵呵”判断用户情绪应该比较稳定，已试探）
4、苦糖在心 注销了校内[redacted]，删除了空间了大部分照片和日志，申诉丢失已久的 QQ(申诉中，不知是否成功)，一个人的过去成就了现在，过去中喜与悲，必须接受！但是我并不想回忆过去，亿起过去，只想将之淡忘！（挺消极，已鼓励其重振雄风）
5、木子不成双 我妈天天都要来我房间带着我挨个浏览一遍[redacted]等等 咋说都说不走 咋办呢[拜拜]（已支招）
6、北京耿老师 本来[redacted]这种模式还是不错的，可是从去年到今天，产品没有进步，具体业务也做的很不专注。刚才回复了他们内部人员一个长邮件，分析了[redacted]为什么行或是不行，做什么行或是不行，回复完还是感觉[redacted]面临的挑战仍旧不小。（已感激涕零）
7、N原来你也在这里 没事逛了下[redacted]，特别心塞……（已人文关怀）
8、Cloud-Zhx：请问我从来没有用过你们的产品，你们是怎么得知我的姓名和手机号码等信息的？这属不属于窃取个人信息？（已拨乱反正）

在我目前的工作范围内有一项工作：品牌声誉每日监控。

这项工作在我接手之前已经做了几年时间，邮件发给的都是业务相关人员。

我做了一段时间后发现很多业务同事好似无视这份监控报告（发现问题）。

那么，如何调动他们的积极性呢？我琢磨了一下，一来同事们手里都有新项目，可能无暇顾及这份报告；二来这份报告天天发布，坚持了几年时间，熟悉产生轻视（分析问题）。

所以，我开始考虑如何从报告本身下手来吸引相关同事的注意力，想到了在文案上下工夫，如上图每条用户声音后的楷体字备注。我打算用点幽默的文案来勾起相关业务同事的注意力（问题解决方案）。

目标很简单：能收到相关同事的回复邮件即可。相关同事有50人左右，我心理预期是10个工作日内能有10%的邮件回复转化率，即5封回复邮件，我的方案就是成功的，哪怕邮件内容只是个“哈哈”也算（设定评价指标）。

实行了几天之后，果然有收效，开始有一个业务同事回复了，还是个大leader。在私下里有2个同事QQ说：韩利，能不这么幽默吗。还有1个同事中午到吃饭点了，跑过来问我，怎么还不发监控报告呀（报告一般中午发出），就是为了看备注（评估执行）。

虽然有响动了，但是方案执行是失败的，因为在限定的时间范围内没有达到5个邮件回复的预期（新一轮的发现问题）。

所以，还得继续寻找为什么没有达到预期的原因，进而优化方案……

如此不断循环下去，问题越研究越透，越琢磨越清晰。最后，我终于想到了一个很简单的解决方案：相关问题匹配相关同事，然后直接抄送给大领导，不以监控报告的形式群发。

纵向解读

再来纵向解释一下问题解决方案。用户是一个网站或产品的根本，所有业务部门都在围绕用户做文章。用户运营在这里就充当了穿针引线的作用，协调各部门之间的资源为我所用。用户运营不需要什么事都亲力亲为。

所以，用户运营发现问题、分析问题原因之后，要分发需求给相关业务部门，产品问题由产品部门出具解决方案，市场问题归市场解决。如需多方共同发力，则需运营协调资源及各部门关系。还有一项超重要的工作，就是方案执行过程和结果监控，并对方案提出合理的改进意见。大家觉得用户运营好像抢了数据部门的事情了，其实用户运营就是一个具有强烈数据意识的分析师，既要发现问题，又要懂用户需求，能够从根上找出原因。

注意两点。

1. 发现问题是用户运营监控能力的体现，需要每天看数据报表，一般都是从业务目标的趋势波动中来发现问题。
2. 解决的问题一定是重要的，一款互联网产品的重要问题基本如下：

   渠道质量问题：哪些渠道引入的用户是靠谱的，尤其是付费渠道。

   生命周期问题：产品处在生命周期的哪个阶段，如何延长用户生命周期。

   产品运营现状：一般拿日活用户趋势来评估。

产品潜在成长空间问题：这是业务转型的重中之重，一般用新用户数来评估。

产品业务表现问题：转化用户数，多为产品问题。

产品留存问题：一般用流失用户数来评估。

用户运营的终极目标

用户运营的根在数据上。通过数据分析，才能发现问题，进而有的放矢地采取相应运营方案。所以用户运营的目标体系建立事关重大。

拿社区运营举例。用户运营的终极目标前文已说过，是转活跃，即提升活跃用户数。我们可以这么理解，互联网产品最核心，也最有价值的就是活跃用户数。在早期，包括目前大部分互联网产品在兜售业绩报表时还在说我们有多少多少注册用户数，累积有多少多少用户。其实，这毫无用处，可能在资本圈“招摇撞骗”有点价值。

我们举个很典型的例子来厘清这个问题。

我在接手微信运营前，我的同事单独在数据统计报表平台上做了一份微信的数据报表，里面有一统计字段叫历史累计关注用户数。这个字段统计的数字和微信平台本身提供的统计字段“累积关注人数”不同，它不考虑减去取消关注人数，只要曾有用户关注了就+1。

我接手后想其实这个指标的价值在于考察微信号推广人员的推广能力，也没放在心上。直到有一次，我不小心做了一篇文章：309个城市平均工资，分享数奇高，但因为挑战了大众底线，惹怒了全国人民，成为了当天微博热点事件。微信后台上粉丝们纷纷留言针砭我。发布当天取消关注人数大过了新增关注人数。后来又惊动了电视台，给我这个当事人打电话。我便提前问我的同事，这个事儿怎么办，我会饭碗不保的。我的同事说看历史累计关注用户数，这篇文章带来的日新增关注人数超过了以往，是好文章呀，然后QQ上闪出一个大拇指。我心稍安。

后来这个事件过去之后，我一琢磨，从用户运营的角度考虑，其实这篇文章是失败的，虽然新增数历史最高，分享数也是奇高无比，但掉粉严重，实际关注粉丝是下降的，导致曾经大批活跃用户流失，爱之深，恨之切。当然，通过这个事件我也发现了媒体断章取义的能力，以及驾驭舆论的强大之处。

从这个案例中可以简单地了解到，为什么我们不能关注累计注册用户数。因为新陈代谢规律的存在，包括竞争对手的发力，在产品的注册用户数中总会有一些沉默用户、流失用户存在，甚至已经注销了账号。换句话说，假设以累计注册用户数为互联网产品目标，那么整个企业的资源重心都会偏移到市场或网络推广上，导致产品体验跟不上，运营乏力。

活跃用户数的定义及活跃度

活跃用户数的定义及活跃度的衡量指标

所谓活跃用户，顾名思义，就是用户必须在你的产品上做点什么事情，而且这个事情还必须是产品的关键事件。比如访问、浏览对于电商网站来说就算不得关键活跃事件，而加入购物车、下单、在线咨询等用户行为才算电商关键事件。我目前从事的招聘产品运营的关键事件是用户主动回访、简历投递。微信号的关键事件是分享、收藏。内容型论坛的关键事件是发帖、顶帖。门户产品的关键事件是网站停留时间、平均访问页面数……所以活跃用户数的计算很简单，就是在定义的时间区间内触发过任一关键事件的用户人数。当然，这类关键事件必须是持之以恒没有大幅改动且能标准化的。

其实，这里还存在一个问题，就是伪活跃。那些带有消极情绪的活跃用户。比如回访，有主动回访和被动回访之分。假设用户是被你用极具煽动性的文案拉回的，但回访后大失所望，那么这类回访用户是要清洗出活跃用户数的。这需要一些指标去加以判断，如跳出率。再如在线咨询，对于捕捉销售线索为目标的产品是当之无愧的关键业务，但是咨询过程中产生了负面情绪，不欢而散，也不能添加到活跃用户阵列里。这一点我挺有感触：在一家电商网站上班的时候，领导为了提高在线咨询用户数的KPI，不把用户情绪排除在外，从而导致在线咨询用户数虚高，最终误导了产品的战略决策。

提及活跃用户数，就不得不提活跃度，活跃度衡量的是活跃用户的活跃程度。这听起来有点绕嘴，我们从用户细分的角度来思考。假设我们将活跃用户分层运营，分为高活跃用户、中活跃用户和低活跃用户，那么用活跃频率来定义就容易理解了。这个活跃的频繁程度就是活跃度。活跃度在数据分析领域有一个衡量指标叫参与度指数（Engagement Index）。参与度指数=用户参与了产品某一标准关键事件行为或动作的visit个数。我们再加上一个时间维度就能区分高中低活跃用户了。

注意，这个计算的是visit的个数，而非一次visit中的参与行为的次数。通过计算一个参与用户在活跃时间定义范围内visit个数，就能完美地细分了。

这时候我们通过不同的运营方案将低活用户推升至中活用户，将中活用户推升至高活用户。当然，正常情况下高中低是互逆的，即我们一方面在把低活跃用户往上推，另一方面随着高活跃用户生命周期的快速完结，以及新竞争对手的进入，他们往往会从高到低甚至流失。这是具体的工作细节问题，不做展开。

除活跃用户细分外，参与度指数还有两个很好的用途

1. 看网站生命周期内的整体参与趋势，有点关键事件预警的意思。比如忽然发现某一天参与指数飙高或急剧下降，有可能产品的哪个功能环节出了问题或用户运营中出现了重大突发状况。上文说的“309个城市平均工资”事件就是这样：忽然发现分享数+收藏数按不同赋值权重计算出来的参与指数高出很多，所以发现这个数据之后，我就感觉大事不妙，微博上一搜，果然成了#主题，再搜百度，前几十页几乎全是这篇文章。顿感两眼昏花，于是赶紧寻求化解之道，我求助了市场的公关经验。这就是参与指数看整体趋势带来的运营利益。因为看参与是看长期的趋势，从趋势中发现问题，那么在做促销活动时触发的关键事件就要从总体的关键事件中清除出去，避免因为短期行为而大幅提高参与度指数。
2. AB测试常用于评判同一目标不同页面的绩效。在运营中为了避免扯皮，一个问题会出具多份解决方案，如一个促销页面的策划。主要是让用户行为来投票，选择最优页面，这也是产品优化领域中一个惯用的方法。有一次我做了一个用户说服购买的Landing Page，在是否添加主站的页头页尾的问题上产生了歧义。于是上线了两个页面，一个页面添加页头页尾，另一个页面不添加。第二天push信息给少量目标用户，并通过技术手段将流量平均分配到两个页面上。第三天通过用户参与度指数评判出了最终绩效最优页面，然后全量push给了目标用户。

用户运营的二级指标体系

理解了怎么计算活跃用户数和活跃度后，再从KPI的角度思考一下运营过程如何最大化活跃用户数这个关键指标，进而完成互联网产品的商业价值。这是一个让运营人晕头转向的指标体系。我们不考虑具体的业务场景，先宏观角度考虑一下用户运营的终极目标，即活跃用户数的增长来源。

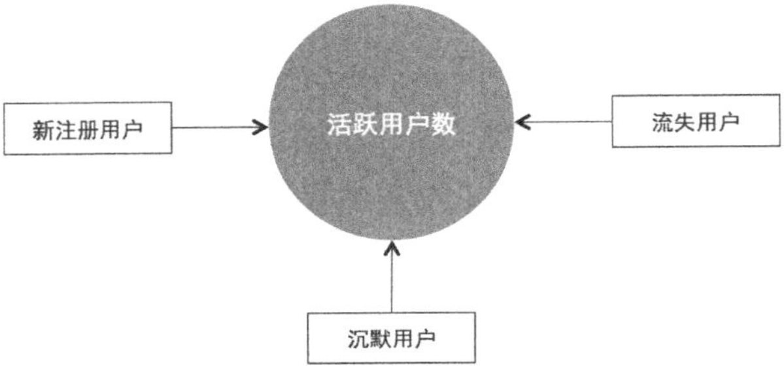

这幅图我一开始画得相当复杂，忽然想起大道至简，就开始做减法，减成了现在这个样子，具体解释一下：

1. 将新注册用户转化为活跃用户数。

2. 将流失用户拉回再促活跃。

3. 激活留存着但保持沉默的用户。

4. 保持既有活跃用户的活跃度。

理解了这个，用户运营就有了头绪。接下来就是具体业务场景的具体分析了。有很多指标可在运营过程中指导我们的运营决策，比如评判新用户质量的流量三剑客UV、PV、visit及其比率，评判页面友好度的跳出率，评判内容质量的平均访问页面数、页面平均停留时间等，都是在用户运营过程中评估相关运营方案优劣、局部发现问题并优化的好帮手。这些指标都是用户运营者在监控相关业务部门运营方案的指标。那么，用户运营需要宏观把控整体产品的走势，需关注哪些用户指标呢？除了活跃用户数这个终极目标外，还有三大指标和四大衍生指标。

关键指标	衍生指标	指标作用
新注册用户数	新用户比例	市场推广水平 产品发展空间
流失用户数	用户流失率 留存用户数	网站保留用户能力 用户运营水平 网站质量
当前使用用户数	当前使用用户占比	网站当前运营状况

通过上图这些指标，我们就可以把控整个网站或互联网产品的发展走势和生命周期管理了。比如，当新用户比例小于用户流失率的时候，我们就认为产品进入了消亡期，

大势已去，是时候卷铺盖走人了。下面举个好理解的例子。

最近一段时间在研究相关员工管理的话题，忽然发现企业员工对企业最具价值的阶段就是试用期阶段。由此一延伸，发现企业员工的生命周期和互联网产品用户的生命周期极其相似：拿到offer相当于注册成功，入职之后为了转正这个阶段目标，表现积极，属高活跃用户。转正之后，慢慢熟悉了工作，也了解了企业管理的漏洞或摸清了领导的小脾气，开始偷懒，但相比老员工还是表现优异，属于中低活跃用户。又过了几个月后，对工作完全驾轻就熟，也结交了不少老员工，近朱者赤，渐渐不作为，沦为沉默用户。终于在年会上或绩效评估会上没有拿到像样的年终奖或绩效奖金，大发雷霆，炒了老板鱿鱼，成为了企业的流失用户。这就是一个完整的生命周期过程。

有关天使用户和死忠用户

在运营过程中有两类重点运营用户：天使用户和死忠用户。

天使用户就是那些一来就成为高活用户的那部分群体。比如电商网站，我第一次从朋友嘴里听到京东，就毫不犹豫地注册了京东账号并当即购买了一款电子商品，后来发现快递特别给力，而我又是个猴急性子，所以满意度很高，就频繁地开始京东网购了。我属于京东的天使用户，因为京东不需要考虑如何去转化我，我只是通过口碑和快递服务就成为了京东的忠诚客户；

在社区，UGC（原创内容的用户）占极少数，观众很多，所以UGC用户就是天使用户，需要我们重点运营，目的就是让这些用户持续UGC。

死忠用户是指不仅忠诚，而且还替你到处传播信息的用户。我是多看阅读和豆瓣阅读的死忠用户，每次见到爱学习的孩子我都告诉TA，去多看和豆瓣看看吧。

作为用户运营者，我们需要从用户中找到这些天使用户和死忠用户。这对于我们的用户运营绩效帮助十分大，运作好这批用户将直接四两拨千斤。比如小米初期的推广案例，引爆点的达成和小米初期筛选出来的发烧友密不可分。这就是目前十分火热的粉丝经济。

产品、市场、用户运营、客户运营

有的同行把开源，即拉新用户纳入用户运营的工作范畴里，个人觉得有点不妥。

市场、运营、产品三者惯常的分工

市场做的是“告知”，跑马圈地抢地盘，打头阵，主攻潜在用户，是营销型拉新。运营做的是“转化”，收买人心，巩固后防，将市场引入的用户转化为业务价值；产品是市场的噱头，是运营的资源，资源的使用效率是价值创造的关键，所以产品的本质是留存。

但在广告越来越不受待见的今天，市场部自话自嗨已经不太好使。所以市场和运营开始合二为一：在市场行为中融入运营的因素在里面。比如运营重细分、重匹配、重成本、重转化，那么在市场广告投放中也需要细分渠道，做目标用户匹配分析，做ROI，最终结果评判落实到产品终极目标身上。

拿搜索渠道举例，正常情况下，运营做竞价，市场投放品专。现在是，品专也需要运营化，即基于数据的指导不断优化品专的标签。

所以，运营从侧面也开始充当拉新的角色。这就是运营化推广，也称之为运营化拉新。

运营化推广的效果是什么？

其实，在做口碑营销的时候，用户的口耳相传就是一种品牌的UGC：当所有人都和朋友举荐你的时候，这些举荐的话语就你品牌的UGC内容。比如，很多人在转发一篇文章到朋友圈时往往会写上几句话。

社区重运营，所以运营化推广就是通过修炼内功，在既有目标用户里面营造参与感，通过对用户内心的不断蚕食去让用户生产分享语，营收拉新效果。尤其是新媒体的出现，人与人交流畅通无阻，运营化推广开始变得重要。

从《解忧杂货铺》里学运营化推广

《解忧杂货铺》虽然是一本小说，带有文艺色彩，但我却觉得这是一本写运营化推广最好的书籍。

从运营的角度来看这本小说，主人公浪矢雄治绝对是一流的品牌营销大师：在他的卷帘门投信口里的每一个烦恼，第二天都会在店后的牛奶箱里得到回答。这其实是用户运营的最高境界：当你心系用户的时候，就会走进用户的内心，互惠心理让用户开始传播你的服务，然后你坐收用户级的规模成长。

这给我们做运营的很大启发，比如微信号的运营。

用户在微信后台问的问题，要在48小时内一一回答，当用户没有及时获得你的答案的时候，他们或多或少是有情绪的。

所以，市场的拉新和用户运营的业务思路不在一条线上。如果把开源也算到用户运营工作职责的话，那市场的KPI将是什么？不可量化的品牌？一说到新用户、流量之类的字眼我们想到的就是市场、渠道、网络推广、流量购买、联合登录等字眼。而用户运营在开源的工作中做的事情应该是运营化推广。

还有一点，有的企业为了分工明细，把用户运营分成了两个小组：用户运营组和客户运营组。但工作思路大同小异，比如细分、分层等用户运营方法，只是KPI不同而已。拿电商来说：用户运营组的KPI是促转化（在电商站上就是在设定的时间范围内有过第一次购买行为即活跃用户）。客户运营组接手这个用户，其KPI其实是促持续转化，就是在既定时间范围内有第二次购买、第三次购买的行为。会员体系中称为续费。

理解了上面的内容后，就可以理清产品、市场、用户运营和客户运营之间的关系了，很像400m接力赛：

◎ 产品：产品已经上线了哈，产品定位在×××用户群，满足的是××需求……

◎ 市场：好咧，我们马上投放渠道，购买用户……嗨，用户运营的小伙伴，我拉来了不少注册用户，你们好好伺候着呀……

◎ 用户运营：好的，终于有用户了，看我的……hi，客户运营的哥们，我发现有几个高活用户，他们已经付费了……

◎ 客户运营：好厉害呀哥哥，我们马上接手服务。

用户运营与内容运营、活动运营

在社区类产品中，用户运营的终极目标多是活跃用户数。那么，内容运营、活动运营的目标是什么呢？页面浏览量？平均网站停留时间？UGC人数？转化率？活动参与人数……其实，这些都是具体的分析指标，至多是某个阶段性的目标，算不得终极目标。

所谓终极目标就是最能体现你业务价值的那个指标。

所以，我们可以这么理解：内容和活动都是运营手段，目的都是为了提升用户运营的终极目标——活跃用户数。

如何了解你的用户

我常用如下方法。

1. 客服的反馈数据

在App上，每天，我们的客服同事都会整理一份用户反馈文档给我们，借助文档，我们可以分析很多用户的声音。比如做App push，一开始我们的日推送频次较高，经过用户的持续投诉，我们降低了发送频次，并设置了防骚扰策略。在内容上，有用户说推送的内容很不错，但欠缺收藏功能，于是我们将需求汇总给了产品经理来评估。

2. 朋友圈用户的调研和分享数据

在做校招的时候，我特意引入一批用户加了我的微信，在微信上和用户做一对一沟通，并在朋友圈中调研用户信息，比如什么时间推送信息合理，用户最近正在忙于做什么？

3. 新媒体上的声音

微博、问答产品，都是监控用户声音的好地方，一段时间以来，我在微博上监控用户的声音，并汇总一份新媒体声誉文档。

4. 与销售部门的沟通

销售是一线作战，其更多的是和客户在沟通。比如招聘产品，都是双边策略，既要满足用户需求。又要满足客户需求。所以HR端，我们更多的是和销售沟通，比如要做一个针对HR的招聘工具，我们会先找到销售，让销售来描摹他们认知的HR的典型工作特征。

5. 逛相关论坛

大学生论坛、竞品的社区，包括我们自己的讨论区，每天都会产生大量的UGC内容，每天花1个小时的时间去浏览一下，发现用户当前的问题。比如，一段时间以来，发现用户在面试环节又出来很多咨询的，各种问题都有，这样，我们在做内容的时候就针对这些问题做文章，每天给用户整理相关问题的答案。

6. 通过用户行为数据分析

◎ 比如搜索行为：站内和站外。这是大多数用户运营最常用的了解用户的手段。比如，用户是通过哪些关键词进入的，把这些关键词分类。

◎ 导航类：比如直接搜索品牌名进入的，长期观察这类关键词进入的次数趋势，能评估市场行为的优劣，也是品牌影响力的体现。

◎ 信息类：比如，简历应该如何写？面试屡屡失败该怎么办？这对SEO帮助很大，也能研究用户近一段时间内究竟在关注什么？

此外，站内搜索的词更能让我们了解用户。我在支持搜索优化的时候，做的是相关推荐词的审核，以保持相关词的干净。在校审的过程中，我发现90后搜索的职位名称千奇百怪，都是我不曾了解的，这给我很大的触动，所以我集中将这些词保存了下来，并做了专题。

◎ 访问行为：比如，用户从哪里来，到哪里去，从哪里走，等等。对我们洞察用户对产品的热爱程度有所帮助。

7. 试错

一段时间以来，我们不确定我们售卖的课程，用户可接受的价格范畴是多少。所以我们从1元钱开始试错，试错到200元，发现用户在某个价格区间的课程订单量最高，销售额最大。

8. 问卷调查？

靠不住。尤其是拿利益刺激用户来填写问卷，所以我基本不用。

9. 阅人的公共性

人是有共性的。所以我喜欢看人，包括现实中接触到的人和书中看到的角色。

我举个现实中地铁乘客的行为案例，来示范一下我们如何在日常生活中观察人，挖掘人的需求。

我住在北京大兴区，每天都会坐地铁大兴线（4号线分支）去上班。北京人多，每天都有吵架的，我就挺好奇的，心里琢磨着为什么呢？我就开始找原因了。一次，恰好碰到两个姑娘又吵起来了，我就挤到他们两个跟前，对她们说：你们先别吵吵，我问一下：你们为啥吵架呀？两个姑娘异口同声地说："滚粗"。接着又开始吵了。调研被拒绝了，挺尴尬，所以我上文说调研靠不住。既然她们不告诉我，我就自己找答案吧。经过一个月的观察分析，还真让我找到原因了，我发现原来是自私的朋友圈在捣鬼。为什么会是朋友圈呢？分析思路是这样的。

首先我把乘客，也就是地铁这款产品的用户按站点做一个用户分类，根据乘客在乘坐地铁这个场景下的需求，我分为ABCD四类用户。

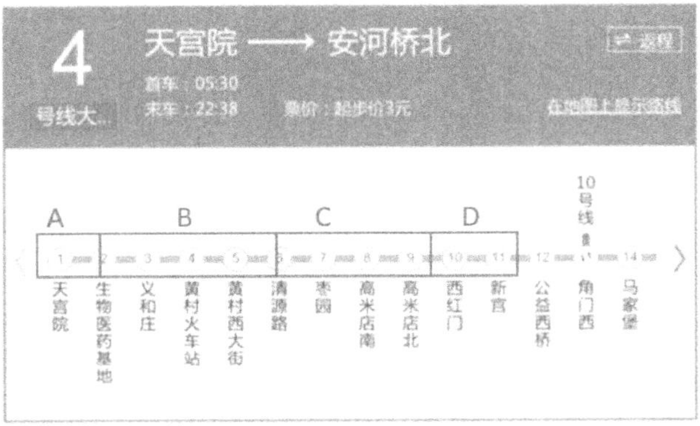

按用户的核心需求来分别解释一下。

◎ A类用户：我一定要弄个座，没坐就等着坐下一趟。坐着刷朋友圈。

◎ B类用户：我一定要站在有座人的旁边，没准能弄个坐。站在里面有个舒适的位置刷朋友圈。

◎ C类用户：找个座是没希望了，站也只能站在门口，但是我一定要刷朋友圈。

◎ D类用户：座位、好的站的位置、刷朋友圈，都不考虑，只要能挤上去上班不迟到就OK了。

我们来形象地图示一下ABC类用户的需求：

图片来自百度搜索

这时候呀，地铁到西红门站了，经常坐四号线的朋友知道，西红门站的人多呀，地铁里已经没有地方了，但是必须得往上挤，要不然迟到会扣钱的。

图片来自百度搜索

你会发现，因为D类用户使劲往里挤，和C类用户脸贴脸心连心了，这必然会干扰C类用户一定要刷朋友圈的刚需。这时候C类用户往往会有一句文案脱口而出：挤什么挤，等下趟不行呀！这句文案很能刺激D类用户的情绪，D类乘客如果粗暴点，张嘴就是打架的导火索：你玻璃做的呀，挤挤怎么了，怕挤去打车呀！就这样，C类用户和D类用户就开始打嘴仗了。

我呢，在枣园站上车，当之无愧的C类用户。为了调研吵架的原因，我特意反方向坐了1个月，各个站点都上去过，现在就成了习惯。如果出门早了，就多坐十五分钟到首发站上车，这样能坐着很舒服的刷朋友圈，如果出门不太早，我就做到黄村西大街，找个舒服的位置站着刷朋友圈。有一次，出门超早，我就坐到天宫院站了，找了一个十分不错的座坐下，掏出手机就开始看古龙的《七种武器》。正看到兴奋处，抬头一看车已到枣园站，就见一老太太颤颤巍巍地上了地铁，使了一招登萍渡水，被挤在门口了。我孝心大发，忙使一招狮子吼：老太太，来坐这里。然后我就一路站到了西直门。后来，我就再不反方向坐地铁了，因为需求再强，当需求遇到老人或孕妇的时候，也得舍弃。

那么，吵架是个问题，需要解决。地铁运营方是怎么解决的呢，永远是那一条文案：上不去的乘客请等待下趟列车。更损点的文案：别挤了，下趟车是空车。

骗鬼呀！

这就是一个很典型的自私案例：地铁方用文案骗乘客，自私。乘客为了刷朋友圈吵架，自私。我不再反方向坐，怕让座，自私。

自私是人与生俱来的。

10.2 观念：运营不以用户为中心

现有观点：运营要以用户为中心！

事实上，这是错误的！产品和运行岗要以用户为中心，而运营，聚焦拉新、转化、延长用户生命周期，一定要以业务为中心。

比如这样两句文案：

1. 我想和你一起躺在床上看星星。

2. 跑遍大半个中国去睡你。

同样的意图，因为表达的不同，所以效果绝对不一样。第一条文案是运行经理做的，竭力掩盖业务意图；而第二条文案直言业务企图，一目了然。试想，第一条文案更适合没有互联网的时代，信息匮乏，用户乐得去浮想联翩一下。而碎片化信息时代，用户对文案一扫而过，留下印象更重要。所以，第二条文案才是运营经理所为。

从广告的视角审视运营业务中心论

我特别喜欢用销售和广告的视角来审视运营。我发现运营一半是销售、一半是广告。销售的关键目标是订单转化，广告的目标多为曝光，主打拉新。比如当你用广告视角审视运营的时候，你会发现广告和运营之间有很多神似之处，举个例子。

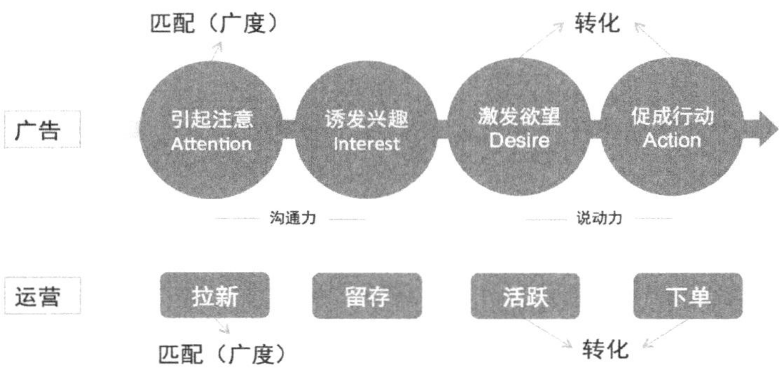

注：广告界的AIDA原则和运营现阶段的拉新、留存、促活、促转化的模式有神似之处，一一匹配。（注：因为我认为运营不需要做留存，产品是留存最好的武器，此外，运行经理也在做留存）

我毕业后做了近2年的传统销售岗，很底层的那类销售，比如站在校门口厚着脸皮和家长要手机号、做会议营销、穿着西服混进企事业单位推销保洁四件套、拐弯抹角去攻单，等等，想尽办法去说服人，后来觉得不是说服，完全是说动（让准客户冲动）。也在广告公司做了近1年的文案策划工作，袖珍型广告公司，算上我三个人，外带一个实习生，是一直挣扎在生死边缘的小广告公司。所以呢，我发现，那时候，我一直在做“游说”的工作，即有口头上的沟通技巧，也有文案上的商业意图。所以，跳进运营这个圈子之后，我把浓郁的业务气息也带到了运营项目上。

在进入互联网产品运营岗之后，先后经历过在线教育电商、IT门户、企业站（有点O2O的意思）。而我的业务目标也一直是和业务紧密相连的。比如在线教育电商，销售额一直是我背负的。在企业站，我的目标是捕获销售线索。包括我目前的工作是做新媒体运营这个方向，主打微信渠道，我发现做微信也要业务至上，单纯地在微信朋友圈传播的挺嗨，如果对核心业务毫无价值，也没什么用。

我2013年之前所经历的互联网企业，都有这样两个特点：

1. 多为收支平衡状态。（支出大于收入了就裁员降成本）

2. 用户需求多为一次性的，比如自考、高考、四六级考试。在用户需求还没消失之前，如何快速让其付费或留下电话号码一直是我的核心业务，所以想办法让用户快速转化是我的工作重心。

所以我这些年的运营经历，一直在忙于两件事：疯狂找流量，疯狂转化。这两点，都是为了业务目的：提高营收（比如营收活跃用户、营收利润）。

所以我说：运营要以业务为中心！

你会发现，当你从业务的视角去考虑问题的时候，一切疑问都将迎刃而解。举个例子。

搜索引擎产品，每页只显示10条信息，产品经理看到的是以用户体验为中心。而从业务角度来看，看到的是业务效果最大化。事实上，Google的确是从业务角度出发来考虑搜索结果页的条数的：Google做了一个试错实验，显示30条搜索结果的页面比显示10条搜索结果页面的业务收入减少了20%。

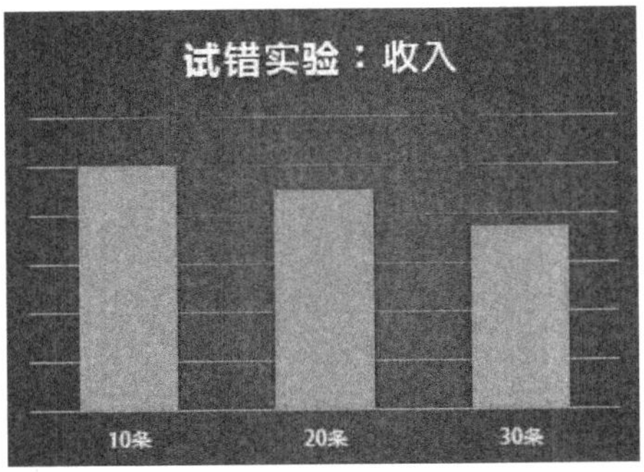

门户站也是如此。你每次登录QQ弹出的那个mini页，你会发现每个频道的标题都是那么血腥和性感，因为门户的核心业务是流量，所以吸引你点击是它最大的业务目的！最不缺钱的互联网公司依然在以业务为中心，这就是生意的本质。

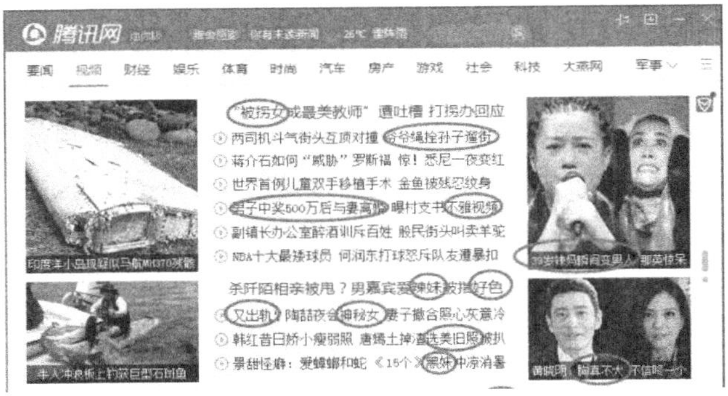

你之所以还是运行岗，其中有很大一部分原因是把以用户为中心当成了目的，认为做产品、做运营的目的就是为了用户，这种想法会让很多创业的大老板们“胆战心惊”。因为商业的本质是赚钱，投入是需要产出的，尤其是钱快被烧光或资本灌入的时候。

所以，要想从运行岗快速迈入运营岗，一定要记住：

以用户为中心只是一种手段，有可能是目前为止互联网行业最有效的营销手法。运作思路是满足了用户价值再谈商业价值，按我的俗话说就是天天陪着你，送你“拇指”和鲜花，然后把业务诉求慢慢渗透给你，趁你不注意的时候让你冲动一次，然后二次、三次……（客户分层）

很多人读到这里可能会有一点错觉，认为以业务为中心就是不顾惜用户感受，这是无稽之谈。以业务为中心并非是为了让你去伤害用户，因为那样做只是一锤子买卖，用户会瞬间流失掉。所以，运营在做业务转化的时候是需要拿留存做参照的。而这就是运营的智慧之处，高级运营能够既让用户满意又能实现业务价值。

以用户为中心只是运营手段

举个例子：考研和招聘两个行业瞄准的都是大学生市场，我都经历过。做考研业务的时候我写了海量的帖子，奉劝那些没有考研需求的学生去跟风考研。现在我从事校园招聘业务，又是另一个笔法，我会想尽办法去奉劝考研的用户不要去跟风考研，就业才是关键。因为大学生市场是固定的，每年六七百万应届生，都去考研了，谁还上招聘网站。所以，有时候我觉得运营挺孙子的，稍不留神，就会更新别人的人生。

现在我做招聘就有点心理阴影：我们一边提供海量的招聘信息，一边心里默默地祈祷用户晚点找到工作。因为只有在你找工作这段时间才对产品有价值。

所以，运营某种程度上来说是阴谋论者。我们天天琢磨人的弱点，然后从中渔利。

另外，在任何一家公司，老板看的都是销售额/利润。以用户为中心，慢腾腾地养感情，根据我以往的经验，这是作死的节奏！

所以，我们需要表现业绩，在平衡用户利益的基础上做业务价值最大化。

如何平衡业务价值和用户价值

举个很好理解的例子。促销在国产电商圈里是效果最好的运营手段，既做到了以用户为中心，又做到了以业务为中心。低价既满足了用户需求，又满足了业务需求（靠订单量取胜）。比如，我记得一次在“多看”上，古龙全套文集原价700多，70本书，我一直没舍得花钱买，终于在6月7日那天，古龙生日，“多看”破例促销，70本古龙小说，大概十几块钱，我果断出手。后来我又盯上了金庸全集，我等着明年3月10日，“多看”肯定还会破例的！

微博和微信同样的商业试水，因为运作手法悬殊，结果大相径庭。微博，一开始火得一塌糊涂，用户们玩得不亦乐乎，可是一到要变现、广告系统上线的时候，骂声一片。为何，一方面微博商业运作团队可能没有处理好用户情绪，缺少微信商业团队的机智，把信息流广告成功转化成一场热点事件。另一方面，用户是欲壑难填的，人性使然，你对我好一次就要一辈子对我这样，别惹我烦。再加上跟风浪潮，我的朋友都在骂微博，我也得表表态度，跟风改变世界，微博就这样被唾弃了好长时间。而微信的故意错位推荐广告却成了人们的一件笑料谈资。

我再举一个现实生活中运用情感做业务价值的例子。

一次我去欧尚给我儿子买生日礼物，面对着琳琅满目的小礼物，价格都不菲。一个50岁左右的导购阿姨过来说给我推荐那个不倒翁，她说：我小孙子最爱玩这个了，你儿子肯定也喜欢。说完话两眼都是爱意。我其实没有相中那个不倒翁的，一来价格偏高，二来我儿子更喜欢小汽车。可是我被那缕眼神打败了，心里很过意不去，如果不买，她会不会心酸呢！我就对导购阿姨说：这个不倒翁还真是不错呀！毫不犹豫的和旁边一起来的同事借了点钱把它买了下来。后来我又去了几次欧尚，发现在小孩玩具专区的导购基本上都是四五十岁模样。我就想了，这还真是不错的策略，如果是一个20岁左右的导购推荐，我也许就买汽车了。

所以说，运营，**一定要尽量平衡用户价值和业务价值**的冲突。如今的数据化运营手法，比如分层、细分等精细化运营，包括推荐引擎的流行，都是在帮助运营人平衡这两者的关系。此外，运营还需要有另一个关键能力：**做业务价值最大化**！

运营岗的职责是营收业务价值

没有无缘无故的产品，或盈利，或捕获销售线索，或展示企业实力。比如网站，现在建站变得越来越容易，一二百元便能建个相当靠谱的站点（仍有很多传统企业在找建站服务的时候，动辄几万元的投入，实在是钱烧的，这是外话）。建站目标从根上说都是为了提高销售或降低成本，都和钱相关，不论你是建企业信息展示站，还是电商站、2.0站抑或平台站点，甚至于你在微博、微信开宗立号，目的都是钱。只不过网站（或产品）是变现的一个环节。所以根据业务特征、商业模式的不同，建站的直接目标也便不同。我大体上把网站的目标分为四大类：流量、用户、捕捉线索、促进销售。

在这四个网站能实现的直接目标中，流量是根基，不管你做用户还是做利润，都需要流量。这也是门户站赚品牌营销预算（或者直白点赚市场部的钱）的主要模式，也是淘宝、天猫平台的立身之本：**把控流量便把控了市场**。但是，从市场部的营销需求上看，尤其是在经济不景气的年头，靠曝光、印象展示的品牌营销预算必将缩减，效果营销的需求必将日益强烈。所以，市场部营销投放的眼光为之一变，开始做精准的效果营销。所以，搜索引擎有了生意，2.0网站有了模式。搜索引擎的精准营销我后文再说如何不如2.0站点。2.0网站做用户的价值不在流量上，而是在注册用户身上，通过用户数据的挖掘和筛选，可以满足目标企业的精准投放需求，所以市场部一旦开始算渠道投入产出的账，就会将钱投到精准营销上：基于用户的人口统计学特征、兴趣爱好、行为轨迹来定向推广商品。所以，2.0的网站只要把用户运营活跃就可以了。寻求线索的网站，企业信息展示站是一类：网站履行纸质宣传册的作用。企业站捕获的是商品或服务的咨询线索。此外，靠联盟生存的互动社区也是这样一个线索捕获的网站：通过做内容引入流量，再将流量按效果分成模式（CPS）批发给电商网站，比如豆瓣读书为电商站引流，做淘宝客的美丽说、蘑菇街等，也都是通过内容或主题社区的形式吸引用户自然到电商站下单，他们也是做线索的。最后，利润站就不必说了，做电商的，开淘宝店、天猫店、自营电商站大都为了赚商品差价。

运营的目标是业务价值最大化

我们先来看一下什么是业务价值！

什么是业务价值？

业务价值就是你一个运营回合最渴望用户做的那个动作。比如社区，我最渴望UGC，那么日UGC数可能就是你的业务价值；我做一个活动，渴望更多的人参加，那么参与人数就是你的业务价值。所以说，不管你用什么运营方法，比如提高满意度、做口碑传播、刷朋友圈，这些都是运营手段，包括用户运营、内容运营、活动运营也是手段。目的都是业务价值。

考核运营的水平就在业务价值上。如果你做了1000万的流量，结果对业务毫无帮助，那也是失败的。

我在电商站做频道运营的时候，就我一人负责。一开始做SEO，流量从7000UV做到了12万，还被评为了年度最佳，给了奖金。我就去找大老板邀功请赏去了，我对老板说：嘿嘿，老大，你看我做出这么大的成绩，流量翻了10倍，是不是工资也能给我翻10倍呀！老板说：韩利呀，我给你看一个东西。他拿出一张报表说：你看我给董事长汇报的只有这一个数据。我一看，他的报表里面只有两个字段：月销售额，环比增长。我直接无言以对，灰溜溜地走到工位上，思考着如何做才能加薪这件事。后来我决定放弃SEO了，主动请缨自建销售联盟，半年后，销售额一下就上来了。SEO和销售联盟都是渠道，SEO更适合长期做，属于运行的活。销售联盟是精准的活，讲求信任背书的。后来我还做了个业务价值最大化的事，我从120个销售联盟会员里找出10个效益比较好的，帮助他们赚自己的钱，教育圈的销售联盟一般提成比例比较高，在50%左右，我对那10个联盟会员说如果你一年能做到100w，我就给你60%。

有时候会听到人说，那次活动目标没完成，但是创意挺好的。有啥用呢。你在朋友圈刷了屏，都刷出蘑菇云了，对你关键业务没帮助，那就是失败的。

什么是业务价值最大化？

这个是运营的关键能力，我多举几个例子。

1. 游泳馆是一款产品，在哪里选址、面积要多大、软硬件设施如何调配、水温如何控制、配备多少安全员等都是产品要考虑的问题，这些都是服务。游泳馆如何实现盈利，如何拉取新用户，价格如何定，是做散户还是做会员。如果做会员如何根据用户需求做套餐组合，比如会员制中的年卡、次卡……这些问题都需要运营去解决。游泳馆是要保证日活跃用户的，即每天要保证有多少人来才会盈利。否则闲置的资源就是浪费，尤其上午时间很少有人来游泳的情况下，开辟新的盈利模式，比如游泳培训、填补时间空白。保证每一个时间点都产出利益，让资源不浪费。另外在游泳的核心业务基础上，很多游泳馆会开辟周边业务，比如卖泳衣、泳帽、泳圈等商品，以及休息厅的餐饮售卖，这些都是业务价值最大化的体现。

2. 百度是业务价值最大化的最好案例，我不说大家都明白。而且，一个流量甚至会掰成好几瓣，赚几份钱。比如把百度网页的流量引到百度系自家产品里，就很有业务意识的流量价值最大化的例子。

   我一直有一个目标，就是打败羽毛球国家队的那个韩利，为此努力了3年。效果最好的时候百度一搜韩利，我排在了第二位，但是大部分时间里，百度百科、百度图片和百度视频是一直占据第一页前三甲位置的。百度自己给自己导流。任你SEO水平出神入化，也难攻克嫡系部队。

   类似的还有很多网站的焦点图，花里胡哨的。很影响体验。我以前做焦点图区运营的时候，发现漏斗是很明显的。最后那张图基本没流量，但是企业客户就是想上焦点图，没办法，网站也乐得多开辟几个焦点区。

3. 我刚来北京那会儿，在海淀书城附近的一个村庄住，头发一般就在村里剪了，当时6元钱。后来在天桥上做设计签名，赚了50元钱，心想去个大点的理发店剪个帅气点的。然后就跑到海淀书城，进门之后，遇到一个熟人，就是在村里给我理发的那个小伙。他跳槽了。然后仍然是他给我理，价格20元。你看，产品服务都一样，都是一个师傅，但在不同的店，理发价格就不同。

   有人说这是因为地段的原因。村里理发店的租金贵，还端茶送水，而这恰恰是用户运营的手段。假设同一地段，你门口打个内有空调的文案肯定就比有空调而没有说出来的强。所以我特别喜欢去村里看理发店的文案，看他们是如何竞争的。除了文案外，他们的价格组合是怎样的？理发的时候是如何给你推销保健品的。还有那些小餐馆的菜单都有什么不同，菜市场的小老板们都是如何吆喝的，如何砍价的……总之，从生活中寻找运营灵感。运营高手都在民间，因为太接地气了。

4. 如下图所示，我从《怪诞行为学》淘到一个案例，能很好地学一学业务价值最大化这个技能！

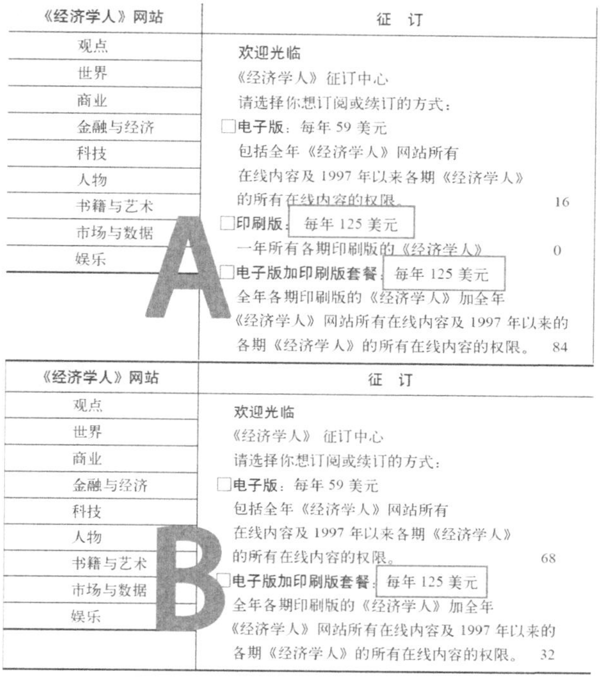

摘自《怪诞行为学》

针对这两套营销方案，图书作者专门做了一个AB测试实验，结果如下。

A方案：

单订电子版，59美元，16人购买。

单订印刷版，125美元，0人购买。

套餐，125美元，84人购买。

B方案：

单订电子版 59美元，68人购买。

单订印刷版 125美元，32人购买。

其实都是一样的商品，结果A方案里面放了一个饵，效果就大相径庭！

看，业务价值最大化很有意思的，了解人性永远是运营的杀手锏。

10.3 阅人：情理之中与情理之外

人是一本厚厚的书，研究不透也揣摩不明白，没有经历过大风大浪的人，是算不上人性专家的。我的经历小有起落，年龄也到了参阅人性的距离，所以能简单地讲两句。

说一个职场中的例子，很多人喜欢晚上写邮件。我发现老板偏爱晚上写邮件的同事。一次，我下班前把一套方案写完，到凌晨1点的时候发出去。果然，老板一改往期对我的横眉冷对，竟然很平静地否决了我的方案。

这让我发现一个职场道理：老板更看重员工的工作态度，这就是职场密码，当你态度好的时候，再差的运营水平，老板也会对你心怀希望。每个人都明白，职场技能是可以历练的，但是态度，是天生的。这也是我经常说的：老板定很高的目标，关键是看你的态度，而不是让你一定要去完成目标。所以，我一直很贱：每次老板定目标，我都说太低了，不要瞧不起我，再提高点。

然后，每次，我都没有完成KPI，也依然没有被开除，当领导另谋出路的时候还会想到我。

其实，人和人之间就是“爱恨情仇”的关系，当你多一些“爱”和“情”，少一些“仇”和“恨”的时候，生活就幸福了，这是中国“国情”。

但我开窍得比较晚。

很长一段时间，我都在以自我为中心来思考用户：我在求职阶段是走了很大弯路的，所以我做招聘业务的时候，认为用户和我一样，关注的点也是我曾经关注的点。

后来我发现我错了，时代已经不同了，80后和90后是完全不同的认知。

这让我想起了8个字：情理之中与情理之外。

A生活不幸福，所以搞婚外情，这在A的心中是合乎情理的，因为A需要幸福。但是在其爱人的心中却是不合乎情理的，因为这违反了道德。再比如，B不愿意结婚，想做丁克族，这在年轻人心中是情理之中的事，因为喜欢自由，而在父母心中却不合乎情理。所以出现了“租个女友回家过年”的事情。

在工作中，也时常有这类事情发生：在产品经理心中是合乎情理的功能，但在运营心中却是匪夷所思的。

这就是所处角度不同导致的。

做运营，就需要以用户心理为轴心来运转，命中心理可以切换行为。

看过一个调研，说假设你去看电影，花了30元买票，结果票丢了，你还要不要补票看电影，结果有38%的人不再补票；然后，假如你是在路上丢的30元，最后结果只有17%的人不愿意再买票。

同样的损失，为何行为不一样。因为第一种情况下，票价相当于变成了60元，只这一细微心理，就造成了反差的行为差异。所以，用户的心理很重要。

人的行为奥秘，我大体分为两类：情理之中与情理之外。

情理之中

人之常情

作为一个运营人，我对微信刷票服务是嗤之以鼻的，直到有一次，我的父亲参加了小镇上一个药店的健康达人投票活动，到处去拉选票。我顺理成章地就想到了刷票，花了高价刷到了第一名，父亲很高兴。

自此之后，我对那家刷票公司感恩戴德，虽然我是一个运营人，聚焦真实，但是当我的需求来的时候，依然不能免俗。这就是运用“人之常情”成功运作业务的典范。

所谓人之常情，就是人生来就具有的“爱恨情仇”，送礼是人之常情，被脑白金借了力。质优价廉是人之常情，被阿里借了力。寻求安全是人之常情，被360借了力。晒优越感是人之常情，被朋友圈借了力。

我们看到，早期社区，用户ID大多是网名，不以真名示人，最受宠的帖子多是那些含有擦边球类、抱怨类、心事类。而在微信等熟人朋友圈里，多是正能量。

因为很多人，尤其是年轻人，更喜欢将隐私说给陌生人听，而不愿意说给亲戚和熟人，因为他们认为这些是内心的羞耻部分。羞耻之心往往不外漏给身边的人，这也是人之常情。我们在心理上更倾向于在熟人之间做表演，表现阳刚的一面或深沉的一面，甚至于逗比的一面。往往在夜深人静的时候和神秘网友谈谈心，吐吐槽，释放下人性。

不愿意加班是职场的“人之常情”。我就运用过一次这个“常情”。

我做招聘业务竞价排名，投放了一段时间后，发现有3家竞争对手一到下班点就停止投放关键词，这让我大喜过望，因为求职者到晚上才是寻找招聘信息、投递简历的高峰期。所以，到下班时间，尤其是晚上，我花几毛钱，就可以排在头三名。

那段时间，我们的一个代理商在搜狗帮我们做竞价代理，他们做到22元一个注册，而我只需要花6元。我没在关键词、描述上下任何优化的工夫，只不过在别人下班的时候我上班而已。

我后来猜测竞争对手之所以下班就停预算有两个原因：

1. 当日预算设置太低，下班时就已经花费完了。
2. 员工懒惰，应付了事。
3. 代理商在做。

所以做运营，关键驱动因素不一定是技巧，有可能是背后执行运营策略的那个“人”。

满足

人是一个个性和共性的组合体。马斯洛需求层次讲的是人的共性。从低到高，只有低层次的需求被满足后才会进入下一个需求，所有的需求都是得到“满足”。

什么是满足？

举个例子：去超市购物，排队很让人心烦。等我们回到家，看着满满的冰箱，瞬间可视化了我们的满足，我们的努力变成了可见的内容。

当用户对自己所付出的成本和时间都可见的时候，用户就满足了。满足是一种心理舒服的状态，运营解决问题的手段在于人心，以巧破力。如果用户在你的产品上得到了满足，那么你的业务目标实现起来就很容易了。

吐槽

在现实生活中，我们得承认：人的确有三六九等。但是在感情上，三六九等是可以打破的，比如吐槽！

白居易的《琵琶行》中有一名句：同是天涯沦落人，相逢何必曾相识。白居易身居唐朝，封建社会，等级制度很明显。虽然白居易被贬官，但依然是大官人，属VP级别。而《琵琶行》中的歌女，年老之后嫁给了商人，商人在封建社会是最低下的阶层，没有现在这样风光。所以歌女是个平民。但“同是天涯沦落人”这句话显然是白居易将自己和歌女等同于一类人了，这是用户细分的方法呀：从情感上细分。

所以，用户分层，不一定从用户行为、人口统计学、活跃与沉默、留存与流失等特征来分。从情感上细分，依然出业绩。

目前比较流行的用户和粉丝的细分，就是情感上的细分。

匿名吐槽这个产品也是一个情感细分的例子：给那些糟心的人提供一个舞台，随意去评点谩骂。

比对

一个人去买手表，看重一个70元钱的，恰好对面的手表店打折卖40元，然后这个人就去了对面购买。同样一个人去买手机，看好了一个1000元的国货，对面手机店是970元。这个人买了1000元的。

同样的收益，为何买表可以去对面店铺买，而买手机就不去了。

专家说：人之所以会有不同的决定，其原因是人有时候惯于用节省的百分比来思考，而不是绝对金额。

这其实就是一种比对，服装店导购总会先拿出昂贵的东西，再拿出便宜的东西，这样会让人感觉东西更便宜。房地产中介总是先带顾客去看没有家具的房子，再带你去看装修过带家具的，这时租房者会“更有行动力”。

私心

经过我的观察，谈恋爱有这样几个意图：

1. 基于利益，找有钱人少奋斗20年。
2. 基于名声，搞定校花。
3. 基于被承认，自卑。
4. 基于兴趣，不是色鬼就是情痴。
5. 基于梦想，谈一场杨过龙女式的爱情。
6. 基于从众，别人都在谈。
7. 基于冲动，看对了眼。
8. 基于幸福，我爱上了TA。

同样是谈恋爱，不同的人，意图不同。

意图是有意识的企图，是推动人去行动的现实力量。

人的意图，转化到产品上，就是用户任务，运营要配合产品，找到用户的心理落脚点，帮用户完成任务，继而实现我们的业务目的。

拿求职举例，多数人跳槽最大的意图就是薪资，那么为何依然有很多人放弃高薪的机会投入创业团队？从人的意图角度来说：求职者更愿意去一个薪资上有想象力的地方，而不是目前薪资的多少，所以很多创业者招聘大会往往会吸引更多的人来参加。

情理之外

从众

中午吃饭的时候，经常七八个同事一起去，口味各不相同，但都互相谦让，然后就纠结去哪里吃。后来，我想了一个办法：每次吃饭，不说话，径直奔我想去吃的饭馆，然后他们就跟着也进来了，减少了讨论的成本，效率很高。我就运用了从众的心理。

从众是一种社会认同，是决策的潜在依据。

在日常交流中，我们经常问朋友，我要买一个电冰箱，在哪里买靠谱？朋友说：京东呀。然后你就去京东买了，这就是从众：你从了你的朋友。所以你就应该明白，为何京东要赔本赚吆喝了，就是为了打造一个从众的用户态势。很多企业重金砸品牌，也是这个目的。电商就是买的既便宜又放心，送货速度还神速，就能跑马圈地了。

经济改革，有个口号：先让一部分人富起来，然后富起来的人带动其他人富起来。产品也是这样：先让一部分用户心服，然后运营动用手段让这部分用户去当推广大使，让其朋友来从众。

在互联网上有这样一个弊端，一本书：只要有50个人评论说书不错，那么这本书就能热卖。书本身好不好倒在其次。这就是话语权，运营人能掌控的元素。如果读者看见这么多人说好，买来一看，看不出好来，读者可能只是怪自己能力有限。

所以我们会看到，很多企业网站把客户列表罗列起来、第三方认证展示出来，甚至在个性化推荐中写：“买了这本书的人还买了……”，在线教育网站会罗列学员感言。

冲动

逛香河家具城的时候，朋友说在他的店里，下午的成单率明显比上午高。我问他原因，他说：因为家具城太大了，很多人上午喜欢闲逛，下午的时候，逛累了，不想再走了，这时稍微动员一下就能成单，说动成本很低。

这就是把控用户行为到位的体现，没有数载的经验积累，是发现不了这个细节的。

当用户卡在决策点上的时候，一句赞赏，就会让用户立即成单，顺理成章。

据说电商网站，说动用户比说服用户成单率更高。

让用户产生冲动的最大驱动元素就是价格：价格能改变人的行为。这样的案例在我们日常生活中经常接触，不再列举。

说动，常用文案，可参看文案一章。

11

内容：说服用户的引擎

11.1 资讯、干货、内容营销、信息

内容的含义很广。

凡是我们看到的都可以称之为内容。但是从运营的角度来看，做不同的内容需要不同的运营策略，所以，我非科学性地将内容运营划分为四大类型：资讯型、干货型、营销型和信息。

资讯

资讯是有时效性的内容。比如新闻、求购信息、招聘职位等。一般来说，大部分社区的帖子也具有实效性，当用户不再热衷谈论时，帖子价值逝去，所以帖子也是一种资讯。类似的还有时评，是随着新闻热点的消失而消失的，也划归资讯类……

在新浪早期，陈彤定了一个新浪资讯运营模式：海量迅速。只靠这四个字，新浪一跃成为门户之首。

干货

干货是指内容生命周期较长，对用户价值持久，不会随着时间流逝而消亡的内容。它是服务于用户的兴趣爱好和利益相关的内容。

比如，图书是一种典型的干货内容，部分图书会经久不衰。招聘网站中的有关简历写法、面试攻略；一些知识分享类内容等都是干货。

干货型内容是从运营策略中拿效果，不可模仿，可形成竞争壁垒，一般会有一定深度，黏度高。

内容营销

内容营销必须服务于业务本身，它带有很强的目的性，比如促进销售、品牌海量曝光等，通过创意、策划，采取用户不反感的方式，引导尽可能多的用户产生我们预期的业务行为。所以，内容营销更关注业务，更注重转化。

比如软文，是一种典型的内容营销。

目前流行新的软文写法：策划一个很有故事情节的软文，在吸引用户观看的时候插入广告，做品牌展示或新产品告知，我称之为神软文。

再比如电商网站的产品详情页，企业站的产品说明书、品牌介绍等。

信息

那么，我们如何将这些内容传达给用户，其中一个载体就是信息，我们通过信息来告知或说服（说动）用户前来，这是“信息的提炼”。信息是内容的概括性表达，直接触达用户，用户首先接收的是信息而不是内容。

信息分两大类：推广物料+信息架构

1. 推广物料：即传递业务企图的表达，目标是促使用户进一步行动，达到我们期望的目的。

   如营销活动页面的主副标题、视觉设计；邮件、短信、App push等促行动文案；营销活动产品入口、站内信、通知等提醒类；分享转发文案、分享图等。

2. 信息架构是产品全局、单页面、文章等结构。

产品信息架构的主要职责是：

①帮助用户更快地找到所需要的信息，比如内容分类、关键词标签、站点地图等。

②在用户产生疑问时加以引导，比如新产品的信息向导、用户任务流程tips、客服

分类问题系统等。

③内容管理，比如CMS系统、标签系统、导航系统、字典系统等。

信息架构相对比较固定，优化周期较长，需要动用很多人力成本，所以，有经验的信息架构师一定是某个行业的权威。

（1）单页面信息架构

用户打开产品页面后第一眼看到的全是信息，比如：口号、页面布局、Logo、文案、颜色等，决定了你的产品给用户的感知是清晰的还是紊乱的。

（2）单篇文章信息架构

比如文章摘要，你一看摘要就能决策出要不要读这篇文章；文章层级，用加粗、加大字号、斜体等呈现出来的小标题等。

一句话：信息是内容的前哨和管理系统，是一种意图传达的载体。

下面来看一下这四类内容的区别。

他和她在一起了。→信息

是他先追的她：

他经常约她出去吃饭、旅游、看电影，

没事的时候就跟她聊运营知识。→干货

后来他表白了，

说了句：我喜欢你。→内容营销

她毫不犹豫的就同意了。

11.2 做内容，如何以用户为中心

一本书，究竟文字是产品还是纸张是产品。答案不言自明：用户买的是文字而非纸，所以文字是产品，而纸不过是呈现故事的载体，是附加值，或者说是驱动用户购买的运营元素，而且可能是高附加值。所以，电子书革了纸的命，而不是纸质书的命。

纸既然是载体，就是可替换的。所以内容型产品，内容是产品。当内容被搬到微信公众号上时，载体变了，但内容没变，所以微信公众号也是内容型产品。

当然，承载内容的载体也需要一些功能性。好的产品功能能为内容锦上添花，提高用户体验。比如阅读类App，排版效果的好坏会影响用户的取舍。所以，产品和内容相

辅相成，共同组成了内容型产品。

内容即产品，内容策略即产品策略，产品要以用户为中心。

不要将你的世界观强加进来

内容运营和网络编辑的最大不同之处在于：编辑以自我为中心，内容运营更注重用户的喜好和需求，通过目标用户的访问行为和兴趣来做内容。

在这点上，我犯错最多。

我常常以自我来审视用户。我接触最多的是大学生业务，所以经常拿自己的求职经历、考试经验来做用户研究。比如，我穷，我就觉得所有大学生都穷，我的手机300MB流量，那我默认用户也只有300MB流量；我勤工俭学，就觉得用户也热衷于兼职；我不玩游戏，那么用户肯定也不玩游戏。

这导致我在运营回合失败很多次。

忌专业词汇，走用户的认知结构

专业词汇就是能上百科的那些专业术语，要记住，用户是非专业的，用户想了解你的只是能不能完美解决我的问题，而不是把你的产品当成科研项目来做。用户没有时间，所以我们需要花时间将产品亮点提炼成“一看就明白”的境界。

我运营的校招产品，在菜单栏里有一个“校招项目”，很多人反馈说校招项目是什么呀，被用户误解，失去了很多流量。其实“校招项目”就是名企校招信息，后来，我就提了建议去优化这个菜单。

有一个案例，某个编辑出身的人开了一个饭店，然后菜单写着报眉肉，原来这是“菜单上右上角那份菜”，位置如报眉，所以取名报眉肉，只有报纸行业的人才知道。

忌枯燥乏味

内容运营要达到一种取悦用户的目的，让用户有天才般的感觉。否则，人为地制造用户的认知负荷和认知压力，用户就走了。

这也是为什么现在越来越多的内容营销开始走故事式营销方式的原因。让用户在看故事的过程中不小心掉进你的业务卖点上，并心甘情愿转发你的广告，这才是内容营销的真功夫。那些依然自话自说的企业在内容营销的攻势下已日渐衰老。

忌自话自说

与其说你的产品有多好，不如把好的证据包装一下，展示出来，比如案例式、视频式等。

简历就是一个明显自话自说的内容营销物料，很少有人不在简历上掺假。自话自说不如“他说”，于是邀约好友、同事评论成为病毒式拉新手法。

11.3 内容策略是什么

如今，“双胞胎”的内容型产品越来越多。但是在经过一段时间的竞争后，总会有一些产品脱颖而出。其原因在于：内容型产品的重心不再是内容建设，内容运营水平开始决定内容型产品的成败。

内容运营是由编辑演变而来的，一些有策略性的编辑开始尝试着从内容之外的驱动元素中拿效果，比如紧跟热点选题；内容之间如何组合才能效果最大化；比如在首页，什么时间推荐什么内容；如何针对不同用户推荐不一样的内容，做到内容个性化；哪些推荐组合带来了超乎寻常的业务价值；社区里哪些帖子被热议，评论互动次数高，由此来定义社区的内容主攻方向，等等。

可以狭义地理解，编辑面向的对象是一篇一篇的文章或帖子，校审、修改、文章的层次化等（将文章分块，不同块提取不同的有价值的信息，这和学语文课本的时候提取文章的中心思想很像）。内容运营面向的对象是内容型产品整体的文章、帖子或视频、音频内容，更注重于数据指导，做不同类型内容的组合，细分用户，达到预期的目标。

1. 内容的生产和编校，一般由编辑担纲。
2. 内容策略，岗位名称叫内容运营。有时候内容运营自己并不生产内容。他的工作是：制作计划、指导方针、发布日程安排、内容呈现、信息架构、效果监控、用户研究等。对整体内容运营流量目标、留存目标和内容质量负责，并对内容团队（编辑、记者为主）做管理，相当于一个主编的角色。

我们来看两个职位典型的职位描述。

编辑职位要求：

1. 具有较好的互联网方向的文案撰写能力，善于运营创意标题、策划文章内容。
2. 把控稿件质量、有独立撰稿和对公司对外文字内容把控能力。
3. 具备良好的敬业意识和团队合作精神，善于沟通。
4. 能够独立完成与项目团队对接，完成项目营销推广计划及各种文案编写。
5. 有社会热点敏锐度，擅长结合社会热点和事件撰写病毒式传播的内容。
6. 可以独立完成创意内容的策划、撰写、修改等，直到推送完毕，能够掌握不同类型内容的阅读趋势。
7. 营销、中文或相关专业毕业，本科以上学历，1年及以上相关工作经验。

内容运营岗位要求：

1. 三年以上互联网产品内容运营经验，有美食、生活服务等运营经验者优先。
2. 了解用户心理，能够围绕产品核心目标，独立完成内容栏目规划、选题策划、专题搭建等。
3. 具有优秀的创意能力，开拓且广阔的思维能力，敏锐的洞察力，熟悉互联网，有超强主题创意及文案策划能力、擅长策划包装新玩法并高效执行。
4. 熟悉内容运营的各种模式，对内容营销充满激情，对内容传播有一定的预见性和创新。

策略的价值在于：最小成本，最高效地完成业务目标。

最小成本：只做用户感兴趣的内容。

业务目标：只做业务范围内的内容。

前文举过一个自考类网校做SEO的案例，为了完成流量目标，做了大量教育类的热门关键词内容，将日均UV从7000做到了100000+，但是销售额并没有提升，这就是错误的运营策略，浪费了时间，违背了业务本身的价值。

所以，内容运营的策略，一般需要敲定如下问题。

从用户的角度来说

1. 用户最喜欢你的产品上的什么内容？
2. 如何为内容定位一个调性以区隔竞品？

从业务价值来说

1. 内容从哪里来？
2. 如何持续性地发布内容？
3. 如何将内容结构化呈现？
4. 如何分析内容效果？内容如何影响业务价值，如何度量？
5. 专题如何策划？
6. 主站内容和渠道内容如何相得益彰，朝同一目标迈进？

11.4 如何为内容定位一个“范”

范，又叫内容调性，是一种个性化的东西，能带给用户归属感、期待感。

比如我做网编的时候，鞭牛士论坛就给了我归属感。我还关注了很多自媒体大号，他们给我期待感，经常盼望着他们更新。我喜欢意识形态广告、喜欢张爱玲式写荒凉的手法、喜欢村上春树的语言习惯，他们在我心中都是个性化的。

媒体为何要做公信力，因为公信力就是一种“范”。而成功的社区多有情怀，比如天涯，华人的网上家园，主攻“海上生明月，天涯共此时”这个“调性”。

所以，内容型产品做范很重要：内容是可见的，而范是需要有策略地培养的。

如何去培养调性呢？我们需要从用户本身的“胃口”和“品位”来说，即用户对内容需求的深层次原因。

与自身个性相似

在古代，柳永、秦观等人，风流成性。但是为什么他们天天去风花雪月，而依然是我们心目中的偶像？

为什么现当代很多作家写书写不出名气，而写了类色情书系后一举成名，比如贾平凹的《废都》、渡边淳一的《失乐园》、村上春树的《挪威的森林》？

为什么古龙和金庸，都是武侠大家，但给人的感觉不同，金庸儒雅，古龙更显风尘，殊途同归，最终都成了武侠小说鼻祖级人物……

事实上，他们每个人都有一堆发烧友，这堆发烧友能从自己喜欢的作家的产品中感知到与自身个性相似的东西。就好比很多80后迷恋韩寒、90后迷恋郭敬明一样。

所以，运营一款内容型产品，需要根据目标用户的个性赋予这款产品一个性格。比如微信订阅号只要是个性化的，并让目标用户能明显感知到这种个性的存在，总会命中一批粉丝。

与自身利益相符

这个很好理解。比如用户去招聘类网站，明显是有求职需求的。老板为什么会喜欢分享一些励志的文章给你？你为什么会用美图秀秀？

我在高中时代曾特别迷恋那些忧郁的人。我发现，忧郁的人特别吸引女孩的注意，讳莫如深的感觉。一番深入研究后，我知道了，忧郁会产生一种高雅的气质，并能迸发出一种深不可测的力量。

所以我就阅读了很多如何培养忧郁气质的文章，目的很明确，就是渴望自己也能吸引小女生的注意力。

这些干货类的技能文章就与我自身利益相符。

用户为什么会流失？

如果你把从初中到大学暗恋的女孩都逐一回忆一遍，并列出每个女孩的特征时，你会发现不同时间区间内你所暗恋的对象是明显不同的：初中时你喜欢披肩发；到了高中，可能就喜欢娃娃脸；而大学，也许就是某个姑娘穿了一身白裙子而让你怦然心动；当你有了人生阅历的时候，你可能对知性女孩更加感冒。

所以，你的兴趣在变化，性格在成熟，个性在变。

这就是运营再好的内容产品也会有用户流失的原因：当用户的自身个性与你不再相符时，TA会重新回到自身个性中来，开始猎取另一个与自身个性相符的产品。

同理，当你的产品与用户利益不再相符时，用户也会弃你而去。比如我原来做的小升初、中考、高考、考研，校招等业务，一个人一生中很可能只有这一次需求，完成后就走了。

所以，内容型产品也有生命周期，和用户做不到白头到老。就像网红，红极一时总会曲终人散。

运营管理笔记的“好色”范

做运营管理笔记博客的时候，一开始我定的基调是运营吐槽，于是写了很多诸如“运营，我们要做优秀的站街女”“运营人的怨妇情结”等文章，结果吐槽的东西写多了，变成了运营人负面情绪的集散地。

后来，我开始写连载，比如“一个末流文科生的职场运营路”“我是一个签名设计师”等，企图靠真实来打动运营人，结果响应寥寥：没有人关心你的历程。

再后来，我从文章质量入手，开始写黏度较高的干货文，知识分享类的。比如“用户运营的认知考虑行动模型”“运营人如何从文案中拿效果”等，收获了一些粉丝，但是发现在运营圈里，有人在谈论我的文章，但是没有人谈论我这个人。

为了让用户对我加深印象，我开始写一些职场政治，比如“那个愤怒的运营人”，把职场描摹得很恐怖，开始有人关注文章背后的作者了，但远远达不到我的预期。

最后，我给自己找了一个定位：做运营圈里最“好色”的人。这时候，我写作的笔锋大变，开始“靠运营知识泡妞”。我把知识融入到与异性的对话之中，每篇文章都带有搞笑的梗在里面，融入了自嘲、“屌丝”、段子等元素。

结果好运来了，粉丝成指数级增长，在运营圈里也开始有人讨论我、传播我了。

后来我就总结了，这不就是“人贱人爱”吗？“好色”、自嘲、“屌丝”、段子的粉丝基数是最大的。

当然，这样的笔锋也惹来一些网友的投诉，认为我侮辱了女性，太自恋，但是我的确只是在自嘲。

网站运营108将的“江湖”范

因为痴迷于港台广告的江湖气息，所以我也在网站运营108将里赋予了一种江湖儿女、诗酒人生的范。

1. 种子用户里的“范”

我觉得江湖儿女少不了美女，古龙的小说里美女的篇幅相当高，这可能是古龙小说受欢迎的原因之一，所以我需要找到这些美女做冷启动。然后你就看到了我写的那些故事了，其实她们都是有原型的，我一个个约聊，把她们都说服了，要了照片，其中大部分是我的同学和老同事。

后来，我盯上了公司里的姑娘们，我发现她们天然具有一种诱惑力，带有“饵”的气质。于是和她们套近乎，没事就帮她们把工作都做了，久而久之，她们也就把照片都给我了。

后来一帅哥发现了这件事，也非要上网站运营108将聚义厅页面，还想排第一。我说你给我介绍几个漂亮姑娘我就把你排到第一的位置上，他非常高兴，1天不到就给我拿回来6张照片。

这养成了我每跳槽到一家新公司，先看我能“下手”的美女多不多的毛病。

2. 文字上体现“范”

后来，我集中修了一下页面的视觉呈现，因为我P图水平有限，干脆把整个论坛改为黑白灰三个色调。然后从文字上体现江湖气。

所以我首先写了一个招募贴：

2012，岁在癸丑，暮春之初，特募网站运营108将，欲举事也。思贤才，雄飞高举；慕佳士，雅会论坛。coo108有原创文章，运营吐槽；更有俊男靓女，薛林雅调，可当“为谁风露立中宵”之情事之景。夫独享一室之内，莫若分享众人。犹如苹果，味甘致美，一人独享，得味一也；二人共享，得味二也。思想亦如是，分享一思想，各得一思想，此得味二之意也。虽coo108内，人各不同，格调万殊，当其兴趣相投，便会欣于所遇，快然自足。韩利不才，揭竿而起，欲举事也。若蒙造雪而来，敢请扫花以俟！

然后我给每个人都取了一个绰号，比如小李广、燕子李三等，有点江湖气了。

3. 活动中刻意加入"范"

我在做活动的时候，会刻意模仿武侠风格，比如我做第一期线下聚会活动的时候，杜撰了慕容雪菲这个美女，我这样描述她：

话说108将聚会前夕，慕容雪菲闻讯，大喜，遂泼墨挥毫，大书一副草书《念奴娇 赤壁怀古》，恭贺此次聚会圆满成功！众位也许会问，慕容雪霏何许人也？答曰：才女，芳年24岁，京城漂泊，出没于各大天桥、公园之间，靠签名设计赚取微薄收入，给养考研。单身，至今未曾婚嫁！

那段时间，很多人和我打听慕容雪菲这个人，有意思吧！

聚会之后，我专门策划了一个专题，用武侠风格写了一段描述：

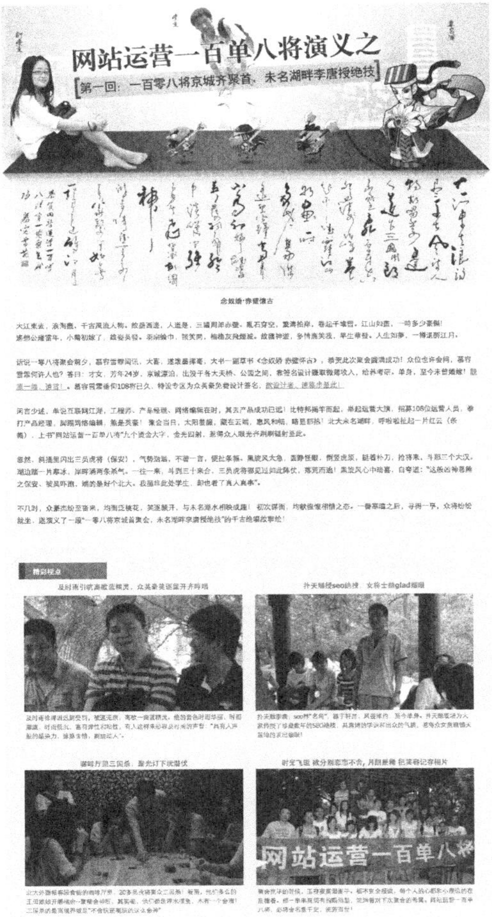

后来，我还经常搞一些江湖风月故事，比如我在一次沙龙上就作诗来吹嘘：

漫步于苏州街的小路上

眼光便魂不守舍地四处流漾

总想在不经意间

有身穿108将T恤的男人落在我目光的轻枝上

后来论坛关了之后，很多用户联系我说很失落。这种失落，就是调性带来的。

调性就是一个组织的信仰。

4. 精华内容营造范

网站运营108将承载了我很多心血。举办沙龙的过程中，没有主持人，我跪求老婆出山，没有前台接待员工，我恳请踢球的朋友帮忙。在QQ群里，事无巨细地回答网友的提问，并拿出仅有的幽默感维持社区秩序。然后便是举办各种街头足球赛、篮球赛等活动。

那个时候，没有战略规划和数据驱动，一切跟着运营的感觉走，外加点主动权，所以做起来也还算“九州生气恃风雷”。当时的主要运作思路现在总结起来却还真有点战术搭配的意思呢（运营人的第六感其实就是心在用户处）：

一个专题翘出种子用户→线上线下活动策划+内容建设留存用户→软文+电子书铺路挖掘新用户→网站运营108将活动贯穿始终，用户落地转化

简单地描述：

网站运营知识一网打尽专题的策划效果完全被油炸了出来，其最关键的是专题内嵌入了一个网站运营知识一网打尽的思维导图，这幅导图在微博上因为炳叔的一个推荐而得到疯狂的转发，从而引入了一批核心用户进来。

这个专题带动了整个社区的起步。于是，基于这次专题策划的成功，又接连策划了10个同类专题（内容建设）。社区上的活动可谓琳琅满目：线上征文，转发有奖，线下足球篮球赛、沙龙、聚会等。活动的策划为各种推广活动积累了充足的物料。渠道拉新上，运用软文推广渠道，无大规模的行动，只靠我博客里最早的几篇软文（链接诱饵）以及策划的几份文档等，然后每天都有新用户进来。后来，想寻找一个噱头将这些用户转化落地（吃终生），就组建了10个交流群。这样，用户增强了黏性。

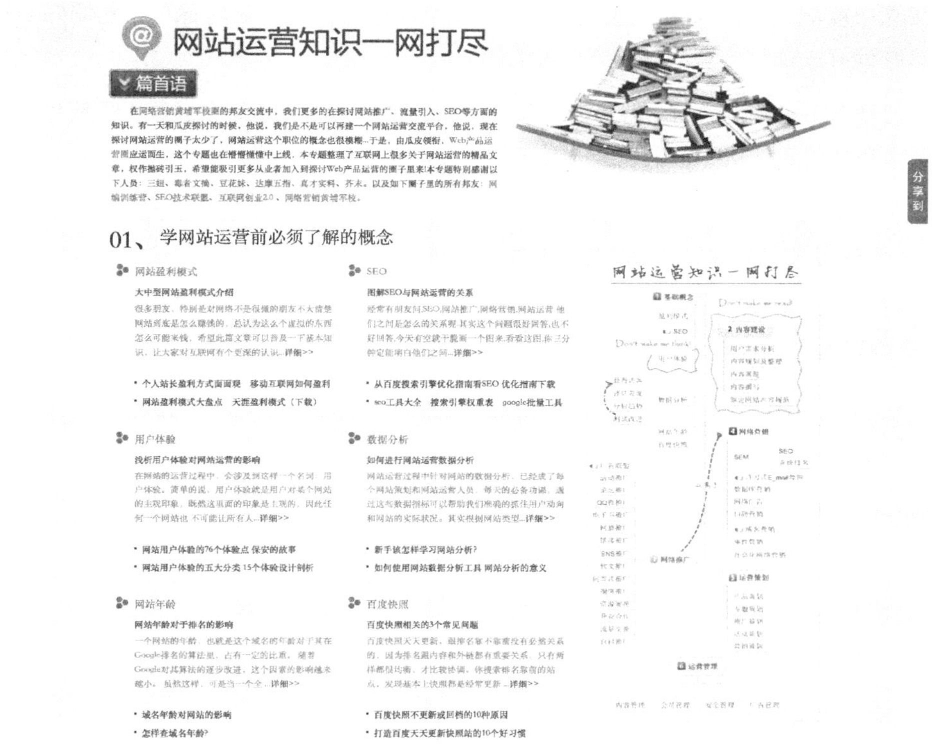

网站运营知识一网打尽专题第一屏

11.5 如何找到目标用户需要的内容

如果我们知道产品绝大多数用户最喜欢什么内容，那么我们就可以基于主流用户的兴趣点来制作内容，引导编辑团队、作者团队、甚至于UGC内容的生产者们去强化这些内容的输出，也能有效避免做了很多用户不喜欢的内容而浪费资源。

所以，研究用户对产品内容的期望和兴趣爱好至关重要：一来满足用户预期，二来降低成本，减少内耗。

我曾沿用过以下四种方法来分析用户的兴趣爱好。

流量分析法

比如在频道运营上，哪个频道的UV、PV、平均停留时间最高，这些都很简单，从监控工具中就能挖掘出来。通过这些数据，就可以分析出用户对内容访问的偏好，然后围绕这些偏好去优化内容建设的方向和思路。

一般情况下，我们做用户分析时，只能通过用户的行为、访问方式等去理解用户。但是，了解用户的心理状态、兴趣走向其实更重要，这时候，内容分析更能了解用户心理。比如，用户每天都在看什么内容，TA的目的是什么，对我们提供的内容感觉怎么样？

第9章试错一节的试错案例2即属于流量分析法。

用户票决法

用户票决，是一种定量分析方法。根据用户对你的文章的点评、引用、点赞、转发等行为来判断究竟哪些文章是用户喜欢的。

举一个很典型的例子：

唐诗宋词，据统计流传至今的有7万多首，那么这么多的诗词，究竟哪些是经典名篇，哪些是大众共识的好作品呢？一些学者利用互联网技术来挖掘当今用户最关注的一些诗词。拿宋词举例，评判标准如下。

测评指标（R）	权重（f）%	子项	时代权重 %
词选 x	50	宋代入选数 x_1	29
		元明入选数 x_2	26
		清代入选数 x_3	25
		现当代入选数 x_4	20
点评 p	20	被点评数	/
20 世纪研究 y	15	20 世纪被研究次数	/
唱和 h	5	被唱和数	/
互联网链接 l	10	谷歌链接相应网页数 l_1	50
		百度链接相应网页数 l_2	50

摘自《宋词排行榜》

分类法

当你把曾购买的所有产品汇总分类到一起的时候，就会知道自己的兴趣爱好了。你会发现，你一生中总会冲动那么几次。

这就是分类的妙处。分类就是时间的切割。时间跨度越长，越能了解自己。

了解用户喜好也是如此：拉长用户的时间区间，然后把用户的行为，比如浏览的信息、频道分类出来，就能把控主流用户的兴趣了。

用户调查法

我刚做校招内容的时候，不知道从何下手来做内容。后来，我在微信和微博上分别针对应届生用户做了调研，终于找到了内容运营的着力点。

11.6 从书法中看内容产品的结构化

结构一词很好理解又很难理解。

在生活中有很多日常可见的结构：比如房子两室一厅一厨一卫、银行卡号0000 0000 0000 0000四数一组等。

但结构一词用在互联网产品上就变得抽象了。

记得刚入行互联网时，对HTML、CSS、JavaScript比较感兴趣，但是总理解不了结构样式分离概念。直到有一天，闲暇练字之时，忽然想起卫夫人的《笔阵图》中的一句话：结构圆备如篆法，飘飏洒落如章草。顿有所悟。原来一副完美的书法作品，分肌劈理，是有法可依的。

这就是结构化。

所以我先来谈书法作品的结构，再去理解网站中的结构就容易多了。

书法中的结构

一幅完备的书法作品我个人理解有三个组成部分，技法（用笔）、章法（谋篇）和神韵（意图）。

下面分别来说。

1. 技法

即组成一幅作品的最小元素：横点撇折竖捺钩。这些元素组成字，字组成行（列），行（列）组成作品。

比如篆书，一般用笔圆润、粗细均匀、藏头护尾，这样用笔，整幅作品便显“婉而通”。而草书用笔不拘泥形态，有疾有徐，看似信马由缰，其实也必须遵循一定的规则，比如动不能飞扬，静不能沉穆。再如隶书，讲究蚕头燕尾。魏碑笔法沉着冷静……

这些都是书法作品中最小元素的限制。这也是书写和书法的区别，书法讲究字体，而写字随意：是浮圆潦草还是工整清晰，一切随心惬意，不必拘泥字体。

很多书法大家之所以有自己的特色，皆因用笔使然。颜筋柳骨，环肥燕瘦便是基于用笔而得。

2. 章法

又称谋篇，即字与字、行与行、字与行之间的呼应关系，以及题款钤章的设计。

章法由幅式、正文、题款、钤章四部分组成。

所谓幅式，即中堂、条幅、对联、横匾、手卷、横幅、扇面等。正文即书法家抒发心中胸臆而借以泼墨的文字内容，比如诗、词等，以及墨色。题款就是某某人做的内容和书法家的名，也有很多讲究，长款、短款、穷款、单款、双款等，题款时讲究主宾分明，字体适宜。钤章的规则也是很多，印泥颜色、印章大小、所印位置、多少等都需恰到好处。

这些都是章法的内容。看来讲究颇多，法不越于理，妙不超乎真。

3. 神韵（意图）

书法作品之所以称为传统文化，皆因书法和音乐、文学一样，创作是为了抒发胸臆，所以如何让书法作品调动读者情绪，至关重要。

胸臆分为两类，心情舒畅式（旖旎式书法、寄情山水，讲究情趣）和人生感慨式（时运不济或心忧天下）。

这些心情直接影响你所选择的书法字体：草书适合表达个性，隶书适合表达山水情趣，魏碑适合表达坚韧沉稳……

最让人称道的《兰亭序》之所以被誉为古今第一神品，不仅是其用笔技法一流，谋篇协调，更因其表达了王羲之当时的人生感悟：一群文人雅士会于会稽山阴之兰亭，王羲之乘着酒兴，用鼠须笔，在蚕纸上，即兴挥毫，心手双畅，写下了二十八行，三百二十四字的被后人誉为“天下第一行书”的《兰亭集序》。表达了王羲之盛事不常、“修短随化，终期于尽”的感叹。

在我们天天敲打键盘胡言乱语之时，书法早已被埋入荒冢，但用书法作品结构来解读网站结构，再合适不过。

网站产品中的结构化

网站大道和书法作品相同，其由功能（技法）、信息布局（章法）和业务意图（可理解为神韵）三部分组成。

1. 功能

功能是组成网站产品的最小元素，是网站用户需求的代码化和自动化，体现了产品团队的需求分析力和技术研发力。

在如今的各种产品形态中，各种功能眼花缭乱，但大都在做信息的重构。

比如社交类产品将线下关系互联网化；门户站将零散信息标签化、频道化、整合化；电商产品将商品信息互联网化……

总结起来，大体有信息发布（平台型产品）、信息展示（门户内容页、Landing Page）、信息导航（如首页、频道页、列表页、搜索）、信息聚合（书签、论坛板块）、信息交流（IM、E-mail、微博）和信息管理（CMS等）等功能。

网站设计者所需要做的就是通过互联网技术合理并最优化信息使用，宗旨就是根据用户的不同需求，由技术过滤信息，颠覆用户获取信息的方法和速度，让用户在烟雨迷离的信息海洋中最快获得答案。

举一个大家不太关注的一个网站功能意图，即网站是如何通过网站功能进行情绪管理的。一般我们在网站上购买东西不称心如意之时，总会产生负面情绪，一般有两种解决方法：掉头就走发誓不再来光顾；杀回去，在线IM寻找客服投诉，寻找专门的投诉通道。所以网站设计者便需要为用户开通这样的通道。

当然，网站功能设计的最高境界就是方便用户用最快速度达成用户任务。

但是，有一个悖论，即门户站成功的一个核心指标是用户黏度，体现在指标上便是用户平均页面停留时间和平均访问页面数。所以我们会看到很多门户站为了窃取用户更多时间而在功能上做了大量手脚，比如一篇文章翻页数次，增加垃圾图片浏览功能，等等。这种做法是典型的职业经理人为了完成网站绩效而想出的歪招（如果是创始团队，想必不会这么做）。

总之一句话，网站功能要利好用户，方能实现网站意图。

2. 布局

一个网站，由功能和内容组成，业务意图暗含其中。功能在第一点已讲，这里来看内容。数字化的今天，各大中小企业做的互联网化战略无一例外都是在发内容的横财。

最聪明最赚钱的当属搜索引擎，Google和百度的聪明之处在于拿别人的内容大发自己的横财，并且让内容缔造者心甘情愿的花钱在上面做广告。

而第二聪明发内容财的当属社交网络，通过黏着式功能手法（关系的沉淀）和概念渲染将用户真正捆绑在了网站上，并且从根源上杜绝了用户的转移成本，巧妙地通过产品功能形态绑架了用户。

内容是凌乱的，庞杂的，其之所以能形成一个庞大的网站，正是由于第1点所说的功能结构化使然。

而网站布局，解决的正是网站的整体信息架构和单个页面的排版问题。在这个领域，诞生了很多职业：信息架构师、页面优化师、页面设计师…….举个最耳熟能详的Landing Page的设计。Landing Page的设计是最被看重的，你所投放的广告、你所做的SEO优化归根结底都是为了将用户引流至你事先设计好的页面上，这个页面就是Landing Page。所以这个页面的设计至关重要，你的业务信息要放在页面的什么位置，你的导购信息要如何排版，视觉如何呈现都颇有讲究。

3. 意图

所谓意图，就是建站的终极目标，即你最渴望用户在你网站上做的动作。

意图分为大意图和小意图两种。

大意图很明显，就是希望你花点钱、希望你能拿起电话拨号、希望你能在线咨询、希望你能点击广告、希望你能贡献干货等。

小意图错综复杂。简单来说，网站在建站之初，就已根据目标用户的行为特点设置了种种“圈套”，而你为了能在网站上完成你的任务（比如浏览你想要的信息、订购一本书、和好友打个招呼等），你就必须遵循网站的使用规则，在这些规则里面，暗含网站设计者的各种小小意图。比如你发现一个人在网站运营108将社区里发了一篇帖子，写的文章你很欣赏，便也想抒发点心中的想法，那么你得注册方能顶帖。这里的注册便是网站运营108将社区的小意图。

意图有很多，如填写表单、登录、完善资料、领取任务、赚取积分、顶帖、发帖、参加活动、加入购物车、下单，等等。

门户站的意图很简单，就是通过你的点击、浏览、注册信息，为企业提供效果营销（导购服务或数据库营销）和品牌广告。

Web 2.0类型网站的意图就是通过用户主动创造发布内容、引发用户讨论、结交朋友等来实现网站氛围的营造，制造网络效应，病毒式传播，当用户群达到一定数量的时候采取货币化手法盈利。当然这种意图不会强权给你，而是为用户任务服务。

用户来到某个网站都有其自身的任务：寻找多年失散的好友、为女友订购一束鲜花、了解某款手机信息、比价等。当网站的服务解决了/未解决用户的任务之后，会影响用户心理的变化：

◎ 哇，这个网站不错
◎ 唉，白来一趟

而这种变化直接影响网站意图的达成：

◎ 经常访问
◎ 永别

所以，网站优化这个词就横空出世了。

网站优化解决的就是请客留步的问题。

众多小意图为大意图服务，这正是大家耳熟能详的漏斗图。总之，大意图即业务终极目标，小意图即网站期望的你所做的动作。

网站的功能模块的设计直接将信息和战略意图完美结合在了一起，就如书法中的技法直接将作者神韵和谋篇完美实现一样。所以网站的功能设计是网站稳固之根。

11.7 专题如何策划

专题策划是内容运营最基本的一个功夫，一般由编辑来担任。一个专题相当于一本书，其中做专题架构，寻找资料是一个技术活。有的时候，策划一个大型专题，需要半个月的时间，要看几十万字的资料，然后抽丝剥茧。

内容型产品（如门户和主题社区）、电商、企业站大都需要策划专题，或针对热点事件做聚焦型深度报道，或对某主题做系统性深度整合，或节日促销，或企业重大事件网络报道、新产品发布等。

专题对于产品的意义在于通过系统性、深度性的文字信息、产品信息，来实现聚焦眼球，增强产品软实力，最终实现终极目标。

一句话，专题是个营销工具。因为每个专题都须承载一个业务目标，所以没有业务目标的专题注定是强弩之末！

1. 门户网站以新闻为立身之本，所以其专题大多以热点事件的深度报道、实时跟踪为专题之魂。

2. 内容型社区以UGC为内容源头，若无整合，则繁杂内容会拖垮用户眼球，而且社区、活动策划必不可少，活动也是专题。

3. 电商领域，促销活动是重头戏。比如实时应景推出促销活动，不仅能带动销售，对店铺口碑传播也帮助甚大。

4. 企业站的新产品发布，重大信息，也都开始尝试运用互联网工具，比如在相关门户站上专题报道一下，以期扩大品牌影响力。

凡此种种，不一而足。专题成为了产品推广、网络营销最好的攻坚武器。或为流量、或为增加活跃度、忠诚度、或为促进商品销售……

专题策划目标不同，但方法大同小异。本文就以一个完整的专题，从选题策划→上线→效果评估的描述路径来笔墨一下！主要以网站为例。

部门	工作内容	工作流程	主要负责人	完成时间点	工作结果文档	度量指标
全部	推广讨论会	选题、推广方法			本表格	
运营部	专题	专题策划			原型稿	Call in电话数 IM咨询数
		UI设计			UI界面图	
		UI制作			静态页面	
		专题内容填充			可用页面	
		专题测试及上线			URL地址（可访问）	
	文章、图片	软文制作			word文档	
		帖子制作			word文档	
		新闻稿制作			word文档	
		推广图片广告语及设计			广告图	
	站内推广	主站推广位置确定			投放位置文档	UV
		兄弟站点推广位置确定			投放位置文档	
	服务咨询	在线咨询截取电话				截取电话数
市场部	论坛推广	推广论坛筛选及发布			论坛列表excel文档	UV
	引荐网站	软文投放媒体筛选			软文投放媒体excel文档	
		社会化网络媒体筛选及主题确定				
	百度	品牌专区推荐位置确定			文字链可见，无错链	
	广告	广告投放媒介筛选			广告媒体excel文档及投放策略文档	
	EDM	EDM主题确定、邮件设计制作、发放			EDM邮件界面	
	其他	其他渠道				
渠道监测	渠道监测	渠道监测代码部署			渠道监测代码部署 excel文档	

附图为2012年我做在线教育时为部门规划的专题策划及推广流程

第一步：召开选题大会，搜集业务需求，确定专题策划主题和目标

选题会工作法据说来源于卓越网。卓越网在卖书的时候，每天都有一个选品大会：即当天要在首页推荐哪本书。这当然是基于用户和市场需求来确定的。

专题策划也需要这样一个选题大会：我这个专题要做什么主题，内容从哪里来，实现什么运营目标、专题上线时间点等。

那么，做何种主题的专题，专题要实现网站的什么目标，需求多数来自销售部门或运营部门。

比如网站运营108将社区，初期建设的时候，没有用户。所以初期策划专题当为推广需求：通过优质内容型专题获取核心用户。所以那段时间，我策划了数个大型运营知识类系列专题。一来打造社区内容软实力，获取第一批用户，二来作为推广Landing Page。

当时的专题策划以精品内容和文档为主，并集系统性和专业性于一身，层次分明。目标群就定义为运营新手，为他们传递运营知识。我的想法是：以知识点为主题点，以一网打尽为专题噱头，足够吸引新用户到来。比如网站运营知识一网打尽、产品策划知识一网打尽、网络营销知识一网打尽，等等。那时候，我策划的专题目标便是网站注册用户数+加入运营108将QQ群的人数。

第二步：策划专题页面信息架构，设计页面原型

主题选好，目标确定，接下来就是策划专题页面信息架构，即专题页面上要放置哪些内容，这些内容如何分类、页面如何布局、各分类块内信息如何呈现、商业信息如何嵌入等。

页面信息架构、版块分类是专题策划的重点。我的经验是知识类的专题以系统性为主，即由浅入深，循序渐进。

我们都看书，书的目录是信息架构最好的诠释。这个经验来源于我实习期间的编书工作，当时主编给我上了一课，醍醐灌顶。主编说，编书重在目录，目录打好，书就成了。果不其然，主编当日给了我一编书主题：中国式沟通。30天出稿。我花两周时间攒目录，前后修改数版。确定后，我便忽觉书已成了。

在打目录的过程中，大脑一直高度活跃，不断自动评判目录合理性。总怕漏点而使书不成体系。且在思考中不断翻经觑典，寻找论据，间接开拓了眼界。所以在后两周时间里，我需要做的就是往各目录里录文章：1周完成文章编纂，1周遣词造句。

关于页面原型设计，就是将你的专题目录涂抹在画布上，需要注意几个事项：

1. 原型不要画得太过美观、一尘不染，否则容易成为UI设计人员的思维障碍。
2. 内容型专题一般左宽右窄型结构居多，所以右侧框架需要有个伸缩块，不要画死。
3. 画原型切忌按部就班从头画至尾，要大局着眼，先画框架，再布局，最后在各个局内摆设内容。
4. 原型主题文字内容一定要确定无误，比如页头标题、描述语言等，因为这些内容设计师根据设计需要极有可能当作设计原始素材，而非可随意编辑的网页文字信息。另外，同一样式的块可当作模块共用，在原型中不必填充完整信息，这样一来节省设计师时间，二来节省网页制作师时间。
5. 原型工具有很多，用Axure的人最多，其次Visio、Word、Excel均可。

第三步：页面设计制作、技术效果实现

原型是专题策划交给设计制作人员的交付件。原型确认之后，先交由UI设计师视觉装扮。这块有个小问题，就是专题策划者需不需要写设计文档。我个人想法如下：如果是小型团队，并同室办公的话，大可不必重视这些繁文缛节，走几步路过去沟通告知一下色调、注意要点事项。当然，在发邮件时也可将这些信息备份在邮件里，或者标注在原型图上皆可。

如果你的设计团队为外包团队或不在一起办公，那么就需要写一个详细的页面设计说明文档了。我曾在聊天中听闻过某互联网公司对于网页生产极端精细化，并形成了自己的一套页面设计标准。

页面视觉设计完毕，下一步工作就是页面制作。根据我的从业经历，这也有两种情况。一种是设计师自己既懂设计又懂制作，所以工作起来十分顺畅；还有的公司设计师只负责视觉，页面生产制作由网页制作师专职完成，这样凭空增添一个环节，即页面的策划意图和设计意图需要和网页制作师再表述一遍。

页面制作是个前端技术活，非我们策划人员所擅长，我们只需监督代码的简洁性即可。如果一点都不懂HTML代码的话，为了保证你后期工作能顺畅，建议了解以下几点。

1. 页面链接哪些需在新窗口打开，哪些需在当前窗口打开。虽然只是一个-blank的事情，但是如果专题页面链接上百后，你又不懂代码批量替换的话，还得麻烦制作师。
2. 页面CSS、JavaScript代码最好调用，不要写在HTML代码内。一般专题内需要

JavaScript技术的有：焦点图、调查问卷、倒计时功能，等等。

3. 是否需要社会化分享系统，比如bShare、JiaThis、百度分享等，是自定义样式还是用官方规范化样式。

4. 加入数据统计代码。这是十分重要的一块内容，否则你不知道专题是否完成了你的业务预期。如果页面承载着销售的使命，或者目标是引入注册用户数、相关表单都需要特殊定制一下。再如JavaScript等非URL信息展示，技术无法监测也需特殊处理。总之一句话，专题的关键业务目标都要做好监测。

   另，在专题上线后，给市场做推广时，也要做好渠道监测部署，如GA提供的渠道监测工具、Google网址构建器，用以将各个渠道区分出来进入广告系列列表内，以备后期渠道效果评测用。

5. 是否需要评价系统。我个人一直认为，专题其实就是一个大型帖子，专题的好坏也需要网友的主动评判。网友在评判一个专题的好坏时有三种行为：走人、评价、分享。所以我一直建议每个专题都套用评价系统。

6. 专题各板块的内容是自动调取实时更新还是手动添加。这涉及到SEO的事情。一般实事热点型专题都是系统自动调用，即编辑有权设置系统按时间点或关键词来调取信息。而主题类专题、促销类专题和活动等专题一般内容固定，无须实时更新，所以一般是静态页面。当然有些网站出于SEO考虑，会在每个专题上都设置一个自动更新块，用以对搜索引擎友好。

7. 广告位务必嵌入整站广告系统内，否则当专题时效性消失或时间长了之后，其页面广告位成了过往业务，手动更新便增加了运营成本。

8. 是否需要有业务销售工具呈现在页面上，比如IM在线咨询工具、400电话等。

9. 是否需要倒计时工具并个性化定制，以期在方寸之间造成用户的紧张感。比如促销活动，设置一个自动时间，在即将结束的时候，突出显示倒计时页面元素。

第四步：完善页面内容

页面制作完成后，如果是一个静态页专题，这时候就转交给网站编辑，网站编辑需要将提前准备好的内容逐条填入页面内。并需要逐个链接去点击，看是否有错误链接。我的一个偷懒经验是：如果是内容型专题，我一般不提前准备内容，只把页面框架和框架内主题确定好后就完事了。待页面制作完成之后再逐个版块去搜集内容，逐个框架填充内容。不规范，但是省事。因为互联网信息浩如烟海，没有找不到的信息。

第五步：专题测试，上线

专题上线内测是个重要活计，涉及的工作人员有：①专题策划者，要逐一点击页面链接，发现错链并及时纠正，确认SEO的相关页面元素是否填写；②页面制作者，各大主流浏览器的兼容性，页面统计代码、分享代码等运营工具是否加入完整；③技术人员，头尾文件嵌套是否正常，加载速度是否合理。如果这些都确认无误，为你的专题页面取个合适的路径名称，便可正式上线了。恭喜你又为你的专题聚合页面贡献了一个质量高超的专题，让你的网站软实力又增进一步！

第六步：专题推广，效果监测

专题上线，需要推广。推广渠道，首先要在内部做推广，比如，在你的网站首页加入图片、文字入口，在你单位的内部沟通工具上群呼一声，抑或邮件告知。在外部推广上，给予市场部门合理的建议，比如该专题适用人群，知识类的是适合新手还是高手，促销类的是针对大学生购物人群还是白领阶层，适用年龄段，等等，这样市场人员才会有的放矢投放广告。

关于效果监测，用户行为数据来源多样性：在运营辅助工具如GA、百度统计上会收集到用户浏览数据和行为数据，在JiaThis、bShare、百度分享上，能获得很多社会化网络数据。另外，如果你额外地运用了软文、信息图、文档等免费推广方式，那么关注这些物料被转载、分享的次数会让你兴高采烈，此外还有SEO相关指标的实时关注。

当你通过数据看到源源不断的流量过来时，如果是以浏览量、访次等作为专题目标的话，那么你可以喝酒庆功了。但在目前互联网产品的同质化下，流量已被做烂，所以你还应该有更深度的目标，特别是电商站、企业站，有质量的流量才是我们所要关注的。所以，运用你的数据分析工具，深入分析你的流量质量，比如运用GA的渠道可视化、目标自定义、访问者流等转化分析工具进行深入分析，从而取得正确优化观点，为下一次专题策划积累经验。

11.8 Landing Page如何策划

Landing Page，是用户进入你网站的第一个页面。这个页面在以网页直销为渠道的互联网业务上至关重要，据传说：优秀的登录页面可以在一夜之间改变在线销售企业的命运。没有亲历，只当神话。但也从侧面凸显了这个页面的重要性，所以其在网页直销界被在线销售人员倍加关注不足为奇。

按照流量渠道来说，一般SEO进入的Landing Page千差万别，既有可能是网站的首页，也有可能是商品的详情页、信息导航页，和你页面上的关键词策略有关系。而一般付费推广的页面，比如Banner投放、SEM，这样的流量渠道我们往往会更加重视，重视的程度就在Landing Page上的“商业意图和说服架构”。这个页面情牵用户，深系目标。所以今天说的Landing Page的策划便是这样一个兼具ROI指标和参与度指标的页面的策划方法。

Landing Page的“用心”策划所体现的价值就是我们所期望的用户行为和业务目标在这个页面上得到实现。

部门名称	负责人（组）	工作内容	度量指标	指标值	实际完成值	备注
运营部	运营组	挖掘机构市场需求、推广监测代码管理部署、制作landing page页、发布任务。	咨询数（电话、IM）、landing page页面转化率			
	编辑组	与机构实时沟通，页面内容实时更新、配合seo工作、推广物料文字内容准备	跳出率、网站和页面平均停留时间、广告表现			广告表现=广告被点击总数/访问总数
	客服组	市场分析、话术准备、截取电话号码	索取电话数、二次咨询数			
市场部	品牌广告	整理有关推广品牌的广告媒介，并投放	品牌吸引度			品牌吸引百分比=（包含品牌关键词的访问量+直接访问量）/（总的搜索引擎访问量+直接访问量）
	SEO	链接诱饵制作、百度新闻源申请、热门与业务相关关键词筛选、页面关键词优化	索引数			索引数=被索引的页面数/站点上的页面数
			外链数			
			业务相关关键词的排名			
			关键词质量			站点访问平均时间、跳出率（短暂访问）
			seo的投资回报率			平均咨询成本
			最受欢迎页面的优化			
			新老访问者比率			
	百度品牌专区	根据业务咨询量来设计推广文案、匹配推广机构	平均电话成本			
			转化质量指数			转化质量指数=来自推荐来源X的目标转化率/推荐来源X的浏览量
	E_mail	邮件设计制作、数据库筛选	投递率			（发送总数-退回数）/发送总数
			阅读率			阅读数/投递数
			点击率			点击数/阅读数
			E_mail营销转化率			关键业务结果/投递数
			平均咨询成本			咨询量/营销成本
	P.R.	筛选媒体并合作	文章投放数、转载数			
	社会化网络	监测业务相关热门社会化话题、内容及活动主题创意	粉丝数、分享数、网络强度（转发评论的人的影响力大小）			
	BD	资源置换、合作				
	网络水军	资料整理，接收任务并定时完成	资料整理数、发帖数、分享数、顶贴数、帖子点击数			

附图为2011年我做在线教育时Landing Page策划及指标规划图

直入主题：Landing Page的策划五部曲。

曲1：明确解决的问题→选择好目标群→我们用什么指标衡量成功→如何衡量

没有明确目标的策划属于无稽之谈。既然存在目标，那么就会有“我们要解决的问题”（事实上，网站运营人一直在解决网站和用户直接切合匹配的种种问题），这个问题可能是网站的销售遇到了瓶颈，急需促销提高销售额，也可能是我们有了一个“冠冕堂皇”的想法需要捕捉目标用户实验我们的假设，还有可能是在一段时间内我们的休眠用户数成指数上涨，流失率水涨船高，还有的是遇到了双十一、元旦等节日，需要为已有会员谋取福利，延长用户生命周期……

选择主要目标受众

网站运营中遇到的问题明确了，我们的目标群想当然的便已“昭然若揭”。假设我们是为了激活休眠用户。这时候我们的目标用户就确定了：在一段时间内（假设30天内），部分用户一直没有回访网站动作，我们认为在运营过程中冷落了这部分用户。这时，我们便确定了这部分目标人群：30天内未回访网站的用户（假设占全部注册用户数的30%）。我们需要翻他们的绿头牌。然后考虑，如何能和这些用户联系上，可能我们有这些用户的E-mail（大部分情况），或者有用户的QQ号等，这时候我们确定了触达这些用户的方式，即E-mail邀回。

确定成功目标

问题确定，目标群明确，然后我们需要确定此次策划的成功度量指标是什么。衡量成功有很多指标，但最关键的那个指标就是你问题解决的程度。延续第二步的例子，激活休眠用户，如果策划的活动能够拉回休眠用户总数的50%（假设为10W）即为成功，所以10W即为我们的目标。那么还有一个问题，10W用户如何定义才算成功拉回：是回访了网站，还是在回访中参与了活动，点击了“参加活动”按钮，还是在网站上平均停留了2分钟。这些也都需要我们去定义。一般来说，活跃度这个指标就是用户回来后必须做点动作才算活跃（交互度）。不要小看这个东西，它决定了我们的Landing Page究竟要放哪些元素、如何布局等，至关重要。所以我们确定成功目标之后，即可进入下一步。

如何衡量

上述都确定之后，我们还需要考虑可执行性，即我们如何衡量这个成功。拿转化举例，这里的转化不一定是订单转化，也有可能是因为我的Landing Page上有一个投票小活动，凡是参与了投票即为成功转化；抑或我的Landing Page上有一个400电话，用户因为我的Landing Page 的说服而致电我们的客服，即视为一个转化。这看我们自己的定义。定义好转化之后，就需要画一个纸上流程了，或者我们直接运用GA的目标和渠道功能设置由Landing Page这个必经入口用户如何一步步达到我们期望的行为路径（事实上GA的渠道可视化功能相当靠谱）。

想好上述步骤之后，我们的策划便清晰了。这个时候我们再开始动手去策划这个Landing Page便会有的放矢。

曲2：确定Landing Page主题词

所谓主题词，其实就是这个Landing Page的主标题。策划过专题的同学都知道，每个特立独行的页面都有一个独一无二的主题词。主题词的好坏相当于论坛帖子的标题，将直接影响用户会不会点击进去，或者去继续浏览下一个内容。所以，主题词的选择必须要一句话能激发用户的阅读或参与欲望。比如，我个人策划过的比较成功的一个专题，当时我们要解决K12领域家长的意愿捕获（即销售线索）这个问题。于是，在专题主题词上下了很大工夫，最终确定了一个“高考在即，家长如何考满分”这个主题。家长一看，便十分犹豫：我儿子高考，为何我要考满分呢？我如何做才能考满分？于是便有继续了解的意愿了，如下图所示。

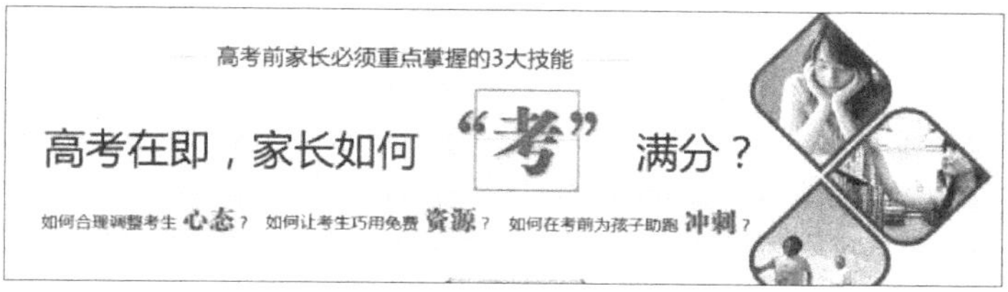

很多人想主题词的时候会抓耳挠腮，不知所以。像我比较崇尚词语的力量，所以往往会用夸张词，比如“击毙英语四六级，还我校园青春”，比如“网站运营知识一网打尽”，比如“将贴身家教请回家，将万千老师收至麾下”等我曾经自以为不错的Landing Page。“击毙”“一网打尽”“万千老师”，这些词的运用有哗众取宠之嫌，但效果很是不错，够抓人眼球。其实，主题词的策划前人也已经总结出了一套公式：**用户期望得到的结果+在限定的时间范围内+做不到怎么办**。如“10分钟将盒饭送到家，否则分文不收”，便是套用这个公式的结果，是不是很方便呢？

曲3：意图部署，说服架构元素考量

主题词确定好之后，我就开始策划页面主旨内容。这个内容可不要小觑，其本质是让用户完成我们设置的某个目标而做的说服架构，即我们页面上呈现的所有东西都是为了说服用户在这个页面上做一个动作。（比如拿起手机打电话，比如点击页面的

“参与”按钮），所以这个页面的主旨内容至关重要。我的经验就是凡是能驱动用户做动作的那些影响因素至少要放上两个元素。以“击毙英语四六级，还我校园青春”这个Landing Page来说，页面目标很明了，就是让用户能够团购我们的0元课程。所以，“了解详情”这个按钮是我驱使用户去做的动作。我在上面定义了两个因素去说服用户做这个动作，即先说拿不到四六级证的危险后果和0元价格，如下图所示。

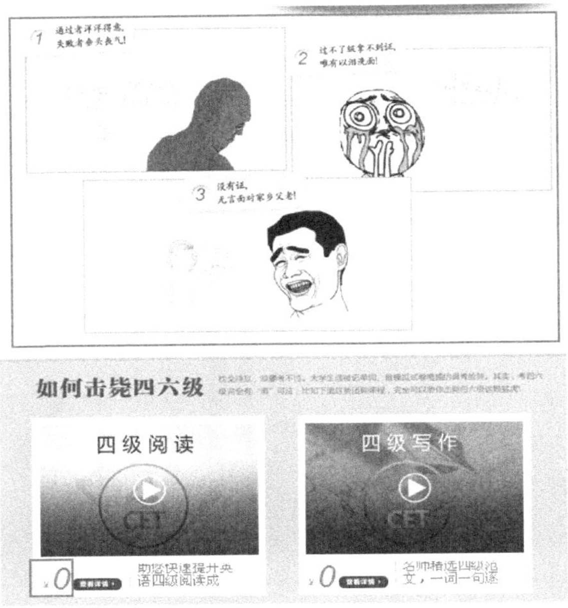

曲4：动手设计

我们是以页面为销售或者服务来为我们的用户提供动力，这个页面就是Landing Page，页面上承载了我们上述的全部想法。在页面上，有两个重要的东西，一个是上文说的文案（主题词和说服性元素），另一个就是视觉设计，用颜色、线条、图片、视频等驱动元素展示。这也是我们的杀手锏之一，甚至在某种Landing Page上是最重要的驱动因子。这也是体现UI设计师的水准之一。我一直认为一个高级的UI设计师必须要熟悉网站业务，了解目标用户群。所以我在做Landing Page的时候，在原型上应尽量简洁潦草，有时候只出一个纸上原型，而把页面视觉设计创新留给UI设计师。所以我经常在策划时将设计师也拉到策划团队里，并灌输业务目标和我们要承载的意图。

在Landing Page的视觉设计上，我仅从一个用户的习惯上来做评判。比如，当页面上承载了太多内容的时候，我们可以考虑将内容视频化，比如产品演示、帮助文档等。

再有，曾经听过一些人说有的页面设计太过精美，盖过了页面上的内容，因此，在设计的过程中要达到文案与视觉元素的平衡。

在一些承载着我们关键目标的设计元素上，一定要突出显示。

我之前策划的Landing Page上，一直忽略了一点，就是在第一屏上，往往仅呈现了页面的主题词，而关键业务元素却放在了第二屏，这有时候会影响关键目标达成的力度，需要引起注意。第一屏应尽量体现最重要的元素。

曲5：万事俱备，只欠东风

页面出来之后，监测代码部署好，页头页尾嵌套上，便要如约上线。见证我们策划能力、对用户理解程度的激动人心的时刻就要来了，我们需要投放广告来完成我们的目标。营销推广一般按照来源分为站内推广和站外引流，基于你要解决的问题。比如为了激活休眠用户，那么只需要对站内已有用户的E-mail list（或其他触达渠道）做文章即可。如果你策划的这个Landing Page是想刺激已有活跃用户在社会化网络上拉回新用户，那么除引流外，还要在产品流程上做优化。如果我们是为了引流新用户，就需要寻找“货源”：在哪个渠道投放广告，比如SEM、数据库营销、社会化网络推广、社区等。渠道选择是个大话题，监测也不是一件容易的事情。

总之，我们需要一个推广渠道列表，计算好各渠道的投入和产出，并做渠道对比来确定对我们最优的渠道，并大量投入。

尾声：我们在策划Landing Page的时候，往往会会遇到很多阻碍，比如目标不明确，为了策划而策划等。目标太多，希望每个Landing Page都将流量价值发挥到极致。遇到类似问题的时候，我们因为职位卑劣的原因经常屈服于最高旨意。这时候，讲道理往往没用，AB测试又有技术难题，结果只能是Landing Page变成四不像，而这，正是互联网上充斥着大量精心设计的Landing Page，但靠Landing Page成功寥寥的原因所在。

所以，做运营的人一定要“固执己见”。比如关羽：

“刘备兵败，关羽被曹操俘虏，曹操思贤才，礼遇有加，封汉寿亭侯。但关羽‘身在曹营心在汉’。为报曹操知遇之恩，关羽杀颜良，诛文丑，解白马之围后来，关羽知悉刘备下落，告辞曹操，‘千里走单骑’，‘过五关斩六将’，终于找到刘备。”

11.9 社区内容运营五步法

社区运营人员工作相当烦琐，毕竟互联网是个虚拟的、数字化的东西。运作到如火如荼的地步，相当不易。运营人员好比气功师父："气溯如潮上，津流若酒醇"，气氛运营的好，社区方能澎湃!社区运营工作葳蕤繁杂，但修枝剪叶，分花拂柳，其实也有章可循，有法可依，总结如下。

社区运营人员的主要工作有两件大事：内容运营和用户运营。

社区内容运营

目标群体确定，社区主题内容便已板上钉钉，待产品开发完毕后，运营人员就粉墨登场吆五喝六敲锣打鼓扭起来了。社区内容运营和初学书法一样，先学习横竖撇捺点，再练字结构，最后组章法。所以，我先把社区内容运营的流程法则涂抹如下。

内容自运作→内容自生成→优质资源挖掘→打造社区气质→确立社区品牌

条分缕析

◎ 内容自运作。上线前后的运营手段，属于社区产品装修阶段。上线之前，产品是个空壳，我们不能把一个空壳产品放在线上推广，"八月秋高风怒号，卷我屋上三重茅"，太寒酸了，拿不出手，还浪费推广资源。所以需要社区编辑灌些内容上去。社区编辑灌内容的手段多样，招募兼职、水军灌帖、自灌，或在测试阶段邀请一批达人，抑或"厚颜"采集……初始内容有了，社区编辑要将部分文章帖子推荐至各个导航页面。社区编辑在灌水阶段，社区管理员要把社区规章制度形诸于文：积分策略、等级策略、用户组策略、管理组策略、社区帮助文档等，不一而足。上线后，社区推广人员开始上台舞蹈：各种推广方法并用，花钱的、花力气的，总之使社区让"天下寒士"耳熟为第一要义。这时候社区编辑也不能休息，得搜肠刮肚写软文。总之，这一阶段，全是点横竖撇捺钩的事情。

◎ 内容自生成。这一阶段是最难的阶段，好多社区止步于此或醉卧沙场。这也是见证运营人员功力的阶段。社区推广人员将流量引进，社区编辑和社区管理员要使出浑身解数留住用户，让用户回眸，这是其一!其二，用户屡次来袭，但只浏览帖子而没有顶帖发帖等动作其实毫无意义。所以，社区工作人员中，社区编辑要自编辑整合各种优质帖子，写各种颇具争议的文章，做专题，做文档等。社区活动策划人员要别出心裁，栽柳成荫，想出好点子，做好线上或线下活动，比如版主召集活动、征稿活动、娱乐活动，等等。社区管理员要充分研究用户行为，实时优化社区制度，力争让用户留下片言只语，如打卡签到、做社区任务等。

◎ 挖掘优质资源。这一阶段的前置条件是UGC运营已十分成功。优质资源分两大部分：优质内容和优质用户。先说优质内容，具有讨论价值且切合社区气质的主题便为优质内容，具有实用价值的主题为次优质内容，如各种干货、文档之类。最后，优质内容切记过长，毕竟用户不是看帖，而是扫描帖子。这时候社区编辑要做的工作就是：寻找优质的内容帖，并善加利用，利用置顶、推荐至首页或频道页、加精华、标红等各种方法，将帖子推广到离用户最近的地方。这一阶段，优质内容必须有量的要求。如何获得大批量优质内容，是社区活动策划人员的必修课。社区管理员这一阶段也要再次优化积分体系、任务体系等社区制度。再说优质用户，也称为社区核心用户。社区分两类，一类基于主题，另一类基于关系。优质用户发现集中于基于主题类社区。优质用户体现在行为上，也有两个评判标准：善于写作和善于带动氛围。原创基于社区网站来说，其意义至关重要，不仅仅体现在SEO上，大量原创内容资源对于增加用户黏性更是功不可没，所以写手很重要。社区编辑们要和这些写手建立起深厚的关系。善于带动氛围的人往往思维活跃，不仅喜欢在线上顶帖发帖，在线下也是社区活动的积极推动者。无氛围的社区不叫社区，叫门户。所以这些善于带动氛围的人是各大版块版主的最佳人选。

◎ 打造社区气质。优质内容和优质用户都有了，这时候运营人员就要确定社区宏观内容的主题基调了。是做高端内容还是低端内容，是做评论性内容还是做知识分享性内容，是主打原创帖还是主打整合帖等。确定了内容基调之后，其实社区就有了内容建设的方向，这时候社区编辑就可以运用各种手法整合包装优质内容，比如专题策划，内容盘点等。这个时候，社区气质已经凸显出来，但还需要深化社区气质：用户价值诉求!说白了就是给用户的第一感觉。比如知乎，基于话题的高质量问答社区；豆瓣，带有文艺范的书评版块；虾米，高品质音乐分享发现。社区气质主要体现在三个方面：**文字内容、视觉装潢和营销推广物料**。站内文字内容是需要社区编辑去引导，视觉装潢可以靠社区改版完成，营销推广物料需要加大创意力度，适当头脑风暴一下，在文案和展现手法上下足工夫。

◎ 确立社区品牌。社区运营环环相扣，终于到了社区品牌确定阶段。如果前面的各种事项都已完成，那么社区品牌就会水到渠成。这时候，你的社区可能已经在同类产品中名列前茅，很多创业者或平台类产品已经开始关注你了，这个时候需要做的就是设置竞争壁垒。品牌是一个最难逾越的竞争壁垒。所以这个阶段需要加大品牌营销力度，让壁垒更坚固一些，让对手无缝可寻。确立社区品牌还有一个工作要做——即产品功能的提升，不断基于用户需求增加新的功能点，完善既有功能。比如增加移动App、桌面应用程序等。如鞭牛士的牛博士排版工具、手机派代等，不断延长产品线，最终走向社区商业化的道路。

再表用户运营

其实在内容运营阶段，用户运营已经糅合其中，随着用户心理上的变化，逛社区的时候通常会遵循如下行为：

随便看看→注册→顶帖→创帖

这四个行为变化的过程也是转化率不断降低的过程，如何优化各个阶段的转化率、如何提高用户注册量、如何保持用户活跃度是运营人员必须做足的功课。

用户被广告或者口碑带入社区，一般会先在社区逛逛，在逛的过程中，心理上会有一些变化，比如：这个社区不错，内容挺适合我的；喔，原来张三也在这里发帖了；咦，这篇帖子写的很对我脾气；唉，没啥原创内容，走人……。这个阶段留下了一部分人，走了一部分人。留下的人中又有部分人注册了社区。在这部分人中，其实心理预期千奇百怪，有的可能是发现你的社区氛围不错，有广告价值，所以发个推广软文；有的人发现这个社区的文章很有价值，引起了共鸣，必须要讨论一下，所以注册，进入顶帖阶段。在顶帖阶段，注册会员往往有个疲劳期，如果会员发的评论全无响应，其实会降低会员积极性，所以运营人员需要设置一个社区沟通大使的职务，伪装个马甲去和会员线上互动。你顶帖，我顶你，最终都好好活着。过了一段时间，经常顶帖的人又满足于当次角了，要当主角，人都是这样思进取的，所以就直接原创帖子了，让别人顶我的帖。于是，一枚优质用户又被收至麾下！

因此，社区用户运营要在运营过程中不断揣摩用户心思，在满足用户需求的基础上适当引导用户向社区气质靠拢。

总结：运营工作人员事无巨细，目前来看，在所有和网站挂钩的各个部门中，网站运营部门最辛苦，最操劳，也最被领导所诟病，因为效果好坏是由运营部门来承担的。

也难怪网站运营108将的部分成员要转型产品经理。在不久的将来，也许运营部门会挺直腰杆，不在“摧眉折腰事权贵”了。

11.10 内容运营的规范：内容产品化

产品化就是规范化，这会让用户累积认知，每次使用都是一个心智的强化。举个简单的例子，冯巩的春晚秀，第一句话总是：我想死你们了。他在表演的过程中融入了产品化的思路。这是策略，做的是遗忘曲线，绝非无心之举。重复最容易让人记住，而记住意味着亲切。宋小宝同理，“瞅你那损色！”是宋小宝的策略，只不过冯巩的话是大白话，面向的是全国地区，所以在春晚播。宋小宝的话带有典型的地方特色，所以东北是其主攻阵地。

拿微信举例：做内容的时候，我们可以延续这个思路：

1. push内容产品化
2. 图文列表产品化
3. 文章内容产品化
4. 发布时间产品化

push内容产品化

做从一而终的内容，比如做校招信息的内容号就只做校招信息，或者缩小范围，做名企！其他内容都不做，久而久之，用户就会有印象：找名企校招就去你这个号了。甚至于简历、面试攻略都不去做，只聚焦做校招信息。

图文列表产品化

1. 文章标题的结构化，做一个很好的标题公式，这在做校招的时候是很靠谱的，比如标题就是标准化的：xxx公司+2016校园招聘。不断强化2016校园招聘这几个字。
2. 图文列表条数标准化，一般4条为最佳。4条是一个比较好的选择，如果信息多，可以在最后一条做一个汇总帖，但头三条，一定要选择那些知名企业，面向全国，招聘人数多的信息！”

文章内容产品化

微信的文章内容主要由三部分组成：**页头+内容+页尾**。

1. 可以在文章页头页尾植入标准化的东西，很多微信号在页头都是‘点这里加关注’，然后在页尾写上‘觉得好可以转发到朋友圈’，这是标准化的东西，但属于引导性质，有推广价值，但构不成产品化的价值。我们可以在页头放一句核心价值点。比如校招对用户的核心价值点是：第一时间信息、名企、全国地区、全部专业等，不断强化这些点，久而久之就产生价值了，这有点类似水印的功能，水印是产品化的一个很好的例证。
2. 文章内容，鉴于校招信息的独特性，也是可以结构化呈现的。比如，一般校招信息都是由这些部分构成：公司名称+公司简介+校招职位+校招要求+校招地域+网申开始与截止时间+网申地址等，这些信息完全可以用排版工具标准化呈现。另外要把握住一点，**最重要的信息要放在手机第一屏**。校招信息最重要的是校招职位+校招地域+网申开始与截止时间+网申地址，所以这些信息要排在前面，用户靠这些信息来判断是不是符合自己，然后才会去看公司简介。

发布时间产品化

发布时间很重要，绝大多数应届生是在晚上来找校招信息的，大概在晚8点至晚10点之间，我们可以折中选择9点这个时间点，每天都晚上9点发布。

11.11 微信号如何运营

起名字

微信起名字很重要，一个好名字价值百万。

一个朋友想做校招类的微信号，咨询我起名字的事，以下为聊天记录：

她：“叫‘校园招聘知多少’咋样？”

我："不如叫春风沉醉的校招！"

她："哈哈！"

我："微信号高手起名，都会带着对用户的核心价值。你想想校招对应届生的核心价值是什么？"

她："当然是找工作了。"

她恍然大悟："就叫应届生找工作怎么样！"

内容定位

我和很多微信小编聊天，发现他们都有一个问题，在他们的眼里，公众号运营只是每天选几篇文章，然后用秀米排个版，写个导语、联系下原作者授权、文章结尾再放上二维码或求转发之类的文案上去，定点发布就可以了。

其实，我刚接手微信号的时候也是这样。做了一个月之后，我发现阅读数总在一个水平区间晃悠，粉丝数也在掉涨之间徘徊。于是，我特意花了一个周末的时间把近3个月推送的头条文章，每篇文章的7日时间粒度数据做了一个Excel表格，接下来给这些文章分门别类。粗略分析了一下我现有的粉丝最喜欢哪个类别。

我做的是职业类的内容号。我发现转发数最多的是干货文章，也就是Excel快捷键大全、PPT快捷键大全之类的技能类的文章，最高的能达到好几千的转发。按道理来说，转发数越多，给你带来的粉丝数应该也越高，我就又看了一下发布这些文章当天的粉丝数增长情况，结果大跌眼镜，虽然转发很多，但净增粉是负数。

所以，我得出了一个结论，职业技能类的文章不是这个微信号粉丝热衷的，以后不能发了。就是通过这样的一个简单的数据分析，我最终选出了三个类型的文章是适合我运营的微信号的。在后来的运营过程中，我一直没有偏离这个方向，目前终于将内容定位出来了。一个很大的成绩就是目前为止阅读数平均提高了近三倍，粉丝数也一直呈正增长了。

微信号推广

情人节，我注册了一个林东信息港（我老家镇名），特意给我媳妇写了一封情书发在里面，标题是：赤峰方言情书蹿红情人节。这是我发的第一篇文章，里面一个粉丝都没有。所以我就开始发挥我推广的能力了，我一一告诉我的亲戚还有我的小学同学们，说我上新闻了。我找了20个有微信号的亲戚和同学，跪求他们转发。结果是：我一共获得了300个粉丝，阅读数也突破了千位大关。

后来，村里过年办秧歌会。我就帮忙琢磨着如何效益最大化。也是拿我这个地方微信号做文章。恰好，村里回来一个在外6年创业衣锦归乡身价千万的老乡。秧歌队决定在大年初三的时候去给捧个场，还恳请他来讲一下创业的心路历程，以激励村里的年轻人。

我说我在县里面给你宣传一下，通过我的宣传整个县的年轻人都会受到你的鼓励的。然后那天我拿着摄像机就去了，拍摄了完整的讲话视频，整个活动十分热闹。回来后，我花了一天的时间精心编写了一篇新闻稿发了出去，也是获得了不小的收获。

这个事情的一个结果就是我的这个身价千万的老乡最后给秧歌队赏的钱是原定要打赏的钱的两倍。

这篇新闻被我的一个在酒店打工的外甥女知道了，就想着在他们的酒店也做一篇招聘员工的招聘启事。当时酒店的领导并没当回事，认为一个小小的手机能招人不太现实。然后我就给做了一篇招聘启事，结果第二天就有人去面试了，效果立竿见影。酒店的领导赶紧与我外甥女说：赶紧，趁你老舅没回北京，这几天抓紧跟他学学微信运营的活，我们酒店也需要这样一个微信号。

上面所讲的这些就是推广的力量。推广没你想象得那么难，从你的微信联系人列表开始，你会发现你的朋友圈相当厉害。这一点我是经常用的，我做青春类的号的时候，经常把我高中同学、大学同学或同事的名字和故事写进去。

微信的排版

有一段时间，我对微信排版充满了兴趣，为了寻找排版方面的高手，订阅了各种类型的微信号，最后发现运营文学号的排版最唯美。所以我就模仿他们的排版，练习技能。

明确微信中单篇图文消息的push目标

微信运营目标，我只关注两个：文章转发数、阅读原文点击数。当没有商业需求的时候，我会关注转发数。转发数和阅读数以及粉丝数的上涨是必然结果，它们强烈正相关。微信官方发布过一次报告，说文章的阅读数百分之七十多来源于朋友圈。

引导用户点击阅读原文多数情况是商业需求，比如有商业客户买了你的头条做全量push。我运营的号的客户一般都是做品牌的多，做效果的少。他们会做一个H5页面，然后通过引导用户点击“阅读原文”来实现曝光或传达品牌信息的目的。这时候的图文内容就很重要了，需要高质量的文案来引导。支持客户一段时间后，我发现了一个问题：一般阅读原文在手机第一屏的，点击“阅读原文”的数量在50%左右（当然这和你引导的文案质量有关系）。“阅读原文”在手机第二屏的点击率在20%左右，到第三屏时基本上就掉到8%左右了。这就是微信号的一个漏斗原理：用户多翻一屏，必然会流失一部分用户。这和网站运营一样，多个步骤必然会多一些流失。很细节的问题，但是运营就是靠这些细节来四两拨千斤的。后来我把这个发现告诉了很多客户。

如何打破微信每日发一次的魔咒

微信公众号有一个预览的功能，当将图文消息预览到你的手机的时候，其实是属于一次发布状态，你可以每天录很多头条文章，预览到你的手机，分享到你的朋友圈，这样你就完全可以像运营微博一样来运营微信了。因为我是做招聘信息的，所以我朋友圈中的应届生朋友都是来看招聘信息的，因而朋友圈被我刷屏也不会觉得骚扰，高兴还来不及呢，这毕竟是刚需。

自从这么做之后，我发现粉丝数真的比平日增加了，这就是一个新的渠道。

所以，如果你的业务允许的话，你也可以将粉丝引导到你的微信好友列表里，和用户做深度的交流。朋友圈的力量是大于公众号的，因为朋友圈可以做1对1运营，更能增加感情。

一次，我在微信号上公布了我个人的号，上千应届生加了我，然后问我各种求职问题。那段时间，我天天回答他们的问题，熬到凌晨一两点钟。后期收效特别好，很多用户都说韩叔你辛苦了，大半夜的还回答我的问题。我不知不觉地就走进了用户的心，而且我不自觉的用了时间点的运营策略：凌晨回答问题总是会给人一种感动，不管你回答的好与坏。后来，这些应届生又给我介绍了更多好友进来。

服务的力量很可观。

朋友圈还有如下好处：

1. 朋友圈都是你的用户，也代表着你的潜在用户的特征，所以，你可以没事就看看他们都在分享什么内容，从而可以指导你的公众号的内容方向。

2. 朋友圈是调研的好地方，因为你为他们服务了他们很感动，当你去调研的时候，他们会说实话的。我就经常在朋友圈做调研，比如我在App上push信息什么时间点比较合适，你用了我们的App之后有什么建议和意见，等等，就会收到很多指导运营的信息。

3. 运用预览功能和分组功能，朋友圈可以试错文案。比如我上篇文章说的，要想知道文章标题哪个效果更好，就先编辑两篇文章预览，然后分组分享到朋友圈，1个小时后你看哪篇文章的阅读数高就用哪个标题全量push，非常有效。

微信发布时间点

给我印象最深的那些原创微信号，有一些号的内容其实不是我的菜，但是他们的精神却深深地烙在了我的脑海中，因为他们往往熬夜至零点来发文章，搞得我很感动，舍不得取消关注，虽然很少看，但偶尔也会去点个赞。比如我凌晨回答用户问题，不经意的一个细节，却收到了成效。当然这只是一个小技巧，不能做作。

从大号中找灵感

一段时间以来，我想知道大号是怎么做的，就研究他们的历史记录，看阅读数。我发现很多大号都有一个爆发式的一天，你会发现他前一天的文章的阅读数还很少，到了第二天文章的阅读数就突然增加。那个阅读数增加的文章就是很珍贵的研究素材，要从中找出爆发的原因。

运营微博大号的时候，我就研究过段子手和励志狗的号。我想在微信上应该也是如此。我就订阅了很多段子手和励志狗的大号，开始研究他们的内容都是怎么做的，结果大失所望，内容基本全是从贴吧、微博、各大论坛里抄来的，排版也是粗制滥造，但是他们的阅读数基本全是100000+。

后来我明白了，用户并不关心你的内容来自哪里，觉得不错就转了。得知这个秘籍之后，我大喜过望。我就左手做了一个段子微信号，右手做了一个励志的微信号。每天更新一篇内容，也用了我上篇说的推广方法，结果不到一个月我就放弃了。事情没我想象得那么简单，他们虽然内容上不动心思，但在推广上可能是花了很大血本的。

微信标题和编辑的功夫

一次，我写了一篇“深入浅出用户运营”，9000字左右，放在微信上，传播力度相当有限。后来一个微信号的小编编辑了一下，格式化的加了一些小标题，编辑成了一篇3000字的文章，标题也改了一下，叫“迄今为止我看过的最好的有关用户运营的文章：用户运营的定义、演变和方法论”，一下子传播开来了。因为这篇文章发出去的第二天，就陆续收到了一些人的邀请，有邀请我去讲课的，有想来请我吃饭的，搞得我那几天战战兢兢的。所以，文章需要用心去编辑，便于手机用户的碎片化阅读。

所以，有一些真正的大号，其实他们也不是照搬内容，他们深谙运营之道，在照搬之余，懂得用户需求，做了运营的事。比如把一篇2000字的内容改编成800字、给800字的内容配上适合文章的图片、视频等，甚至有更细心的运营会给文章写上100字的简略导读。

微信的传播

做文章时一定要考虑传播。我写过一篇“中国百个富豪新年上演荒唐闹剧”的文章，是在2014年年底，我用中国前100名胡润富豪榜的名字熬夜编了一个很有意思的小故事，然后过年那天就发出去了，期待着借助新年的景来火一把。结果等了几天，发现效果平平，连个转载都没有，这让我大失所望。

忽然一天我脑洞大开，我犯了一个致命的错误，并不是所有人都关注中国前100首富的，80%的人可能只能记住第一名和第二名，其后的那些人，他们有钱，但是名头并非全国人民都知道。其实，那次如果我选择春晚出场的那些明星，或者娱乐圈的那些明星的名字，可能效果就真的不一样了。

所以，做微信文章，需要以用户认知为中心。

我做过一次很“悲催”的热门事件，无心之举。文章标题是“309个城市平均工资排行榜”。当时做这篇文章的想法很简单，因为经常听应届毕业生说毕业后要到一线城市、北上广深发展。我来北京也有近7年了，我和我的一些毕业后直接回家就业的高中同学一比较，发现我在京城的生活质量糟糕的一塌糊涂，而我的同学们在老家小镇上却是一帆风顺，不论是职业发展还是生活质量都好于我，有一个同学都快当副镇长了，而我还要每天4个小时在地铁上生活。

他们不理解我来北京奋斗究竟为了啥，我也有点不理解我自己为啥跑到北京来。所以，我就拿了网站上的统计数据做了一篇文章，想告诉应届生们不要来北上广深发展，在老家的待遇相对来说会更好。我说了一句话：小地方做大人物，大地方做小人物。结果文章发出去之后，一发不可收拾，控制不住的传播开来了，媒体也开始断章取义，认为数据十分不靠谱，传播偏离了我的想象范围。那几天，陆续接到3个电视台打电话找我这个当事人，要求我解释一下，我都一一耐心地说了我的本意。从数据上看，这件事是成功的，借了统计局的力。但是从品牌角度上看，我犯了一个不可饶恕的错误。多亏领导open（开明），没有因为这件事而怪罪于我。

传播渠道很重要

互联网时代，最“悲催”的其实是这样一部分人：创意点子层出不穷，文章写作也洒脱，可是就是难以形成爆发式的流行。为什么呢？因为缺少传播节点，你的粉丝只有区区几百。而另一个大号粉丝，把你的内容原封不动地照搬过来，却能达到意想不到的效果。什么原因，大号的粉丝基数高呀。他们的第一批用户往往是“非常规”手段获得，可是就成了。然后他们开始做传播节点的生意。互联网时代，渠道依然不可或缺。我曾经画了两幅互联网产品运营知识一网打尽信息图，从自己的微博上发出去，一丝涟漪也没有。忽然一天，我发现在微博上这张图被转发了2万多次，原来一个草根大号直接拿去发到了他自己的微博上，一下形成了粉丝蜂拥转发的盛况。后来，又被某知名电商以视觉出品为由设计了一幅美轮美奂的运营知识信息图。

所以，小智凭创，大智靠抄的时代，渠道不可或缺。给那些依然坚持原创的人一个提醒：在社会化时代，原创之余，注意一下渠道，也就是粉丝基数的打造，或者想想如何能利用这些大号做个人品牌影响力的传播节点。企业又何尝不是呢：与其在那里日日夜夜开会头脑风暴内容如何策划、如何设计、如何写文案，不如抽出点时间想想如何用最少的成本捕获最大的粉丝基数来得实在。

借势热点速度要快

看过一本小说，说是一个出版商策划了一本书，叫《我的岳父孙悟空》，瞬间火爆。另一个出版商一看，立即联系写手，说你马上写一本《我的岳父猪八戒》，这位写手是个神人，连夜编了出来。前后不到24小时。然后出版商通过手段将这本书和《我的岳父孙悟空》列在一起，也火得一塌糊涂。

这就是一个运营能力：快！快速反应，并实时监控。

微信如何做分析

比如，我想知道文章标题和内容的质量如何，就看文章发布出去之后前后1小时的变化，我分析的经验是：第一批阅读洪流是在抢既有粉丝，标题发挥作用。1个小时后，阅读数高下立判。第一条洪流开始退潮，第二条洪流开始席卷人际关系。这时候内容质量开始说话。所以一个小时前是标题在说话，一个小时后是文章内容在说话。一般来说，头条阅读数是最高的。

分析标题的好坏，可以找出你做的内容的标题阅读数排行榜，看阅读/送达最高的前20个标题的特征。比如我做职场号的时候总结的高阅读标题的特征如下：

标题含：薪资、待遇、工资

特殊提醒符号：【干货】【关键提醒】（人手一份）（全国）（10月27日-31日）「」（转）

夸张性文字：警惕、揭秘、名企

后来，我又分析了一下影响阅读数的其他驱动元素，比如：

1. 发单图文消息还是多图文消息：重要的或有创意的信息一定要单图文消息发送，有时候单图文的阅读数会大于多图文阅读数的总和。
2. 多数粉丝接收到图文消息后最多只打开一条，且多数会打开头条信息。而头条信息多为引导至阅读原文，然后进入你的业务场景中去，所以很少有人再返回去看图文消息。所以，头条图文阅读数会被第二条分流，当不想被引流时，第二条信息一定不要带好标题的特征。
3. 转发数，大部分情况下，75%的用户是通过朋友圈点开图文消息的，所以高转发一定会有高阅读。
4. 微信统计后台只统计最近7天的数据，而在微信图文页中呈现给用户的阅读数是实时的，没有时间限制。所以，当你第二次发图文的时候，会发现上次发的图文在当天会有一个小幅上升，即有用户看了历史记录。

我想判断一下内容质量的好坏，就去看转发数和收藏数。

那么转发数受什么因素驱动，我总结了一下个人经验：

1. 高质量的内容，用户有收获，情不自禁地感谢作者，自发转。

2. 用户转发后能获得：感谢（招聘信息可能更适合我的同学）、“高逼格”……

3. 图文页有引导用户转发的暗示性元素。

4. 促转发类活动，比如转发拿红包。

另外，转发分“转发给朋友”“转发到朋友圈”，即1对1转发、1对多转发。所以，要做好转发分享的文案。

11.12 “神文章”如何写

没有无缘无故的阅读。用户阅读文章的时候，有一个最大的目的：在最短的时间里获得最大量的有用信息。

用户阅读文章的要求

写文章有两个启示：

1. 文章一定要浅显，让用户“看得懂”，这是最原始的需求。本书就遵循这个原则。

2. 文章一定要有用，这里的有用包含：刺激情绪、学到东西、解决问题等。

1. 看得懂

这要求我们要把事情说清楚，说简单。不要小瞧了这个技能，有很多人说话有条有理，一写文章就乱了。谁能把事情说清楚呢？就是产品经理，他们要给技术写PRD文档，给用户写帮助文档，所以这一点可以向产品学习，练习写说明文。

还有很多有用的文章把枯燥的事情形象化、故事化了。甚至于把软文也做得味道十足，就是为了让用户看得懂，看得懂才会加深印象，引发谈论。

看得懂的关键点在于“文章标题”“内容的第一段”和“层级标题”上。尤其是第一段如果描述的乏味，基本上就流失一部分用户了。所以，一篇文章，如果你细细琢磨，也是符合漏斗原理的。

2. 要有用

必须能帮用户解决问题或刺激用户情绪。写知识类的干货文章，要把握用户的关键问题；写软文，要刺激用户的情绪，拼的是感觉，感觉里带有阴谋。正所谓服之以理，动之以情、诉之以力。

另外，要重点注意一下如今粉丝的需求演变，目前来看，大部分粉丝要的是入迷和消遣。所以，我在写运营文章的时候，把知识融入到有意思的故事上，然后才成就了我粉丝指数级增长的目标。

如何把时间合理安排在历练文章上

我的父亲是中学语文教师，有大量的古典文学作品和武侠书籍，古龙、金庸、梁羽生的较多，并订阅了《今古传奇》杂志月刊，所以，我从初中起，就天天泡在楚辞、离骚、唐诗、宋词、武侠里。我记得初中有半年时间辍学，就去山里放羊了，每天到山里就带着唐诗三百首，山里没有人，我就大声朗读背诵，回来后就尝试着自己去写，那时候是“为赋新词强说愁”。

后来，高中期间，迷恋上了戴望舒、郁达夫、徐志摩等民国作家，天天泡在你侬我侬的氛围里，旖旎风光。并开始代同学写情诗（收入不菲）。并开始带有效果营销在里面了，因为有两个同学真的靠我写的情诗追到了女朋友。

高三那年，忽然就迷上了张爱玲。她的文笔十分触动我的内心，干净、利落，尤其是比喻，比如：

生命是一袭华美的袍，爬满了蚤子。我后来就改为：运营是一袭华美的袍，爬满了蚤子。

我开始研究她的各种句子，每日摘录到一个笔记本里，闲时就钻研。后来我写有关运营的段子多是从那时候就开始打下地基了。段子就是句子，有韵律、有节奏、有观点。

大学在西北念的，那个地方崇尚陕北文学，写荒凉的多。我记得大一刚入学，和同宿舍的一个文学爱好者聊天，我聊郁达夫、张爱玲，他谈贾平凹、陈忠实。我才发现，原来我太没有思想了，我聊的都是句子，他聊的都是思想。后来，我才开始刻意补充思想，研究荒凉的写法。

现在，我才发现，我误打误撞地遵循了这样一个历练写作的方法：

念书期间，注重表达技巧和文辞的修炼，等毕业后经历了一些生活的洗礼，再来写深度文章，这是一个合理历练写作技巧的时间策略。

因为年轻时，不懂人性，是写不出让人瞠目结舌的人生大道理的，不如趁机去临摹词句，积累表达方法！当经历了生活的风浪后，自然而然就会体悟一些生活道理，这时候再去凝练一些主题思想，写有深度、有节奏的主题文章，就变得顺风顺水了。

而往往是，有很多喜欢写字的人，年轻时把重心放在了去写深沉的文章上，而忽略了对事物描摹的功夫，等到有了一定的阅历，才发现思想是水到渠成的，但再也没有时间去练习表达技巧了。多数人，就这样走出了写作圈。

所以，你会发现，很多名人的传记都是找人代笔的。

文章不是写出来的，是积累出来的

我最初写运营方面文章的时候，每天都有很多想法。但是一坐到书桌前，就变得局促起来，不知从何写起。

后来，我就刻意的每天花30分钟时间将当天做的运营工作记录下来，想到哪写到哪。再后来，积累的多了，我就每周集中梳理一遍，把素材和想法归类。忽然一天想到一个不错的主题了，就从素材里寻找材料，把符合文章主题的材料摘出来，然后穿针引线，组织架构，最后修修词句，就完成了一篇文章。

所以，文章不是写出来的，而是靠你素材库的日常积累而来的。写很快，但积累需要时间和技巧，当有了海量素材的时候，你只需把握住文章的主题，设置好文章层级或情节的调配，修词修句就可以了。

比如我写的《那个愤怒的运营人》，当时正在研究“始料未及类文章”的架构技巧，就天天看素材库里的文章，忽然发现我在三家公司做过SEM，每一次做SEM的时候，人和事都不一样。我就想，是不是找一条线将这些素材整理成一篇文章。就天天琢磨，天天画文章架构图，忽然在地铁上就有了灵感，赶紧记录下来，回家之后精选了三个场景素材，把这三个场景附在了一个人物角色身上，就写出了一个职场短小说，文章结局让人始料未及。

素材的来源

素材主要来源于三个方面：你所经历的、你所看到的、你所想象的。

你所经历的就是日常生活和工作，你所看到的就是从书本中、网络上得到的，你所想象的就是日常琢磨、刹那间的灵感。

这里主要提一句“看到的”。我当图书编辑的时候，搜集资料是一个苦差事，有时候一个5000字主题的文章要搜集100万字左右的素材，然后一条一条的摘录要点、评估价值。很头大，但坚持做下来之后，受益匪浅。不仅仅是开阔视野，还无形中历练了点评能力。所以，很多初期做CV工程师的小编，其实静下心来将每一篇搬运的文章都速览一遍，长期下来，也是不小的历练。

有的时候，不断地去看你的素材库，尝试着把不同的素材像洗扑克牌一样穿插，就极有可能写出动人的文章。

素材的分类

所以，平时没事时可以多整理素材库，多做分类。

做分类也是一门学问，要尝试着从多个角度去分类。比如运营类的素材，不一定分为用户、内容、数据等，从情感主题上也可以分。比如我就尝试着把素材分成：让人愤怒的、让人快乐的、让人激动的、让人不爽的等。

在日常生活中如何历练

1. 每天记录情节卡片，我喜欢用爱墨App。
2. 写文章时边想边写，我认为策划都是不靠谱的。
3. 有什么就写什么，随手写，先量后修。
4. 经常研究人，善于调侃，激发好友谈吐欲望，收获不俗。
5. 平凡小事，想象加工，编作戏剧性。每件小事都按情感因素切分出不同的阶段，尝试着去填入戏剧成分。
6. 阅读，先模仿，改写，最后做情节分析，对话分析。
7. 跟踪一个人，观察他，做角色扮演。
8. 将自己置于当日热门新闻的主角中。

运营人写文章的优势

多数做运营的人不重视写文章，认为那是编辑、记者和作家的事。其实，运营才是写作最有希望的一个族群。因为运营天天和人打交道，每一个运营回合，都是对人性弱点的运用。而且，运营能够从数据、沟通等多渠道了解人，对人了如指掌。

所以，能写文字的运营人，在事业上总会有点小成就。

现在就拿起笔吧！

初期练习写作，如何来写呢？

1. 写自己

写文章不要空穴来风，一般一个作家的第一部作品都是写自己。自己最了解自己，包括优点和缺点。我就经常拿自己的前尘往事开练，融入到不同的写作技巧中，比如“我是签名设计师”，就把我自己定位在第三人称的角色上，而我变成了另一个人，变相地调侃自己。此外还有“一个末流文科生的职场运营路”，是自己毕业后的真实故事，写起来就很顺畅。

2. 写自己感兴趣的

我记得大学学写作课，一个球友总也写不好作文，老被写作老师骂。他对足球新闻和球员了如指掌。我就建议他写和足球相关的文章，果然，写起来十分顺畅。其实，每个人都能写点自己兴趣之内的东西，要培养信心。微博出来之后，很多不会写文章的人，写起140字的微博却写火了。

3. 写身边的人和事

你每天会接触家人、同学、同事，这些都是你很好的写作养料。我当初在一家上市公司做运营，公司很复杂，帮派林立，利益纷争十分明显，稍有不慎就会被卷入。我就每天观察这些人的一举一动和工作行为，预判他们下一步将要做什么事情。长久之后，就能挖掘到他们的一些特征，做到心中有数了。而且，在这个观察的过程中，往往会想象出很多有意思的文章线索。比如我写的“运营四宗罪”，就是从这家公司得来的素材。

如何写“神软文”

我原来写公关稿，总是自话自说，后来觉得烦了，就退出了这个舞台。微信出来之后，为了制造传播效果，我就开始研究写“神软文”。我写过很多：“我是如何拿到百万年薪的”“都是20个省平均工资惹的事”“在难搞的日子嗨出声来”“王思聪父亲800万招聘高管告诉我们的秘密”“我搭讪了一个波大的姑娘”等，多数拿到了100000+的传播效果。

我写软文是有章法的。

1. “神软文”的构成

一般的“神软文”都是故事性的，由多个情节构成；每个情节又由关键角色、对话、动作构成。把业务意图穿插到这三个元素中，就会收到奇效。

2. 软文的节奏感掌控

整篇软文要有节奏感，比如搞笑的节奏，要把笑分层。比如开头部分能有个包袱，让人哈哈大笑，吊起用户胃口，引导继续阅读。在文章的中间部分，每300字能穿插一个幽默元素进去，让人呵呵一笑，不要每个段落都让人捧腹大笑，那样的话容易淡化业务意图。要把业务意图放在文章的黄金分割点上，比如1000字的软文，把业务目的放在620字左右。结尾，顺其自然即可。

3. 如何防用户流失

前文说过，文章遵循漏斗原理。软文也一样，第一段文字尤其重要，所谓开篇难，难就难在如何抖包袱上了，如果抖的不好，大量用户从第一段就流失了。所以我们在设置悬念，情节搭配的时候，出乎意料的成分要先留一手，过程阅读时要产生悬念，并且不要写得太直白，要让用户用自己的认知、情绪自动把场面填充完整。

所以，每一篇完整的可传播软文里都含有经营调度的暗线在里面。比如字词的调遣，情节之间的不同搭配，包括写作的手法等，比如是“顺序”还是“倒金字塔原理”式。

12 文案：说动用户的神器

文案，最近很火的两个字，伴着移动互联网的出现和社交产品的火爆被捧上了神坛。

互联网文案主要分为以下三类。

◎ **产品引导型文案**。产品类文案往往由产品经理操刀，主要是引导型的。但是，因为产品经理本身的理性思维，往往做不到灵动，所以，运营人做产品引导文案能做出更大的成绩。

◎ **运营型文案**。在微博和微信上，每日发布信息，每条信息都要推敲斟酌。在这两个平台上存在着一条竞争暗线：原创号和内容号之争。一般来说，内容号在给原创号输入粉丝，二者是上下游关系。运营策略上，内容号偏重标题的经营，而原创号偏重于内容的质量。原创号在打造内容的性格，而内容号在打造信息的传播速度。但长远来看，一个粉丝一旦心智成熟了，就会精简自己的阅读广度，加大自己的阅读效率。人到一定的年龄数之后，心里总会装着几个偶像，而内容号因为内容的散，不聚神，所以做不了偶像，而原创号主打的是人的个性。

◎ **转化型文案**。转化型文案更多集中在业务策略上，比如促传播物料的设计、落地页面的说服架构、业务短信、业务邮件、SEM、活动专题的策划，等等。

角色	功能页面	功能按钮	条件（如果）	提示文字/表现形态
已注册教师	我的问题	去解答	未上传认证资料	只有通过教师资格认证的老师方可答题，点击这里上传您的教师资格认证相关资料
			上传认证资料后台还未审核	您的教师资格认证资料正在审核中，审核通过后方可答题
			认证资料被打回	您的教师资格认证资料没有通过审核，请点击这里重新上传
			已被其他老师同步认领	对不起，其他老师已抢先一步解答此题，请选择其他问题进行解答
			登陆超时	由于你长时间未操作，您的账号已自动退出，请点击这里重新登录后答题
		认领问题	问题已被同步认领	对不起，其他老师已抢先一步认领此题，请选择其他问题进行解答
			认领成功	问题认领成功，请在20分钟内给予解答
		提交解答	提交成功	答案提交成功，请等待学员评价
			字数超过限制	答案过长，请保持答案在2000字符以内
			字数不够10字符	答案少于10字符，请给予详细解答！
			未解答	请对该问题给予解答或放弃该问题
			解答时间倒计时1分钟	自动提醒：您还剩1分钟，加油！
			解答超时	对不起，解答超时，请重新认领该问题！
		放弃问题	点击	您确认放弃该问题的解答？
	我的作文	去批改	未上传认证资料	只有通过作文批改资格认证的老师方可答题，点击这里上传您的作文批改认证相关资料
			上传认证资料后台还未审核	您的作文批改认证资料正在审核中，审核通过后方可批改作文
			认证资料被打回	您的作文批改认证资料没有通过审核，请点击这里重新上传
			已被其他老师同步认领	对不起，其他老师已抢先一步批改该作文，请选择其他作文进行批改
			登陆超时	由于你长时间未操作，您的账号已自动退出，请点击这里重新登录后答题
		认领作文	作文已被同步认领	对不起，其他老师已抢先一步认领此作文，请选择其他作文进行批改
			认领成功	作文认领成功，请在20分钟内给予批改
		提交评语	提交成功	评语提交成功，请等待评审！
			字数超过限制	评语过长，请保持评语在2000字符以内
			字数不够10字符	评语少于10字符，请给予详细批改！
			未解答	请对该作文给予批改或放弃该作文批改
			评价时间倒计时1分钟	自动提醒：您还剩1分钟，加油！
			评价超时	对不起，评价超时，请重新认领该问题！
		放弃作文	点击	您确认放弃该作文的批改？
	提现中心	去提现	提现金额不够	按钮的表现形态：发灰不可点
			提现金额充足	您本次可以提现的金额为：xx元
已注册学生	我的问题	向老师提问	金币不足	你的金币不足，请点击这里充值后提问
	我的作文	去写作文	金币不足	你的金币不足，请点击这里充值后发布作文
	问题内容页	点击查看答案	金币不足	你的金币不足，请点击这里充值后查看答案
			金币足	查看答案成功，自动扣除2金币
	首页提问	发布问题	提问字数不够10字符	问题描述少于10字符，请填写详细描述
			提问内容为空	请输入详细的问题描述
	作文内容页	点击查看评语	金币不足	你的金币不足，请点击这里充值后查看评语
			金币足	查看评语成功，自动扣除2金币

2013年我做问答产品梳理的引导型文案示例

从文案中拿效果一直是我近两年主攻的一块运营技能，因为文案是运营人完全可控的一个驱动元素，也体现了运营四两拨千斤的精髓。好的文案不仅能带来效果，累积起来的文案量级还可以为产品打磨一种调性，在用户心智中占个位置。我一开始做短信和邮件拉回的时候，往往追求高业绩，而忽略了系统性。因为短信成本高，所以每次都试错很多文案，只拿效果最好的用，结果做了有小半年，依然是只见单条短信效果，而没有从整体中把控文案的力量。

其实短信运营高手一样也要追求系统性。比如Uber的短信，一直是低价策略，价格一直是电商最好的武器，所以Uber只发低价短信，轻易不骚扰用户。长此以往，用户一接收到Uber的短信就会想到又有福利了。这种感觉就是短信运营出来的。

如果你功力十足，能从整个产品大盘有策略性地持续做这类文案，每次触达用户的文案都能暗含一种调性，那么长期运营下来，一定会为产品格调加分。这是互联网产品运营文案职能之一。

职能之二：现在传播越来越依靠文案的力量，在产品拉新上，如果文案水平高超，我们完全可以放弃那些QQ群推广、论坛发帖推广、问答推广等人力铺陈的低成本推广方法，专攻新媒体，这依然是一个四两拨千斤的事。当你的文案创意直接在微信或微博中被海量播放时，拉新水平胜过任何低成本推广平台。

打造自己的文案兵器库

最近，我在做这样一件事，就是建立自己的文案兵器库，比如把文案效果按力度分等级，从中挑出最关键的驱动引擎，分层放在兵器库里。当这件事做完之后，我就可以把KPI当作敌人了，高KPI就用炮轰，低KPI用砍刀。正如前文中聊运营方法的四大阶段一样，文案本身也需要试错调优，得出科学力度，然后在业务目标驱动下做高效运行，最终将文案服务化，产品化。

12.1 文案就是说话

很多做运营的人，一提文案，腿肚子直哆嗦。其实，好文案不在纸上，是挂在嘴上的。而且在互联网产品或网络营销上，好文案往往是口语，因为口语才具有传播性，只有大众化语言才能让用户产生冲动，继而按我们的意图行动。下面我们就一起来探究互联网文案的秘密。

文案就是说话

很多人一提到写文案就立即进入写作文的状态，然后努力搜寻一些描述性词语，各种形容词、废话就来了。其实角色错了，正襟危坐的是文秘，文绉绉的东西叫文学，会说话的才是好文案。业界最牛×的文案大家基本都不是文案科班出身，销售系居多，因为他们是和潜在客户沟通最紧密的群体。所以真正的文案高手一定具有风尘气息，比如医院的大夫。人生病的时候，亲人的劝慰可能没有大夫的一句话来的踏实。大夫的文案，永远是走心的。

再就是你的老板，善于管理的老板一定是文案高手。

我经过多年的数据收集和语义分析，发现这样一个规律：老板的赞数是和员工业绩正相关的。老板每年发出的大拇指越多，业绩就越好，很神奇。

所以，“赞”就是好文案，因为它有效果，能激发情绪，给员工安全感。员工只有先解决安全需求才会爆发出正能量。

我举两个例子。

我的直接领导和大BOSS经常用赏识管理的文案来鼓励我产出高绩效。比如在QQ里聊天的时候，我的直接领导惯用的一句文案是“好咧”。我一接收到这个词就特别振奋，有时候我提一个建议，领导说“挺好的”，我就感觉不太好。领导要是说“太好了”，那我心里就开花了。还有一次我做了一个很不错的创意。“你真厉害，太有才了”，领导兴奋地说。文案直接走到我内心了，弄得我心甘情愿地烧脑去思考更好的创意点子。如果领导的文案是“不错”，那我可能就不加班加点了。

大BOSS的文案水平就更厉害了。在微信群基本不说赞美之词，只用一个微信表情“大拇指”就让我迷乱了。如果大拇指前面再加个@韩利，那我恨不得去跑个5000米。

大BOSS有时候也会给两个大拇指，有时候是满屏的大拇指。

后来我就琢磨了，大BOSS抛出来的文案好似不仅仅只是为了赏识和鼓励，应该还有更深的含义。后来我终于明白：一个大拇指是赞你当下的工作做得好，两个大拇指在赞你工作出色之余，还有一个意思：我相信你，KPI翻倍是没问题的。这是领导在给你定目标了。要是领导发了一屏的大拇指，你别害怕，不是为了让你KPI翻到天上去，而是说明你做得太出彩，大BOSS情绪已经失控。这时候你提任何要求，比如加薪、休假，基本100%成功。

从这个角度来说，在四大名著中，文案水平最高的当属宋江和刘备。

宋江“仗义疏财欺卓茂，招贤纳士胜田文”，借着江湖名气，看他如何靠神文案来运作他的核心粉丝108将的：

◎ 拉新：我山寨若得此人，便又添了员虎将；我叫你们请来，哪个叫你们绑着来的；猥琐小吏误犯将军虎威；小可愿以寨主之位相让……

◎ 转活跃：军师以为如何？军师有何高见？军师所言极是，就依军师所言……

在这一点上，我原来运营网站“运营108将”的时候就得到了宋大哥的真传，屡试不爽，至今引以为傲。比如我每相中一个运营达人，想把其列席在运营108将里，总会不吝赞美之词，经常放大招，比如让位运营聚义厅第一席位，当然心里也是提心吊胆的，生怕他们当真。

所以说，文案就是日常的说话，没什么难的！日常中多观察别人说话，一定能修炼出高超的文案水平来。

比如当你的爱人说：这个家全靠你了，你是不是浑身充满了正能量。

文案在运营中的重要性

关于文案，基本上我接触了软文、SEM、App通知、短信、产品流程引导，Landing Page，微信内容、广告Banner设计、H5等，一路跌跌撞撞走过来，有成有败。

尤其是在移动时代，用户的注意力资源越来越稀缺，如何靠文案瞬间激起用户的行动越来越重要。比如，微信推送的图文列表，粉丝基本上只会花1-3秒钟去决定点还是不点；Edm、短信和App push是最被业界诟病的三大骚扰手段，如果文案水平一般，用户就可能会投诉、注销账号、卸掉App，甚至造成负面口碑；SEM文案更是和营销成本息息相关，很多人在做SEM时，总是把点击量当作重中之重，常动一些歪脑筋，结果引入的用户是错的，造成巨大的成本浪费。H5现在很火，分享出去能否获得刷屏级效果，文案力度占了很大比重……

所以，在一些互联网公司，运营文案开始成为一个响当当的职业岗位。

1. 文案的效果是立竿见影的

同一个目的下，运用不同的文案效果是不同的：我想认识一个知名达人，拿到他微信号以后，为保万无一失，我就拿两个小号同时加，因为我不知道他的弱点是“好色”还是“好名”。所以第一条申请添加为好友我写的是“我是你多年的粉丝”。第二个号直接写“丰乳肥臀大长腿”。结果10秒不到第二个号就通过审核了，而第一个号足足等了2天才被通过。

2. 文案能成大事，四两拨千斤

最高级的运营人才能够做到四两拨千斤，武器之一就是靠文案。有时候只调整一个写作角度，甚至于只需选好一个字词，文案效果就会大相径庭。而且，拉新型文案是用户进入你的业务布局的第一步认知，处理得当，能为以后的转化减少阻力。

3. 运营文案能数据驱动，可实时调优，效果最大化

运营型文案与传统文案相比，唯一的优势就是效果可以数据化，好文案坏文案一看数据就知道了。

在做微信号运营的初期，我无法判断究竟哪一条文案效果力度好，在没有试错工具的情况下我想了一个笨办法：我申请了两个微信个人号，然后每个号里都刷上小1000人。在推送图文消息之前，我总是会写两条标题，然后分别预览到两个手机上，并将预览文章分享到不同的朋友圈里，半个小时后，我看阅读数就知道哪个标题好了。

运营型文案的难点在哪里?

在于维持效果。

运营人写文案和传统品牌广告文案的不同点在于，广告文案多做认知提醒和巩固印象，比如脑白金广告文案，每到春节就海量电视播放。而运营文案多做瞬间效果，切换用户行为，让用户通过文案的引导来达成我们的预期目的。

所以，运营人做文案，最大的问题不是如何写，而是如何变着花样写。

我原来一同事，做EDM，一年365天不停写，每天都要写上3至5条，直接把他做垮了，最终离职了。因为写到最后，竟然词穷意尽了。做EDM，天天用一个文案模板，有时候各大邮件系统就会判定为垃圾邮件，所以这时候写文案，更多的时候是从发送成功量上拿效果了，文案模板必须天天变。

这也给运营文案人提了一个职业水平的档次，多角度思考很重要。所以，很多新媒体小编，尤其是微信内容号运营人，天天抱怨自己是“标题修理工”，是“标题党党员”，其实，多角度思考，勤加总结，很多文案还是有思考脉络可循的。

12.2 运营人如何从文案中拿效果

细分用户，依附于运营策略

所谓的用户细分写文案，就是对什么人说什么话。做好你的受众分析，一个美女，怎么介绍给别人。如果对方更看重相貌，那就说“性感”；如果对方是想结婚，那就说“善良”。

1. 基于用户的心理细分文案

有一个客户买了校招服务，想在中秋节做一个应景的活动，主题大意就是入职的应届生在第一个月会拿双份月薪，其中有一份月薪是给父母的，主打孝心牌，体现公司的人情味。项目负责人将此项目交付给了我，让我出一套文案，我就从目标用户的角度切入，各写了两句话：

对父母的文案：娘家长人，婆家长肉；

对用户的文案：娘家长人，婆家活人；

公司是应届生的婆家，很多父母都渴望将自己的孩子嫁入豪门，比如世界500强公司。因为在父母的观念里，这些公司前景好，稳定踏实，能让孩子少颠簸。所以我挖掘了一个具象的表达：长肉。所有的父母都渴望自己的孩子能多多吃饭、吃好饭，然后将身体养的胖胖的。所以，很多做减肥的产品从来都不会把目标群定位在父母身上。

而对用户来说，即客户招聘的应届生来说，公司更渴望入职的应届生能表现优秀，在公司实现梦想，创造更多价值，这就沿用了一句大众通俗观念：娘家长人，婆家活人。

2. 基于用户的问题细分

由于各种媒体的宣传，多数自考生一直对就业怀揣恐惧心理，为了树立自考生的就业信心，我在做自考业务的时候，专门针对“恐惧就业的自考生”策划了一个自考生就业的专题，如下图所示。

在2008年，金融危机，自考生们更是一片哗然，因为本来就业就很难，再加上大的经济形势不景气，所以我又借势金融危机，策划了一个自考生就业的励志专题，如下图所示。

两个自考生就业专题，成功解救了“恐惧自考的人群”，树立了信心。

所以，细分用户，其实也可以理解为细分用户面临的问题。

3. 基于用户属性细分

我原来借势热点写传播稿的时候，常常会在多个微信渠道发稿，不同的微信号，用户群不同，所以在标题上也会有所区分。

针对大众内容号：王思聪的父亲800万重金聘高管

针对商业营销号：王健林800万重金聘高管

做参数组合，追求整体效果

写文案不一定挖空心思去想写什么，怎么写，有时候动用一些关键参数的组合，依然能产出高业绩。多用在短信、App push和邮件上。

我将这类带参数的文案力度分为三个级别：“正常文案”、“异常文案”和“超常文案”。

◎ 正常文案是指引导合理，效果在平均值水平的文案。

◎ 异常文案是指带有诱导性质的文案，力度最大。

◎ 超常文案融合了正常文案和异常文案的特点，既合理力度又大。

对这三类文案做有策略的组合，就能将整体文案效果最大化。这就是文案的运营策略。

单条文案如何写，重点取决于你的Landing Page

以招聘网站短信拉回为例。网站新上了一批职位信息，我们想借助这些新职位把沉默用户拉回。Landing Page为职位搜索结果页。

可用的参数有：

用户的意向职位、行业、城市、学历、年龄、职位的薪资待遇。

我先思考了一下，如果用户年龄很小，但是职位月薪很高，那这样的文案组合是不是对用户极具吸引力呢。所以我先用这些参数来组合一个超长的文案：

意向职位为运营总监，年龄25岁以下、薪资待遇25000以上。

按这个条件搜索筛选之后，有大概100多个岗位符合要求，Landing Page完全符合我的短信文案的要求。所以一句超常文案诞生：

25岁以下能拿25000以上月薪的运营总监职位都在这里，大概100多，马上去看看：URL

意向职位	行业	城市	学历	年龄	薪资待遇
软件工程师	互联网	北京	小学	25岁以下	2000-4000
产品经理	金融	上海	中学	25-30	4000-6000
ui设计师	房地产	广州	中技	30-35	6000-8000
文案策划	广告	深圳	大专	35-40	8000-10000
行政经理	建筑	南京	本科	40-45	10000-15000
运营总监	快消品	武汉	硕士	45以上	15000-25000
市场主管	教育	重庆	博士		25000以上
销售	出版	南昌			
…	…	…			

数据监控后，文案效果特别好。后来我又把学历参数加入进来进行Landing Page匹配，又细分了一下用户。

要求大专学历及以上，25岁以下能拿25000以上月薪的运营总监职位都在这里，大概42条，马上去看看：URL

效果更进一步。后来这样的文案模板就固定下来了，你可以再加入城市参数、不同的意向职位，薪资待遇再放低一档，这就是超常文案的效果组合。

那么正常文案是什么样的呢？

当Landing Page的职位在15k~25k区间的时候，你写出如下文案：

大专学历，25岁以下能拿15k~25k工资的运营总监职位都在这里。

这就是一句正常的文案。

如果是异常文案就会这么写：

大专学历，25岁以下能拿25k工资的运营总监职位都在这里。

工资的参数值没有取区间值，取了最高值，当用户点击链接进入之后发现职位都是15k~25k的，就会有点被骗的感觉，所以轻易不要用异常文案。

这就是参数组合方法。当你一轮短信拉回发出之后，其整体拉回效果一定是最大化的。

扩张市场容量，圈住更多用户

文案里是暗含市场容量的。

看下面四条文案，就是个层层推演的例子。

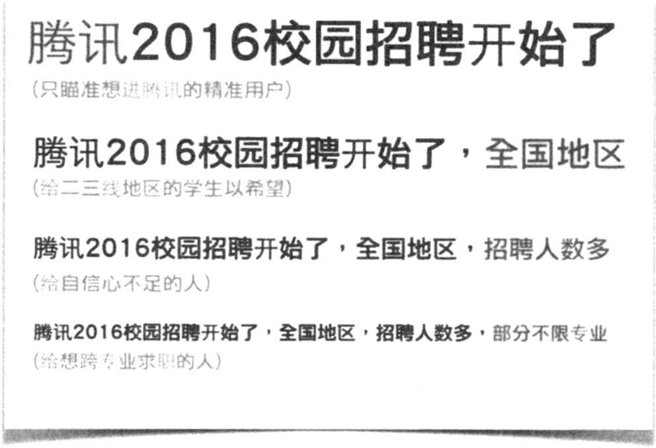

首先，第一条文案：腾讯2016校园招聘开始了。这本身就是一个质量很高的信息，单发此条文案主要瞄准的是那些本来就想进腾讯的应届生。文案不错，“腾讯”二字本身就很有力度。

但是，我们想要提高此条文案的点击率，就需要在文案上扩大市场，我就想到了地域，一般北上广深一线城市的大学生有进腾讯的先天优势，我想在文案中体现出二三线城市应届生也有机会，所以，我加了一个地域：全国地区。

我又想，很多人都想进腾讯，但是每个学校都有一些自信心不足的人，对这些人我主打招聘人数，“多”这个字很有力度，会给人一种碰碰运气的感觉。

后来，我觉得还可以再优化，有很多冷门专业的学生，他们也想跨专业就业呀，于是最后我又加了一句话：部分不限专业。“不限”这个词很吸引眼球。

最终我们通过文案技巧调优成了这样，点击效果是第一条的2倍：

“【全国】腾讯2016校招开始，招聘2200余人，部分岗位不限专业”

所以，感觉到了没有，没有标题党，没有华丽的辞藻，也能做到文案效果最大化，何乐而不为呢？

深挖用户利益点，写刚需

我看过很多招聘信息，有些文案真的出彩，比如这样两条招聘文案：

1. 我们公司特别好，北大清华的人纷纷加入我们。

2. 我们公司特别好，刚拿到C轮融资。

后一句比前一句厉害多了。因为用户求职多为了工资和长久，所以后一句直中用户痛点，而前一句话不小心给非名牌大学求职者制造了一个心理压力。

再比如我经常收到这样的关于折扣价格的文案，下面这条印象最深：

95%的男生都不知道全国五星级酒店都能在这里【一折预定】拿去不谢

一折，很大的利益点。

给用户做选择，不要制造压力

在我们身边，有很多人很会说话，动辄就能把别人引到沟里去。比如在中关村买手机，多数销售员直接问：买个啥样的手机呀？这是开场白直接挖需求。当你描述完你心中手机的样子时，销售员直接说：我这有呀，要黑的还是白的？直接让你做选择题了。干脆直接，只要你接茬，两句话就把你逼到非买不可的尴尬中。

一次在地铁里，我看到一款游戏的文案：

你赢，我陪你武极天下；你输，我陪你东山再起。

直接黏上你了，这也是一种变相的选择，很多人更喜欢“赢”。

继续拿简历攻略来举例：

xx在看这份简历攻略前没有拿到Offer，看完后竟然拿了5个

一次，我相中一个Mac本，我爱人就给我买了一个。回去的时候被我母亲知道了，她会过日子，觉得已经有一个联想本了，再买一个有何用呢。就训我附庸风雅，流于虚浮，追求的全是些浮夸的东西，生了好几天气。这不行呀，气大伤身，这时候我又想到了文案的力量。一天吃饭的时候就正襟危坐地对我母亲说：“你看，我用联想本的时候，每天得凌晨2点睡觉，自从买了这个苹果本，那工作速度可快了，我晚上11点钟就能上床睡觉了。”我主打健康牌，再一次见证了文案的神奇。我给母亲出了一个选择题：是选我的健康还是选存钱。

贴身肉搏，制造参与感

贴身肉搏可以唤醒用户的本能反射：这事和我相关。

一次，我带着A好友去拜访B好友。A好友在B好友处看到了一罐咖啡豆。回来的路上就让我发微信给B好友能不能送他点咖啡豆。我说别微信了，咱们直接去吧。发微信要，和直接去他办公室站在咖啡豆旁要，成功概率是不一样的。这就是贴身肉搏的技巧。

在电子书市App里，我收到过这样一条push文案：

马伯庸@你，我的新书上线了！

一句“马伯庸@你”，让我瞬间失控了，赶紧点开看看马伯庸找我什么事。

我们想让用户能投递更多简历，于是当用户刚停止投递1小时后，会push他一条信息：

{姓名}，您还有这些{运营总监}岗位没有投，离你住址很近

这是一本适合所有人看的书，不如改成“亲，这是一本适合你看的书”，所有人已经把你囊括进去了，所以不算是标题党。

没有参与感用户就会无动于衷，比如我们小区的入口门经常被人破坏掉，于是物业写了下面的文案：

两天后，门又坏了，后来我给改了一句：

“昨天晚上8点，12号楼1203室失窃，损失10万元”

至今门还是好好的。

吊起记忆，换起情绪

我老舅喜欢吹喇叭有40多年了，一次他生病住院，心态很不好。为了逗他一笑，我在亲戚的微信群里为他写了一句话：

老舅如今正少年，吹起喇叭响彻天。

老舅听完，哈哈大笑。因为勾起了他往年的回忆，是兴奋点。

临摹现实，说实在话

“成功了，所有的扯淡都是战略；失败了，所有的战略都是扯淡。”

这句话沉重打击了那些嘴中天天谈战略，而实战能力不足的“马后炮们”。文案绝佳。

这就是在写事实。写事实多用陈述句，更厉害一点的是在事实后面加上一句引导用户行动的话。

我在做大学生招聘业务的时候，很顺手，就是因为我刚毕业进京的时候很惨，在北京连找6个月工作未果，一天只吃两个馒头，一袋方便面调料都得泡水喝两天，深知大学生求职不容易，所以做大学生求职市场写文案的时候，我是带着回忆写的。

比如我写了篇大学生究竟要不要考研的文章，会很形象地写出我当初为啥考研，然后因为考研失去了什么，等等。然后冒险用了一句陈述句：你要考研，打折你腿。

直接引爆了点击。

当然，这么有力度的文案需要高质量的文章内容做支撑，否则很容易引起考研用户的反感，文章的内容要足以卸掉用户的情绪。

后来，很多同学留言说看了我的文章之后决定不考研了。

第二年考研季，新换了一批应届生用户，这篇文章我又加了点名人元素，故技重施：

“你若考研，打折你腿，郎咸平说，我不建议应届生考研。”

文章内容引用了郎咸平关于考研的一些建议。

发出去之后，依然收效特别好，而且在朋友圈引发了很多讨论，目前是我运营的一个微信号里阅读和转发数最高的。

所以有力量的文案一定要真实。

后来，我在App push上也做了一次推送，加入了上文的贴身肉搏策略：

“@{姓名}，你若考研，打折你腿，郎咸平说，我不建议应届生考研。”

这条文案在11月份成功夺得点击率冠军。

再比如到4月底的时候，基本上名企校招就告一段落了，这时候给用户push信息，我常常这样陈述：

名企校招即将截止，再不拿Offer就没机会了

赏识用户

赏识是一种很管用的方法，能命中100%的人。

此曲只应天上有，人间能得几回闻。当你用杜甫的这句诗去表扬一个弹钢琴的女孩的时候，她的心理防线瞬间就会坍塌。

你去一家服装店买衣服，导购运用话术会把你引导到高价服装，这是她想要卖给你的商品，而不是你进店时预期要买的商品。通常她会说你身材真好呀，这件很适合你呀。让你瞬间失去理智。

这就是赏识文案的力量，是操控用户心智的最佳武器。

周末的时候，我实在不愿意做家务了，就和我媳妇说："媳妇，你真是惊为天人。"

"当然了。"媳妇很高兴。

"啊，我这还有几件衣服，你帮我洗一下！"我趁机说。

我媳妇二话没说，撂下朋友圈就去洗衣服了。

"赏识文案"真是太可怕了，其实我只是想偷个懒而已。

在互联网上，运营从某种角度来说就是销售，所以文案就是话术：不要总想着用文案去教育用户，赏识文案才是大计。

当你做文案的时候，可以先赏识用户，然后顺带出你的意图。

一次，足球场上，我的朋友开始黏球，休息的时候，他让我点评一下他的球技。我忽然想起毛姆说过的一句话：人们请你批评，但他们要的却是赞美。

我想，给他挑毛病前不如先去赞美他：

"你球技太好了，如果能再和我配合一下，那咱们绝对是球场上的黑白双煞了。"

再比如我们开机后经常看到的：太棒了，你的电脑打败了80%的用户。

我后来用在简历文章上：太棒了，你的简历超越了80%的人，再优化一下，将会接到更多面试电话。

走心为上

什么是走心？就是能触动你情绪的话。你异性朋友一句话："滚！"你会立马感觉天旋地转。在这个场景下，"滚"就是好文案，因为它让你伤心了。"死鬼，还不回来吃饭!"我正在打牌，媳妇一个电话将文案抛来，你感觉暖暖的又恨恨的，有没有？你相亲的时候，面对妙龄美少女，她只话未说，你已心里暗喜，她的体态和相貌就是文案，谁说文案一定要有文字呢！"三天"减肥成功和"瞬间"减肥成功，谁更能撩拨爱美的女人？

袁世凯有一侍女，午睡口渴，喊茶。侍女不敢喊，转身不小心打碎了袁的最心爱的茶杯。袁听到后，非常生气，侍女说：奴婢闻听大总统要茶，忙将茶奉上，岂料进屋一看，着实吓奴才一跳，只见床上卧着一条巨龙，故而失手打碎了宝杯。该死，奴婢罪该万死。袁一听，转怒为喜。

这就是走心之举。文案写痛点能做效果，走心能做粉丝。

我做自考业务的时候，自考生多为高考落榜生，这时候我就鼓励这些落榜生去自考：

废话少说

有一个故事，说在鱼市上一家鱼店门口挂了一张牌子，上面写着：鲜鱼出售。然后一个人跑过去指导，说这句话太影响销量了。因为这本来就是鱼市，而且你卖的肯定是鲜鱼，“鲜”字容易给人误解，认为你在骗人。后来店主拿掉了牌子，果然销量高了很多。

这就是废话，如果是在马路边上卖鱼，那写“出售鲜鱼”是靠谱的。

中国出线世界杯后，很多头条都写：我们出线了，我们赢了……然后一家报纸封面直接一个字：爽，然后是一张大图。在那个场景下，球迷们都知道出线这个事，就没必要再废话了。

这一点在微信号上最多，很多图文消息，图片和标题一直重复。

文案不是我说你听，而是我说你意会，然后心领神会，这是刹那间的事。所以直白是第一要义，别再玩深沉，别再把自己当回事。要把利益说得明明白白的，打折就是打折，不要搞虚无缥缈的文笔，比如“展翅翱翔”之类的。因此文案说清楚用户利益就行了，至于如何措辞，那都是身外事。

有尊重感，注意你的语气

写文案写的是对话，要有交流感在里面，你的角色分三类：长辈、平辈、晚辈。自话自说是长辈，教育用户容易带情绪。平辈之间“逗逼”范，插科打诨。晚辈最佳，能有尊重感，比如淘宝和百度读书最近都开始把用户叫“朕”了。

出其不意，制造落差和悬念

文案可以让人产生幻觉。

公孙静道：“从这里开始，到前面的那扇门之间，一共有十三道机关埋伏，我可以保证，世上能闯过这十三道埋伏的人，绝不会超过七个。”

从铁栅到石门其实并不远，但听完公孙静说的话之后，这段路就好像立刻远了十倍。

这是古龙《七种武器之长生剑》里面的一段对白。

我做在线教育K12市场时，策划了一个关于高考的Landing Page，目的是说动家长给孩子报考前冲刺班。专题内容是很干货的，我当时随便列了个标题列表供领导做选择，比如“高考临时抱佛脚也是可能的”“高考来了，你准备好了吗？”很平铺直叙，毫无力道可言。我的领导爱琢磨事，他说韩利你再打磨一下，专题策划的不错，如果能在主标上再托陈出新一下，效果肯定能胜过以前所有的专题。因为这个专题是要投百度竞价的，寸土寸金的百度首页，一定要琢磨文案的力度。所以我又花了2天时间雕饰主标题。忽然就来了灵感，我起了个标题“高考在即，家长如何考满分？”很有吸引力的一个标题，因为后来真的成为单位有史以来Landing Page效果最好的专题了。

遵循滑梯效应

初习文案可以胡思乱想，等有一定基础后，就要为自己打磨一套思考路径，比如我在《文案训练手册》中学到的“滑梯效应”。

下图看似普普通通的一篇文案，通篇没有亮点，可就是这样一个文案，我足足琢磨了一个星期，业绩喜人。

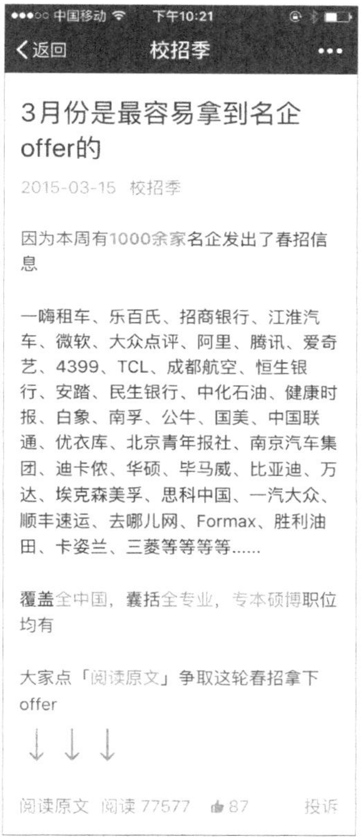

首先，这篇文案的主要目的是给m站做活跃，这个活跃度的定义就是进入m站并访问更多的页面，也就是说，我把目标定义为引入用户的访问页面数（PV）。如不出意外的话，点击「原文阅读」的人数越多，PV越高，两者正相关。所以文案的首要目的，是诱引粉丝点击“阅读原文”（标题的力量）。其次，我要榨干粉丝的最大价值，也就是每一个点击阅读原文的用户都引导他（她）最大额度的生产PV，即进入m站翻看页面数最大化（文章内容的力量）。好了，明确了文案的两个目的，接下来就讲讲这篇文案的说动力。

先说绩效

24小时内，点击标题用户数为73729人，阅读原文为32644人，产生PV132万。

标题的力量

“3月份是最容易拿到Offer的”，这很标题党，但是“物有所值”。3月份本身就是校园春招旺季，秋招过后，很多没有拿到Offer的同学已经有点着急了，再加上春节回家过年，二舅三姑夫轮番问“你找到工作了没”“隔壁你老婶家的小芳已经签到中建了”……父母脸上挂不住火：“同样念大学，人家都能毕业前就找到工作，而且还领回了媳妇，你真不长脸。”没拿到秋招Offer的同学谁能忍呀，都是一样的大学生，我不服命，所以夜深人静的时候暗下决心：春招你看我的。憋了一股劲儿。还有考研的同学，很多名企之所以春招就是想在考研大军中物色那些落榜的优秀学子，落榜之后本就伤心，手忙脚乱之下也把重心放在了春招上。总而言之，没拿到Offer的应届生们都在憋着劲呢，这时候标题来一句「最容易」真的很容易骗点击。这个标题点击率为36.6%，大于业界微信点击率8%的4倍多，标题十分成功。

内容的力量

一、排版很重要。一定要将“阅读原文”在手机首屏亮相。不能长也不能短。长了的话用户需要滑动，按漏斗原则：用户操作只要多一个动作，就必然会产生流失，放在首屏，相当于减少一步流失。短了的话，因为这是个粉丝达到流量主标准的微信服务号，开通了流量主业务，底部有广告，以防万一，不能让用户第一屏看到广告，避免用户反感。

二、内容很讨巧。迎合标题，第一句话用白描，为什么3月份最容易拿到Offer，给用户一个原因，降低标题党引起的用户伤害率。1000余家名企发出了春招信息，理由足够强大（其实还有可优化的地方，如果我写出一个具体数字，比如1224家，应该会更权威，暗示我是很负责任的）。

广告开篇的句子的唯一目的就是让读者能够接二连三地读下去。

第二段话是重点，我列出了39个大众耳熟能详的知名企业，而且这39个名企没有做细分。按照惯常思维，应该将名企按行业属性做区分，我一开始就是这么做的，后来一想，如果细分了其实我就暗示了用户：并不是所有行业都在校招，很容易引起部分用户黯然离开。不仅如此，我在文章中还打乱了行业顺序，刻意地穿插行业属性，一来保持用户的注意力，二来造成一种全行业都在招聘的假象，乱中有深意。“等等等等”，我用了4个字，再加上省略号，更加蛊惑了用户。

第三段话，主要说明此次春招全国各地都有招聘，所有专业、各种学历都有职位，进一步引诱了粉丝点击“阅读原文”。最后一句话，直露意图，引导用户点击“阅读原文”，最后再加一把火：争取这轮春招拿下Offer，暗示这是毕业前的最后一次机会了。

第二句话的目的是为了让读者读第三句话，第三句话的目的是为了让读者阅读第四句话。

通篇文案，我的思路从何而来。事实上，我完全遵从了「滑梯效应」：

你的读者应该是情不自禁地阅读你的文案，他们根本无法停止阅读，直到他们阅读完所有文案，就像从滑梯上面滑下来一样。

直言商业意图，将意思浮在字面上

会说话就是好文案，因为目的性很强。我们需要触动用户，并期待用户的行为和心态反馈。

海子写了很多诗，但最知名的一首是《面朝大海，春暖花开》，就是因为将每个人的欲望浮写在了字面上，一目了然：“我只愿面朝大海、春暖花开”。

这一点我犯过不少错。原来我写文案基本上是没有商业意图的。

在南京的时候，我在广告公司打杂了4个月。执行总监发现我文章写得不错，便有意栽培，经常让我写一些促销活动方案。有一次南京交通银行中秋晚会，领导想了好几个夜晚slogan（标语）不遂，就让我也琢磨一下。表现的机会终于来了，我二话没说，十分钟琢磨出一句话：朗朗中秋月，滴滴交行情。方案交给交行，大受赞赏，领导十分高兴。

到北京后，我为了能混进广告公司做文案，就频频吹嘘这个成功案例，但却经常碰壁。直到有一天，遇到了一个贵人，面试的时候他挺推心置腹的，他说韩利你的确有点意思，但是你的文笔不适合做广告文案，文案毕竟不是文学，里面是藏着商业企图的。你与其做文案，不如去做个编辑，也许更适合你。一语惊醒梦中人，我后来听了他的话，就去编书了。

回想起那段惨不忍睹的找文案工作的时光，也有点醉心。为了能从事文案工作，我看了大量关于文案和策划的书籍，但偏偏就是喜欢台湾意识形态广告文案，对许舜英的文案风格推崇备至，中兴百货的全套文案都在网上淘到了，打印出来每日研习，因为里面有张爱玲、村上春树的影子，而我又是张迷和村上迷。还有李欣频的文案，我虽然对她的其他书籍不太感冒，但是她做的那套诚品书店的文案我是奉为瑰宝的。我曾模仿过她们的笔风，自娱自乐了不少文案。

现在来看这些文案，真的不像文案，至少在大陆，是不接地气的（房地产文案除外）。因为大陆文案还是效果至上的，为了在市场上摧城拔寨，不惜拿大话空话来诱导大众，谁又有心思放长线钓大鱼呢，拿晦涩的文艺风入味文案，很少有BOSS有那胆量。我当时的确骗了自己好长时间，我注定没走文案这条路也许就是因为我的商业意识太淡薄所致。

之所以交行的文案受欢迎，主要是因为中秋晚会仅仅是一个圈内人自娱自乐而已，没有传播的目的。

框架效应

有个很知名的吝啬鬼，不小心掉进河里，路遇一个乡人，上去救他，对他大喊："快把手给我，我拉你上来！"但这吝啬鬼就是不肯伸出自己的手。乡人认识这个吝啬鬼，开始很纳闷，后来突然醒悟，就冲着快要下沉的吝啬鬼大喊："我把手给你，你快抓住我！"这吝啬鬼一下就抓住了这个好心人的手。

这是很知名的框架效应的一个案例，直接切入用户心理：吝啬的人只知道索取，甚至在有生命危险的时候，都将利益放在第一位。所以，我把手给你和你把手给我，表达的都是救人，但是被救者行为相差如此之大，可见文案切入用户心智有多重要。

套用公式

一句话独特卖点=客户想要的结果+限定的时间期限+做不到怎么办

这个公式是讲产品的独特卖点提炼的，也是我在《精益创业实战》中淘到的，很有启发。书中就列举了一句好文案：**新鲜出炉的比萨30分钟之内送货上门，否则分文不收。**

3B原则

3B原则在互联网时代被真正地落到了实处。

奥格威从创意角度提出的广告三原则：Beautiful——美女、Beast——动物（野兽）、Baby——婴儿，通称"3B"，认为创意中有这三类元素更容易赢得消费者的注意和喜欢。这个原则在标题党上也有所体现。看看你所订阅的那些微信号里，一定有很多大号是关于美女的。

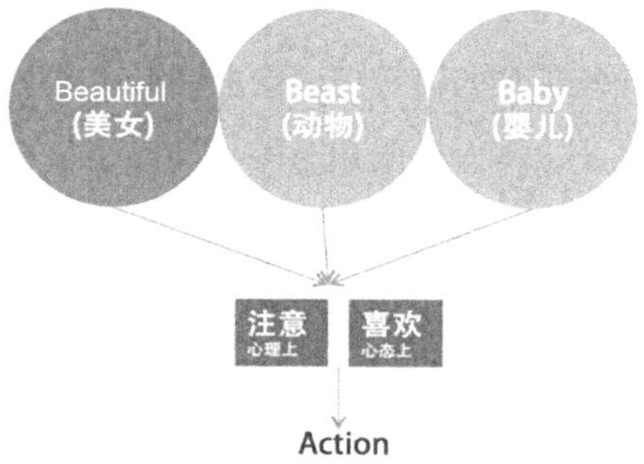

美拍的百度品牌专区几乎是广告界3B原则的完美呈现。

除3B外，据说把挑战权威、金钱，以及他人的痛苦写进标题里，也能收到奇效。

修字、修词、修句

高明的文字会给人一种影像。比如笑眯眯，就让人瞬间在脑子里呈现出那双带笑的眼睛。

◎ 修字

大概是2013年，有一天，论坛首页推荐区的文章标题我全用了语气词，比如“原来网络编辑是这么工作的呀”“啊，运营还可以这样做”……因为我在一次沙龙上听说语气词能提高点击率。我就特意试了一下，果不其然，推荐区的CTR（网络广告点击率）

真的比前一天提升了很多。

这是很简单的一个从文案中拿绩效的运营技巧。闲来无事的时候，你也可以把你负责的网站首页内容的文章标题都加上语气词，点击率绝对超乎想象。

文案必须要字斟句酌，每一个字都要想清楚，比如“老爷”和“老爷子”，多个字就少个身份：你和当过官的老年人喊老爷子，人家就不乐意听，你喊老爷，他就高兴了。尤其是官本位的时代。

看过一HR招聘的小例子。有一个小公司聘人，公司地址带了一个室字，结果20%的到面率，后来遇到一个文案高手，直接把室字去掉了，结果是80%的到面率。为何，因为用户觉得“室”字太小，不正规。你看，了解用户多重要呀！

◎ **修词**

刚才讲腾讯招聘的案例中说，标题中带有市场容量。其实词语中也带有市场容量，比如我原来写的文章：“那个愤怒的运营人”，改成了“那个愤怒的职场人”，点击率直接提升近3倍。

再比如，文案中有些词语是可视化的：

“他是如何拿到百万高薪的”，改为“他是如何拿到1000000高薪的”。

◎ **修句**

网上流传着这么一个段子：小和尚问师傅：师傅，我可以念经的时候抽烟吗？师傅怒答曰：不可。小和尚又问：那我在抽烟的时候念经呢？师傅听了很高兴。

顺序真的很重要。

顺序就是词语的摆放，也能提高点击率，比如“招商银行全国聘实习生”，把全国放在开头部分，改为“【全国】招商银行招聘实习生啦！”效果就不一样了。

12.3 日常中如何历练文案

我神交已久的文案大家杨梨鹤老师说过这样一个故事：有天晚上她牵着2岁儿子散步，一轮明月高悬，突然一阵乌云，将明月遮住，这孩子突然抬头说了一句话，妈妈，月亮停电了。多正点。大人们哪能说出这么纯净的文案呢！后来，我东施效颦，也天天观察我2岁的儿子。有一天，我跟我儿子说，爸爸天天写作有点累了，来给爸爸捶捶后背，就见我儿子噘起小嘴“噗噗”地吹我后背。“噗噗”二字文案绝佳，因为我们全家都乐了，他把“捶捶”听成了“吹吹”。

所以说，好文案遍地都是，就看你敏感的心了。

诗人多多在《语言的制作来自厨房》这首诗中写到：

要是语言的制作来自厨房

内心就是卧室。他们说

内心要是卧室

妄想，就是卧室的主人

……

所以，练笔文案的第一要义就是妄想，学名叫头脑风暴，大众文化中叫吹牛。

妄想

中国第一文案达人李白就是妄想狂，他的文案水平已臻至化境。“桃花潭水深千尺，不及汪伦赠我情。”“飞流直下三千尺，疑是银河落九天。”……不愧是唐朝第一大诗人，要想达到他的文案水平，“蜀道难，难于上青天。”

雷军截胡了一个好文案：站在台风口，是猪都会飞。有点李白的意思了。

我写的有关文案的一篇文章被文案高手写成“快速打造好文案的万能标题公式”，“万能”二字让多少微信运营者痴迷呀。

“月薪3000与月薪30000的文案区别”，又让多少文案人拜倒在了日薪30000的石榴裙下。

拜社交媒体的快速传播所赐，标题党成为眼下主流文艺，我觉得是KPI惹的祸。好的内容的确需要标题党吸引眼球，但如果内容质量一般，再妄想，也是枉然。

每个人都有妄想症，年轻的时候妄想着能妻妾成群，有儿子的时候妄想着再生个女儿。妄想成就了很多科幻作家，也诞生了很多网络小说达人。做文案是需要想象力的。“当你公司上市时，我去纳斯达克给你递锤，你敲钟”，我把这话跟一个创业的朋友说了，他立马信心百倍。

所以自己没事的时候可以时常妄想一下，而且你还要善于捕获别人的妄想，尤其是你所运营的用户的妄想。我经常和微信运营的朋友说：你的个人微信号里一定要灌满

1000名你的用户，每天读他们的原创分享。你会发现，你的用户也会时不时地妄想，而且当他们表达情感的时候，都是文案高手。

多观察：小孩+名字

小孩都是文案达人，尤其是刚牙牙学语时。

在马路上玩的时候，我儿子忽然来了一句：公交车放屁了。原来是公交车按了喇叭。我儿子对着暴晒在太阳底下的汽车说：汽车渴了。有时候我问我儿子："你孤独吗？""孤独。"他嘟着小嘴。"你快乐吗？""快乐！"脸已笑开了花。

小孩是有语感的。我没事的时候会给儿子传授一些词汇。比如茂盛。我说：你看，那片花长得好茂盛呀！过了大概一个月，他碰到一位胖阿姨：阿姨茂盛了！

我给儿子起名时和我爸列出了大概98个名字，最终确定了韩承言。取意"承欢膝下，妙不可言"。我的同学同事都说这名字好，上口、又简单，还不落俗套，有韩国风。也开始陆续找我起名。

起名可是个大市场，也自成一派学问。不仅仅是人名，我以前在做个人网站的时候往往会在域名上思考好长时间，想到了就记录下来。比如我的博客"weboper.com"，当时纠结了好久才确定下来。包括中文名"运营管理笔记"也是打磨了数次才定音的。

网站运营108将，这个名字在我运营网站的时候是带来很多加分的。我记得一次在北大搞沙龙，把名字条幅挂在未名湖畔的两棵树上，连北大的保安都被吸引了，非要收藏我的条幅。但是后期遇到问题了，因为把App运营、微信运营排除在外了。后来我就想了一个新的名字webtips，中文名"互联网武林秘笈"，妄图把网站运营108将的粉丝平移过来。但是有的网站运营108将的老用户就不太愿意：因为对名字有感情了。我最终决定延续这个名字，虽然这个名字会让我损失掉三分之二的市场。

起名的时候我一直不太赞同为了SEO的短期利益考虑，把名字起的老长，只为在搜索引擎拿排名。比如我的第一个网站的名字"自考资料网"，域名是"zikaoziliao.com"，也的确让我很快靠百度拿到了第一桶CPS提成，但是总感觉名字不大气，还是放弃了。一个业务之所以长远，SEO只是一个渠道而已，能带来流量，但未必能做出留存，而且起的名字一定要走自己的心，这样才有动力去运营。

所以，起名字是锻炼文案最好的方法。没事的时候多去幼儿园、文化宫转一转，那墙上贴着的一个个小孩的名字，都是父母的绝佳文案作品。写书也是如此，尤其是作家的第一本书，真的是绞尽脑汁的。所以，也可以多去图书馆、书店找好的文案，会给你灵感的。

模仿：青出于蓝

几年前我写了一篇文章：在高考的日子笑出声来，就是模仿的大鹏自传《在难搞的日子笑出声来》，高考很应景的，所以我又被一些网站推荐到头条了。

其中，文章的第一句话我是模仿张爱玲的短篇散文《爱》：

于千万人之中遇见你所遇见的人，于千万年之中，时间的无涯的荒野里，没有早一步，也没有晚一步，刚巧赶上了，那也没有别的话可说，惟有轻轻地问一声："噢，你也在这里吗？"

我写的是：

高中是段青葱岁月，没有早一年，没有晚一年，刚巧在1996年赶在了一个年级一个班，然后为了高考，就在一起折腾了三年。当我们都为高考而忘了青春的时候，只有郑国强，用心体验着青春，结果被青春连砍三刀。

是不是很神似呢！

"孩子出生三天再学Excel就已经迟到两天了。"

当我把这句文案抛给我的同事时，他们哈哈大笑，证明是个好文案了。缘起就是我集中给我运营的微信大号校招季按转发数做了一个年度热门文章排行，发现我试错的"Excel快捷键大全"竟然摘得年度转发数之冠。我哑然失笑之余忽然想到了我在南京做销售时我的培训讲师的一句文案："孩子出生三天再学英语就已经迟到两天了。"凭着这一句文案，讲师捕获了大批订单，文案的力量可见一斑。

所以，模仿好文案，换字游戏，也不失为一种方法。

文字游戏

我经常和一些朋友说，我写情诗很快的，2分钟就能写一首。我一般会随便找出两首诗来，然后像洗牌一样穿插进去。再花一分钟把韵脚修一修，一首情诗就出来了。这就是一种文字游戏了，平时勤加练习，包你文笔越练越老道。

我高中时对成语特别感兴趣，就开始背成语词典。背着背着忽然就会自己造成语了，而且发现了很多有意思的事情。比如“神出鬼没（mo）”，当你读成“神出鬼没（mei）”的时候，你身边的人会对你刮目相看的，因为都笑了。

我记得高中有一次写800字的命题作文，我用了120个成语，当时就被当作范文了。当然，我把文章当成文字游戏了，词汇量因此积累了下来。我的语文老师对我说：韩利，30岁之前，你是写不出什么有真知灼见的文章的。不妨趁着30岁之前，多写一些唯美的东西，先把文笔练好。后来我闲的时候就背楚辞、唐诗宋词。并想尽办法用在作文上。有一次就弄了一个笑话，我在作文里写了这么一句话：“每个人都有一条属于自己的康庄大道，里面荆棘丛生！”被老师点名批评了，那段时间脸红了大半个校园。

设身处地去体验

我在宁夏念的大学。那里有中国最穷的地方西海固。一次，学校组织去那里考察。看着村民们的炕上连块席子都没有，灶上没有锅，是茹毛饮血的日子，心情糟透了。真的触目了贫穷的时候，你才会明白，我们想象中的贫穷还称不上贫穷。在西海固地区，盛产诗人，全部都在写荒凉。我一大学同学，同宿舍。他是西海固出来的，记得进宿舍的第一天，我就被他触动了：衣服上满是补丁，黑幽幽的面庞，饱经沧桑的感觉。大学四年，图书馆的书被他读了一遍，彩色的也不放过。当我们都在被书山压着的时候，他在闹书荒。后来他写了一篇小说《六叔》，火遍校园。他是新一代的宁夏三棵树的种子选手。我和他在学校合作过一次海报设计，为钢笔做广告。我写了一副苏轼的赤壁怀古书法做背景，他配了一句话文案：用心，书写贫穷。

所以，用心体验生活，才能做出好的文案来。

多读杂书

我一直怀疑原来健力宝第五季的品牌名来自江河的朦胧诗《自言自语》：

所谓深沉就是只让你见到海面

那些长远的事有一面帆就显得亮了

你要盖房子得找个不结冰的港湾

你出海，站在岸上，都行

反正水在眼前看着你

是不是四季常被浸透

你能不能从第五个季节钻出来

所以，文案时代多读读诗歌挺不错的。我相信现在还在读朦胧诗的人很少了，所以我誉为“杂书”。

如何选杂书？我有一个窍门，就是读那些90%的人都不会读的书。我不知道你身边有没有这样的人，他们的典型特征就是“思想怪异，特立独行”，每件事都会有点睛之笔。

说到读书，后台有人留言说要我推荐一些有关历练文案的相关书籍。我就推荐了一本绝版练习文案的工具书，杨梨鹤老师的《广告文案传真》，汕头大学出版。这本书在文案领域绝对受用。如果你真的想从头到尾学习一下文案的写法，看这一本书就足够了。詹宏志推荐说：文案高手杨梨鹤写出一本充满“现场主义”的专书，带给想学文案写作的人一个最有方向感与实践意义的途径，是一件“普度众生”的功德。

本书的特点就是一看就懂，不晦涩，每个方法都有实例。里面的方法我都试了一遍。尤其是她的五种创意发想法：垂直与水平的广度发想、坐标象限的深度发想、情境描述的发想、非单点的交叉发想、想象的状况发想法。都很能给人指导。

日常闲聊和朋友圈

平时多和同学、同事沟通，主动去刺激他们的情绪，当人情绪高涨的时候，说出来的话一般都是好文案。尤其是销售岗位，每天和客户在一起，深谙客户的心，所以和销售聊天，往往有巨大启发。

另外，朋友圈里好友的分享语也是一个开拓思路的好地方，一般朋友圈发的分享语都是朋友深思熟虑的结果，分享语完全是情绪在支配的文案，有独特的场景，我经常会思考他为什么会在朋友圈这样抒发情感。可以把他们和命题作文做比较，命题作文是老师硬逼着你写，你需要挖空心思，一挖就没情绪了。而朋友圈，可以随意挥霍才华，以朋友为中心。

找到你的创意场景

任何人都会有文思如泉涌的时候。有一句话说得特别好：夜里没人了，你只能走进诗里。说的就是夜晚的时候是灵感爆棚的时候。中文系里这样的情况时常发生，念大学的时候，我们隔壁宿舍有一个写恐怖小说的高手，凌晨两三点，当所有人都酣然入睡的时候，他忽然一跳而起，点根蜡就开始奋笔赶稿，大呼过瘾，楼道内都阴森森的。

这是夜晚型的灵感，还有一种是酒后型。酒后吐真言，出来的都是好文案，我属于这种类型：一瓶啤酒下肚就能释放出好多点子，就一边喝一边拿手机实录下来。

每个人都有不同的文案场景。你留意一下：你在什么时候会有灵感。抽烟的时候、洗澡的时候、走路的时候、坐地铁的时候、人声嘈杂的时候……

找到你的文案创意场景时，一定要记住配套技术“好记忆不如烂手机”，随时记下你的灵感，这个技能我就不说了，文案人都知道。

当然，还有很多其他方法，比如看图说话，看相声之类的，大家可以多琢磨琢磨。